Mit professionellen Präsentationen an die Spitze

Rainer Baber · Martha Wittek

Mit professionellen Präsentationen an die Spitze

Komplexe Themen spannend vortragen und erfolgreich präsentieren - in Präsenz und virtuell

Rainer Baber
Baber Consulting
Neuhausen, Deutschland

Martha Wittek
Baber Consulting
Neuhausen, Deutschland

ISBN 978-3-658-49558-9   ISBN 978-3-658-49559-6 (eBook)
https://doi.org/10.1007/978-3-658-49559-6

Die Deutsche Nationalbibliothek verzeichnet diese Publikation in der Deutschen Nationalbibliografie; detaillierte bibliografische Daten sind im Internet über https://portal.dnb.de abrufbar.

© Der/die Herausgeber bzw. der/die Autor(en), exklusiv lizenziert an Springer Fachmedien Wiesbaden GmbH, ein Teil von Springer Nature 2025

Das Werk einschließlich aller seiner Teile ist urheberrechtlich geschützt. Jede Verwertung, die nicht ausdrücklich vom Urheberrechtsgesetz zugelassen ist, bedarf der vorherigen Zustimmung des Verlags. Das gilt insbesondere für Vervielfältigungen, Bearbeitungen, Übersetzungen, Mikroverfilmungen und die Einspeicherung und Verarbeitung in elektronischen Systemen.
Die Wiedergabe von allgemein beschreibenden Bezeichnungen, Marken, Unternehmensnamen etc. in diesem Werk bedeutet nicht, dass diese frei durch jede Person benutzt werden dürfen. Die Berechtigung zur Benutzung unterliegt, auch ohne gesonderten Hinweis hierzu, den Regeln des Markenrechts. Die Rechte des/der jeweiligen Zeicheninhaber*in sind zu beachten.
Der Verlag, die Autor*innen und die Herausgeber*innen gehen davon aus, dass die Angaben und Informationen in diesem Werk zum Zeitpunkt der Veröffentlichung vollständig und korrekt sind. Weder der Verlag noch die Autor*innen oder die Herausgeber*innen übernehmen, ausdrücklich oder implizit, Gewähr für den Inhalt des Werkes, etwaige Fehler oder Äußerungen. Der Verlag bleibt im Hinblick auf geografische Zuordnungen und Gebietsbezeichnungen in veröffentlichten Karten und Institutionsadressen neutral.

Springer Gabler ist ein Imprint der eingetragenen Gesellschaft Springer Fachmedien Wiesbaden GmbH und ist ein Teil von Springer Nature.
Die Anschrift der Gesellschaft ist: Abraham-Lincoln-Str. 46, 65189 Wiesbaden, Germany

Wenn Sie dieses Produkt entsorgen, geben Sie das Papier bitte zum Recycling.

Vorwort

Willkommen!

Hürden sind im Leben – große wie kleine – meist das, was uns zu neuen, großartigen Leistungen antreibt. Was motiviert uns wirklich? Im sportlichen Sinne wird das sehr konkret: schneller schwimmen, höher springen, weiter laufen. Ohne die (sportlichen) Herausforderungen würden wir unser Potential nie völlig realisieren. Auch in beruflicher Hinsicht wimmelt es von Herausforderungen. Immer wieder kommt es auf neue Qualifikationen an, die nächste Beförderung wird angestrebt oder Termine zwingen uns, Ziele fristgerecht zu erreichen.

Wenn Ziele gesetzt werden, egal ob beruflich oder privat, dann wird auch der Weg dorthin klarer. Man versteht, ob ein Verhalten diesem Ziel nützt oder eher schadet und kann sich somit aktiv dafür oder dagegen entscheiden. Anders ist es, wenn keine Ziele gesetzt werden, keine Herausforderungen bestehen und keine Visionen das Verhalten lenken. Dann ist das Verhalten meist unbestimmt, dient keinem Zweck, ist vielleicht unsinnig. Zum Beispiel gibt das Ziel „eine Beförderung erhalten" Aufschluss darüber ob Ihre aktuelle Bemühungen diesem Ziel auch dienen. Es bietet einen Bewertungsmaßstab für das Verhalten und Pläne. Angenommen Sie streben eine Beförderung an, dann werden Sie nicht die meiste Zeit damit zubringen, Ihren Desktop mit einem schönen Hintergrundbild zu gestalten, aufwändige Geschenke an Weihnachten für alle zu planen oder in Ihrer Arbeitszeit Dinge zu tun, die Ihrem Unternehmen nicht nützen. Eher werden Sie aktiv mitarbeiten, Ideen einbringen und Präsentationen halten. Sie versuchen also, Ihre Sichtbarkeit zu vergrößern und Ihr Engagement zu zeigen. In diesem Sinne lässt sich sagen: Erst das Ziel gibt der Mühe einen Sinn. Diesen Anspruch stellt auch das vorliegende Buch an berufliche Präsentationen. Eine gute Präsentation ist dabei wie ein Berggipfel. Wie kann diese Herausforderung, dieser „Gipfel" erfolgreich erklommen werden? Welche Verhaltensweisen, Strategien sowie Tricks können Sie einsetzen, um souverän alle Aspekte einer guten Präsentation zu meistern und am Ende, oben angekommen, zufrieden den Ausblick zu genießen? Darum soll es im Folgenden gehen. Das vorliegende Buch ist hierzu in verschiedene Kapitel, „Camps" unterteilt. Diese Camps sind analog zu den Camps im Bergsteigen zu verstehen – als Zwischenstationen zum Ziel. Dort wird vorbereitet, geplant und motiviert.

Die Frage, wie man erfolgreich präsentiert und redet, ist uralt. Schon in der Antike beschäftigte dies die Menschen. Gerne reiht sich auch dieses Fachbuch in die lange Tradition der Rhetorikratgeber ein. So verfasste beispielsweise der römische Rhetoriker Quintilian etwa 92 n. Chr. zwölf Bücher, die der Ausbildung des Redners dienen, die *Institutio oratoria*.[1] Er verfolgte das pädagogische Ziel, den idealen Redner[2] heranzubilden. Ihm sollte das nötige Werkzeug an die Hand gegeben werden, um ohne Scheu in der Öffentlichkeit sprechen zu können. Viele seiner Prinzipien haben bis heute ihre Gültigkeit behalten und die Rhetoriktheorie lehnt sich daran an – dies gilt auch für das vorliegende Werk. Bei der Präsentation komplexer, technischer Sachverhalte können beispielsweise die antiken Grundsätze zur Erstellung einer Rede gewinnbringend angewandt und an diese jahrtausendalte Technik angeknüpft werden. So sind die fünf Schritte, die *opera oratoris*, zur Erstellung einer Rede bereits in der Antike beschrieben worden. Diese Schritte, es handelt sich dabei Entstehungsphasen bzw. *Produktionsstadien*, folgen in der Regel aufeinander. Die Klärung des Redegegenstandes kann als sechste Entstehungsphase bei Bedarf noch zusätzlich vor die anderen Phasen gestellt werden. Sie nennt sich Intellectio.

Der grundlegende Ablauf ist:

- 0. Intellectio, die Klärung des Gegenstandes (bei Bedarf),
- I. Inventio, das Finden und Erfinden des Stoffes,
- II. Dispositio, die Ordnung des Stoffes,
- III. Elocutio, der sprachliche Ausdruck,
- IV. Memoria, das Einprägen der Rede,
- V. Actio, die Umsetzung der Präsentation – oder auch die *körperliche Beredsamkeit*, also die Körpersprache während des Vortrags.

Warum funktionieren diese alten Prinzipien bis heute?

Natürlich hat sich in den vergangenen 2000 Jahren vieles verändert – in Gesellschaft, Technik, Kultur, Sprache, Religion und vielem mehr. Die Welt von damals ist mit der heutigen kaum noch vergleichbar.

Und doch gibt es etwas, das geblieben ist: der Mensch.

---

[1] Quintilianus, Marcus Fabius: Ausbildung des Redners. Zwölf Bücher, hrsg. von Helmut Rahn. 5. Aufl., Wissenschaftliche Buchgesellschaft, Darmstadt (2011).

[2] Inklusive Sprache soll in diesem Werk berücksichtigt werden. Aus Gründen der Lesbarkeit verwenden wir in diesem Werk die Beidnennung (z. B. „Teilnehmerinnen und Teilnehmer"). Uns ist bewusst, dass diese Form nicht alle Geschlechtsidentitäten abbildet. Alle Menschen – unabhängig von ihrer geschlechtlichen Verortung – sollen sich angesprochen und willkommen fühlen. An einzelnen Stellen wird aus inhaltlichen Gründen ausschließlich die männliche oder weibliche Form verwendet – etwa, wenn es sich um einen historisch konkreten Kontext handelt. So wurde z. B. bei der Beschreibung antiker Rhetorik bewusst die männliche Form gewählt, da in dieser Epoche fast ausschließlich Männer als Redner ausgebildet wurden.

Vorwort

Damals wie heute sind es Gedanken und Gefühle, die unser Handeln prägen. Und die Prinzipien, nach denen wir Entscheidungen treffen und Überzeugungen gewinnen, folgen noch immer denselben Mustern. Die Besonderheit dieses Ratgebers liegt in seiner doppelten Schwerpunktsetzung. Zum einen wird die Präsentation von komplexen und technischen Sachverhalten thematisiert. Sie soll also Personen in technischen Berufen eine Hilfestellung sein, Ihre Themen gut und konzise präsentieren zu können. Der zweite Schwerpunkt besteht im Fokus auf Präsentationen im Online-Kontext, dieser Schwerpunkt hat sich insbesondere durch Home-Office und mobilem Arbeiten sowie den vermehrten, globalen Online-Kontakt in den Vordergrund gearbeitet. Dabei bleibt eines im Mittelpunkt: Wie kann ich die Präsentation überzeugend gestalten und Menschen für mich und die Sache gewinnen? Diese Schwerpunktsetzung soll Ihnen helfen, flexibel auf jede Art von Bedingung, Zielgruppe und Thema eingehen zu können. Um eine gute Präsentation zu halten und als Rednerin oder Redner überzeugend zu sein, durchläuft man mehrere Etappen, in denen verschiedene Stationen liegen, die für die meisten Präsentationen und Personen gleich sind. Es ist vergleichbar mit dem Bergaufstieg: Um das hohe Ziel zu erreichen, nutzen Bergsteigerinnen und Bergsteiger solche Zwischenstationen, um sich auszuruhen, ihr Equipment zu prüfen oder die nächste Teiletappe zu planen. Diese Metapher soll Ihnen die Entstehungsphasen, *die Produktionsstadien der Rede*, verdeutlichen und nahbar vermitteln: Zuerst wird es darum gehen, wie das Ziel der Präsentation gesetzt wird, dann kommt die Anordnung oder Struktur der Rede, dann Sprache, die Manuskript- und Gedächtnisstrategien und zuletzt der Auftritt mit Körpersprache und Umgang mit Lampenfieber. Der Bergaufstieg gelingt auch zu zweit oder in Teams. Analog werden Sie in diesem Buch auch auf Tipps und Strategien stoßen, die Sie allein, in Partnerarbeit oder auch vor der Gruppe üben können. Besonders den Einsatz einer Videoaufzeichnung empfehlen wir Ihnen wärmstens, dadurch kann besonders effektiv die eigene Wirkung analysiert werden. Auch mit dem Smartphone aufgenommen – Hauptsache, Sie sehen sich selbst! Abgerundet werden die Inhalte durch psychologische Modelle, Best Practices und Erfahrungen aus dem Präsentationsalltag. Zuletzt soll diese Lektüre Ihnen dabei helfen, Ihre Präsentationskompetenz zu erweitern und die Bühne lieben zu lernen. Freuen Sie sich schon auf den Ausblick? Wir wünschen Ihnen viel Erfolg!

Neuhausen, Deutschland

Rainer Baber
Martha Wittek

Danksagung

Rainer Baber dankt Ich danke allen meinen Teilnehmerinnen und Teilnehmern, die in den vergangenen Jahrzehnten meine Seminare, Workshops, Vorträge oder Coachings besuchten. Ihre Offenheit, Kritikfreude, Fragen und Ideen bildeten die Basis für dieses Buch.

Ich danke meiner Co-Autorin Martha Wittek, deren frische Perspektive, konzeptionelle Klarheit und sprachliche Präzision dieses Projekt in vielen Punkten bereichert haben. Unsere Zusammenarbeit war für mich nicht nur fachlich, sondern auch menschlich ein großer Gewinn.

Besonders danke ich meiner Frau Martina und meinen Kindern, die mich immer unterstützt haben und leider allzu oft, wenn ich wieder einmal in Tagungshotels übernachtete, vermissen mussten.

Martha Wittek dankt Dieses Buch ist das Ergebnis vieler Erfahrungen, Seminare und Gesprächen, die sich über Jahre hinweg zu einem stimmigen Ganzen gefügt haben.

Mein besonderer Dank gilt Rainer Baber, der mir als Mentor, Trainer und Mitstreiter in der Welt der Rhetorik unermüdlich Wissen, Vertrauen und Freiraum geschenkt hat. Ohne seinen praxisnahen Blick und seine Leidenschaft für das Thema wäre dieses Buch nicht das, was es ist.

Danke auch an meine Teilnehmerinnen und Teilnehmer, deren Fragen, Aha-Momente und Erfolge mir immer wieder geholfen haben, mich weiterzuentwickeln.

Und nicht zuletzt danke ich den Menschen in meinem Umfeld, die in Zeiten des Schreibens mich begleitet, motiviert oder schlicht mit Kaffee versorgt haben. Ohne euch hätte ich nicht durchgehalten. Ein besonderer Dank gilt damit auch Leonhard, Patrick und meiner Familie.

Hinweis zur Sprache

Wir haben uns in diesem Werk für die Beidnennung (z. B. „Teilnehmerinnen und Teilnehmer") entschieden, um Geschlechter sichtbar zu machen und zugleich eine barrierearme Lesbarkeit zu gewährleisten. Uns ist bewusst, dass diese Form nicht alle Geschlechtsidentitäten abbildet – insbesondere nicht-binäre und genderqueere Personen. Dies stellt aber keine Wertung dar. Unsere Formulierungen sollen unabhängig vom verwendeten Sprachbild für alle Menschen sprechfähig, einladend und respektvoll sein. Sprache ist nie perfekt, aber wir bemühen uns um einen offenen Umgang mit Vielfalt.

Inhaltsverzeichnis

1 **Den Gipfel im Blick: Was ist das Ziel Ihrer Präsentation?**............. 1
  1.1 Mit einem klaren Ziel zu einem hervorragenden Erfolg 1
      1.1.1 Was bedeutet es, eine „gute" Präsentation zu halten?.......... 1
      1.1.2 Gute Ziele formulieren................................. 4
      1.1.3 Die SMART-Formel.................................. 6
      1.1.4 Lernziele für Ihr Publikum festlegen...................... 8
      1.1.5 Analyse Ihrer Zielgruppe............................... 11
  1.2 „Wie siehst Du's?" – Wahrnehmung verstehen 18
      1.2.1 Der Nutzen des Perspektivwechsels 19
  Literatur... 20

2 **Aufbau und Struktur von Präsentationen** 21
  2.1 Die grundlegende Struktur..................................... 21
      2.1.1 Die Einleitung 25
      2.1.2 Hauptteil.. 32
      2.1.3 Schluss.. 43
      2.1.4 Die Diskussionsrunde nach der Präsentation................ 44

3 **Die technische Präsentation meistern** 45
  3.1 Die vier Arten des Vortrags – Vier Wege zum Gipfel 45
  3.2 Komplexe Sachverhalte verständlich machen 49
      3.2.1 Die A-B-C Analyse: Wichtiges von Unwichtigem trennen...... 49
      3.2.2 Das Prinzip der Angemessenheit: Das Kernkriterium
            für technische und komplexe Inhalte in Präsentationen......... 51
  3.3 Das BABWIT-Modell: Technische und komplexe Themen
      für die Präsentation aufbereiten................................ 56
      3.3.1 Basis-Begriffe 57
      3.3.2 Anordnung.. 58
      3.3.3 Bedeutung 59
      3.3.4 Wesentlichkeit....................................... 59

	3.3.5 Illustration	61
	3.3.6 Tests	62
3.4	Einsatz des BABWIT-Modells	64
Literatur		64

4 Sprache und Wortwahl … 65
- 4.1 Technische und komplexe Themen sprachlich fassen … 65
  - 4.1.1 Aktive Satzkonstruktionen … 65
  - 4.1.2 Substantivierung vs. Desubstantivierung … 66
  - 4.1.3 Kurze vs. Lange Sätze … 67
  - 4.1.4 Fachsprache vs Umgangssprache … 68
  - 4.1.5 Fachbegriffe, Abkürzungen, Fremdwörter … 68
  - 4.1.6 Wiederholungen … 70

5 Argumentation in der technischen Präsentation … 73
- 5.1 Zentrale Überzeugungsmittel in der Argumentation … 74
- 5.2 Argumente schlüssig aufbauen … 76
  - 5.2.1 3-B-Argumentation … 76
  - 5.2.2 Induktive und deduktive Argumentation … 77
  - 5.2.3 Toulmin-Argumentation … 79
- 5.3 Welchen Nutzen bieten Sie Ihrem Publikum? … 81
  - 5.3.1 Welcher Nutzen? Der Unterschied zwischen Vorteil und Nutzen … 81
  - 5.3.2 Die Nutzen-Argumentation … 83

6 Über Fesseln und Haken: Aufmerksamkeit, Aufnahme und Aktivierung … 87
- 6.1 Die Grundlagen einer spannenden Präsentation … 88
- 6.2 Spannungsbögen gestalten … 93
- 6.3 Spannende Sprache … 97
  - 6.3.1 Geschichten erzählen … 97
  - 6.3.2 Stilmittel nutzen … 98
- 6.4 Aktivierungsstrategien … 105

7 Mediale Unterstützung während der Präsentation … 107
- 7.1 Foliendramaturgie … 107
  - 7.1.1 Gestaltungsregeln … 109
  - 7.1.2 Folien, die Sie besser weglassen … 112
  - 7.1.3 Anschauungsmaterial und Folieneinsatz … 112
  - 7.1.4 Experimente, Übungen … 113
  - 7.1.5 Motivation schaffen … 114

8 Die Präsentation erinnern … 115
- 8.1 So merken Sie sich Ihre eigene Präsentation … 115
  - 8.1.1 Die Loci-Methode … 116
  - 8.1.2 Weitere Techniken … 117
- 8.2 Ihre Präsentation „merk-würdig" für Ihr Publikum gestalten … 118

9 Der professionelle Auftritt 123
- 9.1 Körpersprache 123
  - 9.1.1 Die Kopfhaltung 124
  - 9.1.2 Körperhaltung und Bewegung 124
  - 9.1.3 Gestik 125
- 9.2 Stimme und die fünf Kardinalfehler des Stimmeinsatzes 126
  - 9.2.1 „Äh, Ähm, also, genau …" und andere Sprachfüller 127
  - 9.2.2 Monotone Sprechweise 127
  - 9.2.3 Zu leise sprechen 128
  - 9.2.4 Zu undeutlich 128
  - 9.2.5 Fehlende Pausen 129

10 Die technische Präsentation – Online! 131
- 10.1 Die Grundlagen: Technische Präsentationen im Online Kontext 131
  - 10.1.1 Welche Besonderheiten gibt es? 131
  - 10.1.2 Wie können Sie die Besonderheiten für sich nutzen? 133
  - 10.1.3 „Kamera an!": So motivieren Sie Ihre Teilnehmerinnen und Teilnehmer zur Kameranutzung 134
- 10.2 Der Einsatz von Folien bei Videopräsentationen 136
- 10.3 Besonderheiten bei online-Präsentationen 136
- 10.4 Die richtige Technik 137
  - 10.4.1 Arrangement von Kamera, Ton und Beleuchtung 137
  - 10.4.2 Weitere Tipps für die gelungene Online-Präsentation 141
  - 10.4.3 Gekonnt den Bildschirm teilen: So setzen Sie Ihre Inhalte professionell in Szene 142

11 Wenn mal etwas nicht klappt: Umgang mit Pannen, emotionalem Publikum und technischen Schwierigkeiten 145
- 11.1 Die Baber'sche Störungs-Regulierungs-Matrix 145
- 11.2 Umgang mit kritischen Fragen, persönlichen Angriffen, Zwischenrufe, Störungen und Provokationen 147
  - 11.2.1 Die Bedeutung der Diskussion und Umgang mit (kritischen) Fragen 147
  - 11.2.2 Was tun bei Zwischenrufen, Angriffen und Provokationen? ... 150
  - 11.2.3 Reaktionsmöglichkeiten bei Angriffen 152

12 Was tun bei Fragen, die man nicht beantworten kann, darf oder will? ... 157
- 12.1 Wenn die Technik streikt 160
- 12.2 Lampenfieber und Stress 162
- 12.3 Blackout 166
  - 12.3.1 Grundlagen des Blackouts 166
  - 12.3.2 Verhaltensstrategien bei Blackout 167

In Kürze: Das Fazit 173

Zu den Autoren

Rainer Baber, M. A. ist seit 1998 Berater, Trainer, Speaker und Coach für Rhetorik, Verkauf und Kommunikation und führte bereits tausende Seminare und Vorträge mit zehntausenden Teilnehmerinnen und Teilnehmern durch. Rainer Baber studierte an der Eberhard-Karls-Universität Tübingen Allgemeine Rhetorik, Neuere Deutsche Literaturwissenschaft sowie Neuere Geschichte und schloss mit dem Magister Artium (M. A.) ab. Seinen Studienschwerpunkt legte er frühzeitig auf die Erwachsenenbildung. Vor seinem Studium absolvierte Rainer Baber eine kaufmännische Ausbildung in der Werbebranche.

Rainer Baber ist BDVT-zertifizierter Trainer und Berater sowie DiSC-zertifizierter Trainer und zertifizierter Trainer für das Belbin-Teamrollen-Modell. An der Technischen Universität Graz hat Rainer Baber den EBmooc plus 2020: Die digitale Praxis für ErwachsenenbilderInnen absolviert. Ferner ist er Practitioner der Society of NLP. Rainer Baber leitet die BDVT Fachgruppe „Speakers' Corner", in der sich Business Speaker und Rhetoriker austauschen; zuvor leitete er den BDVT Regionalclub Württemberg.

Rainer Baber ist als Berater für ein breites Branchenspektrum, insbesondere für Banken, Maschinen-, Metall- und Elektroindustrie, Ingenieurbüros sowie Dienstleister tätig.

Martha Wittek studierte Allgemeine Rhetorik an der Eberhard-Karls-Universität Tübingen. Ihre Studienschwerpunkte lagen in den Bereichen Gesprächsführung, Sozialpsychologie, kritisches Denken und Online-Präsentationen. Bereits während des Studiums sammelte sie umfangreiche Praxiserfahrungen als Trainerin bei Baber Consulting sowie als Planspielleiterin bei der Landeszentrale für politische Bildung. Zuletzt erweiterte sich ihr rhetorisches Profil in Richtung Konfliktmanagement, Führung und Kommunikationstraining für Frauen.

Ihr Trainingsstil verbindet aktuelle, wissenschaftlich fundierte Inhalte mit einer starken Praxisorientierung.

Inzwischen ist Martha Wittek als Rhetoriktrainerin in der Erwachsenenbildung und für kommunale sowie wirtschaftliche Auftraggeber tätig. Zu ihren Schwerpunkten zählen Präsentationstechniken, Konflikt- und Verhandlungsmanagement, Führungskommunikation und Rhetorik für Frauen.

In ihren Seminaren stehen die Anliegen der Teilnehmenden im Mittelpunkt: Ziel ist es, individuelle Stärken auszubauen und mit wirksamen, realitätserprobten Methoden die eigene kommunikative Wirkung gezielt zu steigern. Methodisch setzt sie auf eine lebendige Mischung aus Input, Übung und reflektierender Diskussion.

Den Gipfel im Blick: Was ist das Ziel Ihrer Präsentation?

1.1 Mit einem klaren Ziel zu einem hervorragenden Erfolg

1.1.1 Was bedeutet es, eine „gute" Präsentation zu halten?

Was bedeutet es für Sie, eine gute Präsentation zu halten? Woran messen Sie Ihren Erfolg? Diese Frage ist nicht leicht zu beantworten, denn die Bedeutung von Erfolg kann für jeden variieren. Aber es gibt einige Anhaltspunkte, die Sie zur Bewertung Ihrer Präsentation heranziehen können. Ob Sie erfolgreich waren und wie Sie den Erfolg Ihrer Rede messen, hängt in erster Linie von der Definition einer „guten" Präsentation ab. Hier lohnt abermals ein Blick in die Lehren der Rhetorik. Die Rhetorik befasst sich mit der Kunst, gut zu reden, der „*ars bene dicendi*"[1] – So fasste schon der erste staatlich besoldete römische Rhetorikehrer Marcus Fabius Quintilianus das Interesse der Rhetorik zusammen. Das „gut" in „gut reden" hat dabei drei Bedeutungsebenen:

1. Gut reden kann die erfolgreiche, also überzeugende Rede bedeuten. Eine Rede oder Präsentation ist also dann gut, wenn das Publikum überzeugt wurde.
2. Gut reden kann die ästhetische Rede bedeuten. Eine Rede ist gut, wenn sie „schön" ist. Das bedeutet eine ästhetische Ausgestaltung, damit sie angenehm anzuhören ist.
3. Gut reden kann moralisch gut bedeuten. In diesem Fall ist eine Rede gut, wenn sie allgemein anerkannten Werten, Normen und Vorstellungen entspricht. Sie ist „gut" im Sinne von „richtig" und enthält damit eine Wertung.

---

[1] Quintilianus, Inst.or. II,15,37 f: „Die Kunst, gut zu reden" lautet im lateinischen Original: „rhetoricen esse bene dicendi scientiam".

Idealerweise ist Ihre Präsentation in jeder Hinsicht gut. Praktisch ist es jedoch so, dass Schwerpunkte gesetzt werden und es wichtiger ist, das Publikum zu überzeugen. Wenn in einer Präsentation aber auch stilistische sowie moralische Grundsätze berücksichtigt werden, dann führt das mitunter auch zu einer besseren Verständlichkeit und Akzeptanz. Durch stilistische Mittel und anerkannte, gute Werte wird eine Präsentation also auch besser. Auch wenn es in einer beruflichen Präsentation in erster Linie nicht darum geht, ästhetische Passagen zu formulieren, so verringert ein kalkulierter Einsatz von Stilmitteln Langeweile und macht die Präsentation spannender. Dieses Thema wird in Abschn. 6.3 genauer behandelt. Auch die Situationsbezogenheit kann ein weiteres „bene" bedeuten und meint eine Präsentation, welche sowohl inhaltlich als auch für das Publikum und die Umstände angemessen ist.

> **Die Erfolgskriterien einer guten Präsentation**
> Eine gute Präsentation kann an Hand drei Erfolgskriterien bewertet werden.
> Sie soll
>
> 1. überzeugend,
> 2. sprachlich gut und
> 3. moralisch oder fachlich richtig
>
> sein.

Die formelle Geschäftspräsentation, das lockere Vom-Tag-Erzählen und der hitzige Streit: Tagtäglich werden wir kommunikativ herausgefordert. Manche Dinge fallen uns dabei sehr leicht, beispielsweise davon zu berichten, wie die Arbeit war. Andere Situationen erfordern hingegen die Beachtung von komplexen organisatorischen und sozialen Regeln, wie zum Beispiel das Business-Meeting. Hinzu kommt der regelmäßige Umgang mit Widerständen und Hindernissen, sei es ein Interessenskonflikt, ein sehr kritisches Publikum oder gar die eigene Präsentationsangst. Viele dieser Situationen lassen sich dabei ohne besondere Vorkenntnisse gut meistern. Eine wirkliche Herausforderung bilden nur solche Fälle, in welchen wir die Komfortzone verlassen müssen. Dabei hängt die konkrete Herausforderung immer auch mit der eigenen Person, den subjektiven Erfahrungen sowie kommunikativen Fähigkeiten zusammen.

Wer hilft? Oder vielmehr: Was hilft?

Der Blick fällt auf die Rhetorik. Rhetorik ist kein leeres Schlagwort, wenn es um Kommunikation und Überzeugung geht. Vielmehr bietet Ihnen die Rhetorik einen Blickwinkel der Überzeugungs-Praxis. Es geht vor allem um folgende Fragen: Wie schaffen Sie es, Ihr Publikum zu überzeugen? Mit welchen Argumenten entkräften Sie gegenteilige Ansichten und Positionen und kontern schlagfertig kritische Fragen? Wie können Sie andere begeistern, damit diese voller Vorfreude Ihren Vorschlag umsetzen möchten? Und schließlich: Wie halten Sie eine gelungene Präsentation?

1.1 Mit einem klaren Ziel zu einem hervorragenden Erfolg

Diese Fragen beschäftigten in der ein oder anderen Form Menschen schon seit Jahrtausenden. Bereits in der Antike hat Aristoteles die Rhetorik als die Fähigkeit bezeichnet, das Überzeugende einer Sache zu erkennen (Aristoteles, Rhet., I,2, 1355a5–15). Diese Definition gilt durchaus auch heute noch. Doch die moderne Rhetorik bietet Ihnen mehr als nur zu erkennen, was überzeugt. Sie gibt Tipps und Ratschläge, die überzeugenden Aspekte einer Sache geschickt zu nutzen, um Ihr gesetztes Ziel wirkungsvoll zu erreichen. In diesem Buch wird immer wieder auf diesen wichtigen Teil – nämlich Ihr kommunikatives Ziel – zurückgegriffen, im Folgenden soll es also näher erläutert werden.

▶ Das eigene Ziel fest vor Augen zu haben, das ist Dreh- und Angelpunkt Ihrer kommunikativen Strategie. Dazu müssen Sie es genau definieren und festhalten.

Das Ziel ist Teil Ihrer Planung für jede Präsentation. Diese Präsentationsplanung wird in der Rhetorik *Intellectio* genannt. Damit ist sie der erste wichtige Schritt für die Entwicklung von Reden und Präsentationen. Sie ist immer allen anderen Arbeitsstadien vorangestellt, noch bevor Argumente gesucht werden oder ein passender Satz für die Einleitung formuliert wird (Chico-Rico, 1998, Sp. 448). Wenn Sie eine Präsentation oder Rede vorab planen, betrachten Sie im Stadium der Intellectio zwei Dinge:

1. Themen- und Zielfindung sowie Themeneingrenzung. Diese Überlegungen widmen sich dem Redegegenstand und dem Ziel. Die beiden Leitfragen lauten: „Über was werde ich sprechen?" und „Von was möchte ich überzeugen?" Meist gibt der berufliche Alltag die Themen bereits vor, Ihr eigenes Ziel muss aber immer vorbereitet werden.
2. Darstellungsproblematik. Leitfrage: „Welche Hindernisse gibt es, wenn ich meinen Inhalt präsentiere?" Dieser Aspekt befasst sich mit allem, was Ihrem Überzeugungsziel im Weg stehen kann. Das kann das Publikum betreffen, wenn es Ihnen nicht sofort glauben schenken möchte oder erschwerende Umstände, wie laute Nebengeräusche während der Präsentation, Zwischenrufe, mediale Ausfälle, komplexe Themenvorgabe bei gleichzeitig nichtfachlichem Publikum und dergleichen.

Auch in der modernen Rhetoriktheorie (vgl. Knape, 2000, S. 33–43 und 64–86) wird davon ausgegangen, dass eine Rednerin oder Redner Widerstände überwinden muss, um überzeugen zu können und damit das eigene Ziel zu erreichen. Das setzt voraus, dass der Redner oder die Rednerin weiß, was erreicht werden soll, also irgendeine Art von innerer Überzeugung hat, die einen Redeanlass darstellt. Dieser zunächst abstrakte Gedanke wird aber konkret, wenn Sie sich verdeutlichen, warum Sie eine Präsentation halten möchten. Das ist Ihr Redeanlass. Auftretende Probleme und Hindernisse werden im Idealfall während der Präsentation überwunden und elegant gelöst. Durch eine gute Vorbereitung nehmen Sie diesen Hindernissen ihren Stachel und erarbeiten sich Wege, eine gute und überzeugende Präsentation zu halten. Im Folgenden soll es also um die Zielfindung gehen. Die Darstellungsproblematik in einer Präsentation wird in diesem Buch an verschiedenen Stellen immer wieder behandelt, je nachdem, an welchem Ort der Präsentation Hindernisse auftreten, der Schwerpunkt der Darstellungsproblematik bildet jedoch Kap. 11.

1.1.2 Gute Ziele formulieren

„Ziele sind doch gleich formuliert, ich will einfach meinen Report präsentieren und wieder gehen!" – Vielleicht schießt Ihnen das durch den Kopf, wenn Sie über Ziele nachdenken. Und auch wenn es verlockend einfach scheint, reicht das nicht aus. Es ist nämlich besonders wichtig, dass Sie ihr Ziel deutlich und präzise formulieren. Kein: „Ich möchte mehr verkaufen." oder „Ich will überzeugend sein." Formulieren Sie Ihr Ziel dezidiert und konkret auf Ihre jeweilige Situation bezogen. Das kann bedeuten, anstatt: „Ich möchte mehr verkaufen" – „Ich möchte Produkt X in der Menge Y an Kunden Z verkaufen". Es bedeutet auch, anstatt „Ich will überzeugend sein", ihr Ziel folgendermaßen zu verbalisieren: „Ich möchte, dass mein Gegenüber meine Position versteht und nachvollziehen kann." Wenn Sie ambitionierter sind, dann können Sie auch sagen: „Ich möchte, dass mein Gegenüber meine Position nicht nur versteht, sondern seine Meinung auch ändert und mir zustimmt."

Wenn Sie Ihre Ziele in diese konkrete Form bringen, dann hat das mehrere Vorteile. Der Wichtigste ist: Sie wissen, wann Sie Ihr Ziel erreicht haben. Das führt einerseits dazu, dass Sie deutlicher sehen, ob Sie die Präsentation so gestalten, dass Sie zu Ihrem Ziel kommen, es hält Sie aber auch davon ab, ergebnislos weiterzureden, weil Sie nicht genau wissen, worauf Sie hinauswollen. Schauen wir uns dazu folgendes Beispiel an:

Fehlende Ziele in einer Produktpräsentation

Herr Meier arbeitet im Vertrieb eines Unternehmens als Außendienstmitarbeiter. Er ist von seinen Produkten und Lösungen total überzeugt und schwärmt gerne von ihnen. Er hat sich keine Vorüberlegungen zu seiner Präsentation gemacht. Seine Kunden und Kundinnen brauchen eine Software, die für sie die Koordinierung von internen Systemen und Abläufen verwaltet.

Herr Meier geht bei der Präsentation der Software auf alle technischen Merkmale und Details ein und führt beispielsweise sehr umschweifend ihre Funktionsweise aus. Er geht außerdem darauf ein, wie die Software im Vergleich zur Vorgängerversion verbessert wurde. Das führt dazu, dass er sich in Nebensächlichkeiten verliert und technische Feinheiten erklärt, die für die Entscheidung des Kunden jedoch unwichtig sind. Dabei geht er kaum auf das Problem seiner Zielgruppe ein, nämlich wie seine Software zuverlässig die Verwaltung der internen Abläufe übernimmt und dadurch Zeit und Geld sparen kann. Als Herr Meier seine Präsentation beendet, ist er sehr zufrieden und stolz darauf, alle Details erläutert zu haben.

Während die Kunden den Konferenzraum verlassen, haben sie den Eindruck, dass Herr Meier ein sehr versierter Experte in seinem Fachgebiet ist und sind überzeugt, dass das Produkt im Vergleich zur Vorgängerversion weiterentwickelt und verbessert wurde. Sie sind sich aber unschlüssig, ob Herr Meiers Softwarelösung für die Aufgaben Ihres Unternehmens auch passt und zuverlässig funktionieren wird. Daher laden sie weitere Vertreter ein und schauen sich andere Softwarelösungen an, bei denen sie sich sicher sein können, dass diese zuverlässig performen. ◄

1.1 Mit einem klaren Ziel zu einem hervorragenden Erfolg

Was denken Sie? Ist Kollege Meier mit dem Präsentationsergebnis zufrieden? Hat er sein Ziel erreicht? Und was genau war überhaupt sein Ziel? Wollte er seiner potenziellen Kundschaft zeigen, dass er ein absoluter Fachexperte ist? Oder wie die Software weiterentwickelt wurde? Denn ob die Kundschaft den Auftrag an ihn vergeben, ist zunächst noch unklar. Vielmehr hätte sich Herr Meier im Vorfeld überlegen müssen, was sein Ziel ist, um präziser kommunizieren zu können. Das hätte ihm auch die Möglichkeit gegeben, direkt nachzufragen, wenn es noch Fragen oder Bedenken gäbe und er hätte diese sofort entkräften können. Vielleicht wäre er auch zu dem Schluss gekommen, dass er mehr auf die Kompatibilität zwischen den Systemen eingehen muss, anstatt technische Feinheiten zu erklären, die für seine Kundschaft unwichtig sind. So hätte die Präsentation auch mit gut definiertem Ziel ablaufen können:

Beispiel

Dieses Mal hat sich Herr Meier vorbereitet. Herr Meier hat sich selbst insbesondere die Frage gestellt, was er eigentlich erreichen möchte. Er möchte, dass seine Kunden und Kundinnen sehen, dass seine Software die beste Lösung für ihr Problem ist. Er möchte davon überzeugen, dass alle anderen Mitbewerber keine so ausgeklügelte Lösung haben, die auf so elegante Weise eingesetzt werden kann. Sein Ziel lautet also: „Ich möchte, dass meine Kunden meine Software für eine sehr gute Lösung für ihr Anliegen empfinden und mir den Auftrag erteilen." Deswegen hat er sich im Vorfeld über seine Zielgruppe genau informiert und ein Vorabgespräch geführt, sodass klar ist, welche Funktionen in einer Software gesucht werden und mit welchen anderen Systemen eine Kompatibilität wichtig ist.

Als Herr Meier nun also die Präsentation hält, hat er immer wieder sein Ziel im Auge und führt vor allem Argumente an, die sein Produkt ins Scheinwerferlicht rücken. Auf feine technische Details verzichtet er dieses Mal, er betont die grundlegenden Mechanismen und die großen Vorteile zu den Produkten der Konkurrenz. Er geht insbesondere darauf ein, wie sein Produkt dazu beiträgt, das Problem des Kunden zu lösen und Zeit und Geld zu sparen.

Als die Kunden diese Mal den Konferenzraum verlassen, haben sie den Eindruck, dass Herr Meier ihre Situation verstanden hat. Sie haben außerdem den Eindruck, dass sie mit ihm gut beraten sind und seine Software für ihr Anliegen die richtige Entscheidung sein wird. Daher entscheiden sie für Herr Meiers Softwarelösung und erteilen ihm den Auftrag. Nach weiteren Konkurrenzprodukten schauen sie sich nicht um. ◄

Wie Sie sehen, ist die Präsentation durch Herrn Meiers konkrete Zielformulierung deutlich besser gelaufen. Schwerpunkt seiner Präsentation war die Ausgangslage seiner Kundschaft, dementsprechend argumentierte er für die Funktionen der Software aus ihrer Perspektive und den dadurch entstehenden Nutzen für sie. Das führte auch dazu, dass Herr Meier nur von relevanten Funktionen und dadurch resultierenden Vorteilen ausführlich erzählte und dadurch seine Überzeugungskraft gesteigert hat. Sein konkretes Ziel führte schließlich dazu, dass seine Kundinnen und Kunden ihm den Auftrag erteilten.

1.1.3 Die SMART-Formel

Um Ziele für Ihre Präsentation korrekt zu formulieren, kann die sogenannte SMART-Formel als nützliches Tool herangezogen werden. Sie stammt von Peter Drucker und wird vor allem im Projektmanagement, in der Mitarbeiterführung und Personalentwicklung eingesetzt, um Ziele so eindeutig wie möglich im Rahmen einer Zielvereinbarung zu definieren (Drucker, 1961, S. 52–74 und 104–117). Die SMART-Formel ist ein Akronym verschiedener Kriterien, anhand derer Sie möglichst genaue Angaben zu Ihrem Ziel zu machen können. Die SMART-Formel mit Ihren ausgeschriebenen Kriterien wird in Abb. 1.1 dargestellt. Das Ziel für eine Präsentation sollte nach der SMART-Formel spezifisch, messbar, attraktiv, realistisch sowie terminiert formuliert werden. Diese fünf Kriterien werden im Folgenden näher erläutert:

▶ Ihre Ziele müssen spezifisch, messbar, attraktiv, realistisch sowie terminiert sein.

Spezifisch bedeutet, dass Ihr Ziel eindeutig definiert und so konkret wie möglich beschrieben ist und keine vagen Vorstellungen vorherrschen. Beschreiben Sie auch genau, wie Sie das Ziel erreichen möchten. Das folgende Beispiel ist vage: „Ich möchte gut präsentieren." Unklar bleibt, was „gut präsentieren" bedeuten soll. Spezifisch formuliert wäre es folgendermaßen: „Ich möchte, dass ich bei meiner Präsentation nächsten Freitag flüssig spreche, dafür mache ich jeden Tag 10 min Sprechübungen."

Messbar ist ein Ziel, wenn es mit Hilfe von Instrumenten überprüfbar ist und so eine eindeutige Wahrnehmung des Fortschritts möglich ist. Das kann in Bezug auf die Lautstärke ein Dezibel-Messgerät sein, für Ihre Präsentation können Sie aber auch verschiedene Kolleginnen und Kollegen befragen und sie zum Beispiel darum bitten, auf einer Punkteskala von 1 (kaum verständlich) zu 10 (sehr laut) Ihre Sprechlautstärke zu notieren. Es ist auch möglich, eine Person zu bitten, Ihre „Ähms" zu zählen oder Ihre Stockungen. Auch so bekommen Sie messbare Anhaltspunkte, anhand derer Sie sich weiterentwickeln und Ihren Erfolg messen können.

Attraktiv ist ein Ziel, wenn es ansprechend und erstrebenswert für Sie ist. Denn ohne Motivation wird es sehr viel schwieriger, Ihre Ziele zu erreichen. Warum möchten Sie es also erreichen? Was genau ist daran attraktiv für Sie? Notieren Sie sich, zu welchem Zweck Sie Ihre Ziele erreichen wollen und wenn es nur der gute Eindruck ist, den Sie machen möchten. Das kann zum Beispiel so aussehen: „Ich möchte flüssig sprechen, weil ich mich dann viel kompetenter fühle."

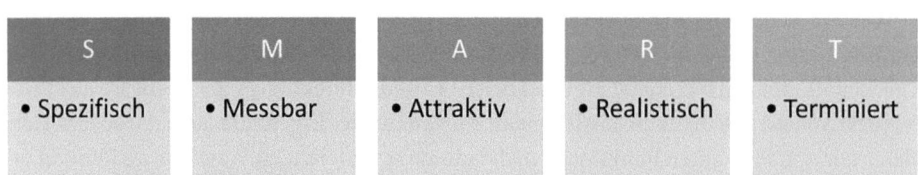

Abb. 1.1 SMART-Formel

Realistisch bedeutet, dass Ihr Ziel möglich und erreichbar ist. Das ist je nach Person und Umständen verschieden und genau deshalb muss man besonders diesen Punkt bedenken. Unterziehen Sie Ihre Ziele also einem Realitätscheck: Kann ich das Ziel in der vorgegebenen Zeit und mit den verfügbaren Mitteln überhaupt erreichen? Das bedeutet natürlich nicht, dass Ihre Ziele nicht ambitioniert sein dürfen, nur sie sollten für Sie im Grunde möglich sein, damit Sie nicht auf dem Weg dorthin verzweifeln. Überlegen Sie sich gerne Teilziele, wenn das Ziel noch zu groß ist.

Terminiert bedeutet für Ihre Zielsetzung, dass das Ziel zu einem bestimmten Zeitpunkt erreicht sein muss. Legen Sie sich ein fixes Datum zurecht, an dem Sie Ihr Ziel erreicht haben möchten. Sonst droht nämlich das zeitlose: „Ich möchte flüssiger sprechen." Und bis wann? Vielleicht irgendwann? Wenn Sie Ihrem Ziel ein Datum geben, werden viele Dinge und Schritte deutlich konkreter, denn für die wichtige Präsentation am nächsten Freitag Sprechübungen zu machen ist zielorientierter, als „grundsätzlich" flüssiger vortragen zu wollen, ohne bestimmtes Datum.

Die SMART-Formel ist ein wirkungsvolles Instrument Ziele klar zu formulieren und dann tatsächlich auch an ihrer Umsetzung zu arbeiten. Jeder kennt die Situation zum Jahreswechsel. Laut einer Umfrage nehmen sich rund 50 % der Bevölkerung gute Vorsätze für das neue Jahr vor, z. B. mehr Sport zu machen oder gesünder zu leben. Dabei handelt es sich aber nicht um ein klares Ziel, sondern lediglich um einen Vorsatz oder einen schönen Wunsch. Damit daraus in der Realität eine konkrete Umsetzung erfolgt, formulieren Sie nach SMART: Was heißt konkret mehr Sport machen? Spezifisch: Ich werde joggen und am Halbmarathon im September teilnehmen. Messbar: 10 km die 3 × Woche trainiere ich mindestens. Attraktiv: Ich stelle mir vor, welchen Nutzen ich davon habe, wie schön Bewegung in der Natur ist und wie ich konkret am Marathon durch das Ziel laufe etc. Realistisch: Habe ich überhaupt die Möglichkeit und die Zeit dreimal wöchentlich Sport zu treiben und zu trainieren? Terminiert: Ich werde immer montags, mittwochs und freitags, jeweils um 19:00 Uhr Laufen gehen und melde mich für den Marathon im September an. Wenn das Ziel so klar formuliert wird, dann hat es eine gute Chance umgesetzt und erreicht zu werden. Ansonsten hat es gute Chancen nicht angepackt zu werden und im nächsten Jahr erneut als Vorsatz formuliert zu werden: „Aber nächstes Jahr mache ich bestimmt mehr Sport!" Dann wird es aber wahrscheinlich ein Traum bleiben.

▶ Ein Ziel ohne Anfangs- und Enddatum ist ein Traum!

Setzen Sie sich Ihre Ziele!

Welches Ziel möchten Sie gerne erreichen? Denken Sie an ein Ziel, dass für Sie gerade aktuell und wichtig ist. Überlegen Sie sich an Hand der SMART-Formel, wie Sie ihr Ziel präzise formulieren können. Schreiben Sie es am besten auf, um es deutlich vor Augen zu haben.

Dieser Grundsatz gilt für jede Art von Zielen, egal ob Sie sich privat weiterentwickeln möchten oder ob Sie sich ein Ziel für Ihre Präsentation überlegen.

1.1.4 Lernziele für Ihr Publikum festlegen

Nachdem Sie Ihre Ziele nun also ‚smart' formuliert haben, geht es im Folgenden nicht nur um die Ziele, die Sie selbst erreichen möchten, sondern um Ziele, die Ihr Publikum erreichen soll. Die Rede ist von *Lernzielen*. Darunter werden Ziele verstanden, die von Lehrkräften aufgestellt werden (Krathwohl et al., 1978, S. 5). Lernziele strukturieren demnach die Inhalte und ermöglichen eine Leistungsbewertung im Nachgang einer Präsentation. Bei dieser Form der Zielausrichtung wird der kognitive Aspekt betont, also eine Ausrichtung an der Wissensvermittlung, wie es vor allem im schulischen oder akademischen Umfeld der Fall ist. Obwohl Lernziele in der Pädagogik entwickelt worden sind, bieten sie auch eine gute Hilfestellung für Präsentationen, insbesondere in Business-Kontexten oder auch für die Moderation von Besprechungen, bei denen die Besprechungsziele für die jeweiligen Tagesordnungspunkte definiert werden. Denn auch hier liegt eine besondere Betonung auf dem (Fach-)Wissen, das vermittelt werden soll. Das bedeutet, Ihr Publikum bekommt von Ihnen neues Wissen vermittelt. Die Lernziele in einer Präsentation können dabei ganz unterschiedlich gestaltet sein: Vielleicht möchten Sie die Aufmerksamkeit Ihres Publikums auf ein neues Konzept lenken und es verständlich machen. Oder sie möchten, dass Ihr Publikum eine eigene Bewertung vollzieht oder es sogar zu einer Handlung motivieren. Diese verschiedenen Intensitäten von Zielen können in einer Lernzieltaxonomie verortet werden.

Die verschiedenen Ziele stehen aber nicht wahllos nebeneinander. Sie stehen zueinander in Beziehung – in einer hierarchischen Ordnung. Das bedeutet, dass manche Ziele einfacher und basaler sind als andere. Eine wichtige Einordnung von Lernzielen bietet die Lernzieltaxonomie von Anderson, Bloom und Krathwohl (Anderson et al., 2001, S. 25–37 und 95–109; Krathwohl et al., 1978, S. 174–181). Sie wurde ursprünglich konzipiert, um Lehrerinnen und Lehrern eine konkrete Handreichung für Ihren Unterricht anzubieten und die Kompetenzentwicklung von Schülerinnen und Schülern nicht als Nebenprodukt und spontanen Zufall zu betrachten, sondern als Ziel der pädagogischen Arbeit. So soll es möglich sein, anhand der Lernzieltaxonomie den Plan für die jeweilige Stunde mit passenden Aufgaben und Arbeiten zu entwickeln – und – im Nachhinein evaluieren zu können, ob die Ziele erreicht worden sind. Dadurch soll die Qualität des Lehrens verbessert werden.

Die kognitiven Ziele in der Lernzieltaxonomie sind in Abb. 1.2 zusammengefasst und hierarchisch dargestellt.

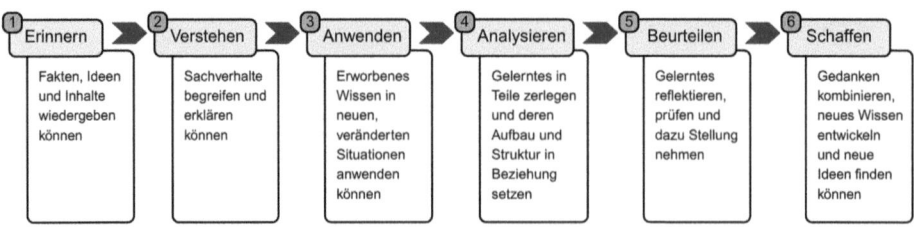

Abb. 1.2 Lernzieltaxonomie nach Bloom, Krathwohl, Anderson

1.1 Mit einem klaren Ziel zu einem hervorragenden Erfolg

Die verschiedenen Stufen der Lernzieltaxonomie lauten: Erinnern, Verstehen, Anwenden, Analysieren, Beurteilen und Schaffen. Dabei gilt: für die nächsthöhere Stufe muss jeweils die vorangegangene gemeistert werden. Ohne Erinnern kein Verstehen, ohne Analysieren kein Schaffen. Die verschiedenen kognitiven Stufen bauen somit aufeinander auf. Für Sie bedeutet das: Es macht einen Unterschied, ob Sie von Ihrem Publikum möchten, dass es sich nur an das erinnert, was Sie sagen oder es versteht, anwendet oder gar evaluiert und zu neuen Ideen kommt. Je nachdem, welche Stufe Sie mit Ihrem Publikum erreichen möchten, müssen Sie also unterschiedlich intensiv das Thema bearbeiten. Vielleicht reicht es Ihnen in manchen Punkten nämlich schon, wenn es nur erinnert, über was Sie sprechen. Vielleicht wollen Sie aber in einem anderen Bereich, dass sich das Publikum sogar eine eigene Meinung bildet. Hierzu folgendes Beispiel:

Beispiel

Jutta hält vor ihrem Publikum eine Präsentation über Smartphones.

1. Wissen: Jutta möchte, dass ihr Publikum weiß, dass es Smartphones gibt. Sie zeigt ihr eigenes kurz vor und erklärt: „Das ist ein Smartphone."
2. Verstehen: Ihr Publikum soll wissen, was ein Smartphone kann. Dazu zeigt Jutta nicht nur das Smartphone, sondern stellt seine Funktionen vor. Sie telefoniert beispielsweise.
3. Anwenden: Ihr Publikum soll ein Smartphone bedienen können. Dazu werden Smartphones ausgeteilt und die Teilnehmer und Teilnehmerinnen werden angeleitet, miteinander zu telefonieren.
4. Analysieren: Ihr Publikum soll wissen, aus welchen Komponenten ein Smartphone besteht und verstehen, wie diese Teile in Beziehung zueinander stehen und miteinander interagieren. Jutta lässt Ihr Publikum die Smartphones in Einzelteile zerlegen und erklärt die einzelnen Bestandteile, sowie die Funktionen.
5. Bewerten: Juttas Publikum soll das Smartphone und dessen Komponenten bewerten können. Dazu müssen die Teilnehmer und Teilnehmerinnen zusätzlich zur Analyse in der Lage sein, verschiedene Standpunkte einzunehmen und für verschiedene Probleme Sichtweisen zu entwickeln. Jutta kann zum Beispiel eine Lösung für ein technisches Problem anbieten, das die Teilnehmer und Teilnehmerinnen mit ihrem Wissen bewerten sollen. Das Publikum ist nun in der Lage, einzelne Komponenten unterschiedlicher Smartphones zu vergleichen und deren Vor- und Nachteile abzuwägen.
6. Entwickeln: Auf dieser Stufe soll das Publikum auf ein Niveau gebracht werden, dass es eigene Smartphones entwickeln kann. Die Teilnehmer und Teilnehmerinnen sind in der Lage, ein neues Modell oder eine neue Generation von Smartphones zu konzipieren, beispielsweise das Display zu optimieren oder leistungsstärkere Akkus einzubetten. Jutta hat ihr Publikum zu Smartphoneentwicklern und -entwicklerinnen ausgebildet.

Wir sehen also: es macht einen großen Unterschied, auf welcher Stufe das Publikum stehen soll. Je genauer Sie sich Gedanken über die jeweiligen Zielebene machen, desto passgenauer können Sie die Präsentation zuschneiden. Hierbei spielt auch die Berücksichtigung der Zielgruppe eine bedeutende Rolle. Halte ich einen Vortrag an der Volkshochschule zur Nutzung von Smartphones, muss ich mein Publikum nicht auf Stufe 5 bringen und es reicht beispielswese Stufe 3. Halte ich eine Vorlesung vor IT-Studentinnen und -Studenten, mache ich mich mit Stufe 3 lächerlich. ◄

Vor jeder Präsentation kann eine solche Lernzieltaxonomie in die Planung mitaufgenommen werden. Immer vermitteln Sie auch eine Art von Wissen. Es ist daher wichtig, dass Sie sich im Vorhinein fragen: Wieviel muss mein Publikum wissen? Auf welche Stufe möchte ich in meiner Präsentation abzielen? So verhindern Sie nämlich, dass Sie Ihrem Publikum unnötigerweise zu viel erzählen. Vielleicht sollen nämlich nur Dinge verstanden werden, aber nicht unbedingt in der Tiefe analysiert werden! Andersherum sollten Sie genug in die Tiefe gehen, damit Ihr Publikum auch das erreicht, was Sie sich als Ziel vorgenommen haben. Es wäre nämlich fatal, wenn Sie in einem Vortrag über Brandschutz Ihrem Publikum nicht beibringen, wie ein Feuerlöscher angewendet werden soll. Sie können verschiedene didaktische Mittel einsetzen, um den Inhalt ausführlicher zu bearbeiten. Eine Auswahl davon ist:

1. Vorzeigen: Etwas Präsentieren, demonstrieren, sowohl körperlich, als auch symbolhaft. Es kann zum Beispiel Anschauungsmaterial gezeigt werden und durch das Publikum gegeben werden oder (bei nicht-physischen Dingen): etwas vormachen, einen Film zeigen etc.
2. Abstimmung: Das Publikum drück über Handmeldungen o. Ä. seine Entscheidung aus. Diese Methode eignet sich sehr gut, wenn Sie Ihrem Publikum die Entscheidung zwischen einer Vertiefung von Punkt A oder B überlassen möchten und so Schwerpunkte setzen lassen.
3. Fragen an das Publikum richten und direkt Wortmeldungen erhalten.
4. Publikum bitten, sich mit ihren Nebensitzern und Nebensitzerinnen über ein Thema zu unterhalten
5. Einzelarbeit: Das Publikum bitten, eine Aufgabe selbst in Gedanken oder schriftlich zu lösen. In Präsentationen sollten solche Aufgaben kurz gehalten werden.

Es handelt sich hierbei aber nicht um eine abgeschlossene Liste. Es gibt viele weitere Mittel, die Sie einsetzen können. Fallen Ihnen ein paar eigene Ideen ein? Diese Mittel und Methoden können Ihnen dabei helfen, mit Ihrem Publikum in die Tiefe zu gehen und Inhalte gründlicher zu bearbeiten. Wenn Sie an manchen Stellen nur möchten, dass Ihr Publikum Ihre Sichtweise versteht, dann nehmen Sie sich eher einfachere didaktische Mittel zur Hand. Je intensiver die Inhalte ausgearbeitet werden sollen, umso mehr sollten Sie ihr Publikum aktivieren und dazu anregen, sich durch aktives Handeln mit den Inhalten auseinanderzusetzen. Das hat natürlich in Präsentationen seine Grenzen, dennoch ist es wichtig, diese Mittel zu kennen und die eigenen Inhalte besser zu planen.

Ferner kann in dem Modell der Lernzieltaxonomie nicht nur zwischen den Zielebenen, sondern auch noch zwischen Arten von Zielen unterschieden werden. Es gibt kognitive, psycho-motorische und affektive Ziele:

- Kognitive Ziele: diese konzentrieren sich auf die Vermittlung von Wissen (s. das Beispiel: „Smartphone").
- Psycho-motorische Ziele: diese konzentrieren sich auf die Vermittlung von motorischen Fähigkeiten oder Bewegungsabläufen; beispielsweise im Sport oder wenn Techniken beim Schweißen vermittelt werden.
- Affektive Ziele: diese konzentrieren sich auf die Vermittlung von Emotionen, beispielsweise wenn das Publikum in eine bestimmte Stimmungslage versetzt oder eine bestimmte Haltung einnehmen soll. Damit kann die Motivation sich für etwas zu engagieren deutlich gesteigert werden, z. B. sich für den Tierschutz einzusetzen.

▶ Auf welches Lernziel zielen Sie in Ihrer Präsentation für gewöhnlich ab? Überlegen Sie sich im Vorhinein, was Ihr Publikum können soll, planen Sie dementsprechend Ihre Inhalte und behalten Sie das während Ihrer Präsentation im Blick.

1.1.5 Analyse Ihrer Zielgruppe

1.1.5.1 Argumentfilter für eine optimale Vorbereitung

Nachdem Sie nun Ihr Ziel gesetzt Abschn. 1.1, den Nutzen herausgestellt Abschn. 5.3 und Lernziele für Ihr Publikum überlegt haben Abschn. 1.1, wird im Folgenden die Zielgruppe weiter analysiert. Dadurch erhalten Sie die richtigen Argumente, um Ihr Ziel zu erreichen. Während der Nutzen an den konkreten Bedürfnissen orientiert ist, die Ihre Gesprächspartner und -partnerinnen äußern, können Sie anhand eines Argumentfilters Ihre Präsentation ganzheitlich an der Lebenswelt Ihres Publikums ausrichten. Es soll im Folgenden also darum gehen, einen gesamten Blick auf Ihre Zielgruppe zu werfen. Das immerwährende Prinzip lautet dabei: Argumente müssen auf ihre Wirkung auf andere analysiert werden. Was Ihre Zielgruppe überzeugt, kann dabei vielschichtig sein und mehrere Ebenen aufweisen. Ist Ihr Publikum eher pragmatisch veranlagt? Oder handelt es sich um Teamplayer, die grundsätzlich nach kollaborativen Lösungen suchen? Haben sie einen stark ausgeprägten Gerechtigkeitssinn? Je nachdem, wie stark die einzelnen Persönlichkeitsmerkmale ausgeprägt sind, werden nicht die gleichen Argumente in derselben Weise überzeugen können. Es wird also eine Analyse der Persönlichkeit, Präferenzen und Lebenswelt des Publikums nötig.

▶ Je nachdem, welche Persönlichkeitsmerkmale Ihres Publikums ausgeprägt sind, sind andere Aspekte eines Arguments überzeugend.

Angenommen Sie versuchen ein Auto zu verkaufen. Im Vorfeld überlegen Sie sich Ihre besten Argumente, damit Ihre Kundschaft schnell bereit ist, einen Kaufvertrag zu unterschreiben und vielleicht einen höheren Preis zu bezahlen. Und nehmen wir an, eines Ihrer persönlich wichtigsten Argumente ist, dass es sich bei diesem Auto um ein besonders schnelles Modell handelt. Es ist gut verständlich, dass es vielen Menschen Spaß macht, die Leistung des Autos auszureizen, jedoch gilt das nicht für alle Menschen. Stellen Sie sich vor, Sie beschreiben also detailliert, wie schnell das Auto beschleunigt, erläutern hierzu die notwendigen technischen Details, erwähnen mitunter auch noch die aerodynamische Bauweise – Und der Kunde? Der hat nur im Kopf, wie hoch der Spritverbrauch ist und ob er Umweltzonen befahren darf. Obwohl Sie in all Ihren Punkten geschickt die Vorzüge des Automodells angepriesen haben, wendet sich Ihr Kunde enttäuscht von Ihnen ab. Denn Sie haben Ihn nicht **mit seinen Bedürfnissen** verstanden.

Wie also schaffen Sie es, Ihren Kunden zu überzeugen?

Dazu gibt es zwei Antworten. Die erste Antwort betrifft die kalkulierte Auswahl von Argumenten für Ihr Publikum, die zweite Antwort betrifft wieder Ihr Ziel. Sie überzeugen, indem Sie möglichst viele verschiedene Argumentationsbedürfnisse abdecken. In Präsentationen herrscht meistens ein gewisser Zeitdruck, nicht alles kann immer eingebracht, erläutert und ausführlich veranschaulicht werden. Es ist auch nicht sinnvoll, alle Argumente, Fakten, Details und Beispiele in eine Präsentation einbringen zu wollen. Es sollte selektiert werden, was sinnvoll ist und was nicht. Es erfolgt also eine kalkulierte Auswahl Ihrer Argumente in Bezug auf die Erwartungen, Interessen und Meinungen Ihres Publikums. Wie das konkret geschehen kann, wird im Folgenden näher erläutert.

Zuerst wird in Erfahrung gebracht, was Ihrem Publikum wichtig ist, ganz ähnlich wie beim Nutzen. Das können Sie zum Beispiel direkt erfragen: „Was ist Ihnen bei einem Auto wichtig? Warum sind Sie mit Ihrem letzten Auto unzufrieden gewesen?" In einer Präsentation kann das bedeuten, am Anfang Erwartungen abzufragen. Auch das kann direkt erfolgen: „Welche Erwartungen, Wünsche und Fragen haben Sie?" Am besten Sie notieren sich die Antworten des Publikums, zum Beispiel auf einem Flipchart oder bei einer virtuellen Präsentation mit einem dementsprechenden Programm oder im Chat oder sammeln die Antworten nur mündlich. Meistens können Sie die Argumentationsbedürfnisse Ihres Publikums aber schon im Vorfeld erfahren. Bei einer Produktpräsentation vor dem Vorstand beispielsweise ist ein ganz zentrales Bedürfnis die Erläuterung der technischen Details, der Wirtschaftlichkeit, der Lösung eines Problems etc. Versetzen Sie sich in Ihr Gegenüber: Was wäre mir in dieser Situation besonders wichtig zu erfahren? Was ist sekundär? Sie können auch Kollegen und Kolleginnen befragen, die bereits Präsentationen vor ähnlichem Publikum gehalten haben. Sie filtern also basierend auf Ihren Annahmen über das Publikum Ihre Argumente aus, ähnlich wie bei einem Trichter. Als Faustformel können Sie sich bei technischen Präsentationen merken: Meist geht es um

- Kosten
- Termine
- Qualitäten (wozu auch Gesundheit, Umweltschutz, Ästhetik etc. gehören) und
- Funktionen.

Weitere Hinweise hierzu finden Sie auch in Abschn. 11.2.

Schauen wir beispielsweise auf Stefan und Jeanette: Sie möchten beide überzeugen, mit dem Rauchen aufzuhören. Jeanette ist 18 Jahre alt, raucht und macht eine Ausbildung zur Industriekauffrau im Vertrieb. Sie fährt gerne Fahrrad, interessiert sich für Mode und Make-up und probiert gerne neue Flechtfrisuren aus. In ihrer Freizeit ist sie viel auf Instagram und geht feiern.

Stefan ist 51 Jahre alt und Informatiker. Er interessiert sich für Geschichte und sieht sich gerne Dokumentationen zum Zweiten Weltkrieg an, liest Zeitung und geht in seiner Freizeit gerne mit Freunden segeln. Zudem hat er Bluthochdruck und leichtes Übergewicht, das bereitet ihm manchmal Sorgen. Außerdem hat er eine kleine zweijährige Tochter.

Nun überlegen Sie sich grundsätzlich, welche Dinge Sie anführen können, um jeweils Jeanette und Stefan zu überzeugen. Es entsteht ein Pool aus Argumenten, die Ihnen einfallen. Eine Möglichkeit ist in Abb. 1.3 verbildlicht.

Unter diesen Argumenten befinden sich selbstverständlich Punkte zur Gesundheit, wie die Fakten, dass Rauchen den Bluthochdruck erhöht und krebserregend ist. Ein Punkt ist auch, dass der passiv eingeatmete Rauch andere schädigt und damit Menschen, die einem Gesellschaft leisten, beeinträchtigt. Darüber hinaus gibt es Argumente, die die Ästhetik betreffen: Rauchen führt zu einer schlechteren Durchblutung und damit zu einem schlechteren Hautbild, die Zähne werden nach jahrelangem Konsum gelb. Zudem empfinden viele den Rauch als störenden Gestank. Für viele ist ein besonders wichtiges Argument, dass Rauchen teuer ist und somit viele finanzielle Ressourcen bindet. Zu guter Letzt ist auch die

Abb. 1.3 Argumente gegen das Rauchen

Raucherpause ein Argument gegen das Rauchen, weil mitunter wichtige Tätigkeiten immer wieder unterbrochen werden müssen. Diese Argumente könnte man in ungeordneter Reihenfolge Jeanette und Stefan präsentieren. Dadurch verringert man jedoch die eigene Überzeugungskraft, weil man nicht auf die spezifische Lebenswelt und Bedürfnisse von Jeannette und Stefan eingeht. Weniger wichtige Punkte werden zu stark betont und Argumente, die für Jeanette oder Stefan sehr relevant sein können, werden zu wenig ausgeführt.

Diese Tatsache wird bei einem Argumentfilter berücksichtigt. Bei einem Argumentfilter werden die Argumente nach Relevanz gefiltert und auf die Zielperson zugeschnitten. In diesem Fall gilt nämlich nicht „One size fits all", sondern Ihre Argumentation spiegelt die Bedürfnisse der Zielgruppe wider. Damit wird der Gedanke berücksichtigt, dass Jeanette auf bestimmte Punkte stärker reagiert, als Stefan. Stefan empfindet wiederum andere Dinge als wichtig, die für Jeanette sekundär sind.

▶ Ihre Argumentation spiegelt die Bedürfnisse und Lebensrealität Ihres Publikums wider.

In Jeanettes Fall stellt man sich die Frage, was für sie wohl aus diesem Pool an Argumenten wichtig ist. Sie befindet sich noch in der Ausbildung, daher könnte der finanzielle Aspekt des Rauchens besonders wichtig sein, weil Auszubildende in der Regel noch nicht allzu viel finanzielle Mittel haben. Ebenso sind die Punkte zur Ästhetik relevant. Wenn sie sich gerne mit Make-up beschäftigt und auf ihr Äußeres achtet, wird das Rauchen aus diesem Grund in einem Konflikt zu ihren ästhetischen Interessen stehen. Auch der Gestank kann ein wichtiger Punkt für sie sein, weil der Geruch neben der Ästhetik einen Eindruck auf andere macht. Das bedeutet nicht, dass die gesundheitlichen Argumente und die Raucherpause und der Aspekt, dass Rauchen andere schädigt, völlig irrelevant wären. Nur sind sie zweitrangig für Sie. Überzeugender sind die Punkte, die sie in ihrer Lebensweise direkt betreffen und in direkter Wechselwirkung zu ihren Überzeugungen stehen. Die Argumente werden also unter Berücksichtigung der Lebenswelt von Jeanette gefiltert, der Argumentationsfilter für Jeanette ist in Abb. 1.4 dargestellt.

Und Stefan? Ähnlich wie bei Jeanette werden die Argumente gefiltert. Stefan hat Bluthochdruck und leichtes Übergewicht, und er macht sich auch etwas Sorgen deswegen. Aus diesem Grund werden Argumente, die seine Gesundheit betreffen, besonders effektiv und überzeugend sein, auch im Hinblick auf seine kleine Tochter. Außerdem wird der Punkt relevant sein, dass Rauchen andere schädigt, weil er gerne mit Freunden Segeln geht und ein geselliger Mensch ist. Weniger relevant werden Argumente bezüglich der Ästhetik sein, auch der Gestank ist weniger relevant für ihn. Es lässt sich also auch für Stefan ein spezifischer Filter erstellen, der vor allem seine Interessen im Blick hat und relevante Argumente betont. In Abb. 1.5 sehen Sie einen für Stefans Präferenzen, Einstellungen und Sorgen entwickelten Argumentfilter.

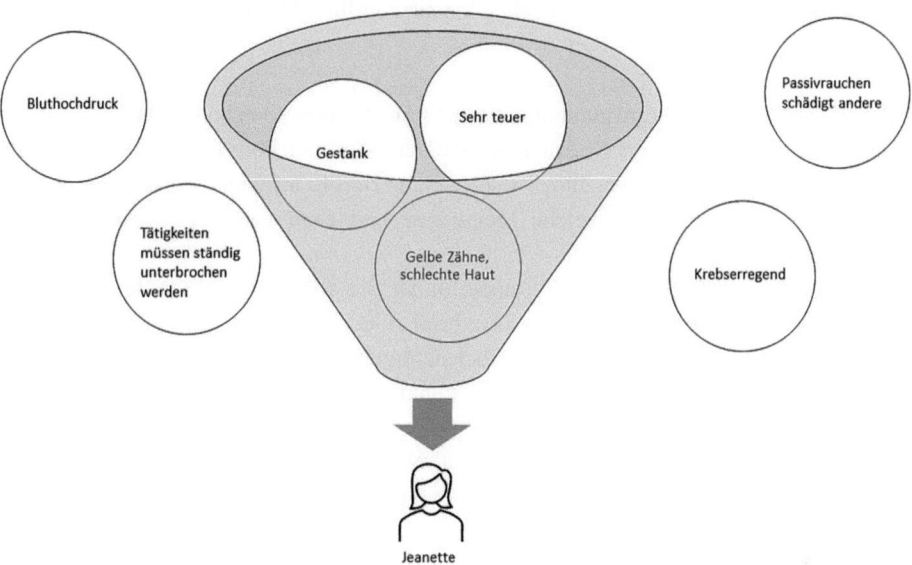

Abb. 1.4 Argumentfilter für eine kommunikative Strategie in Jeanettes Fall

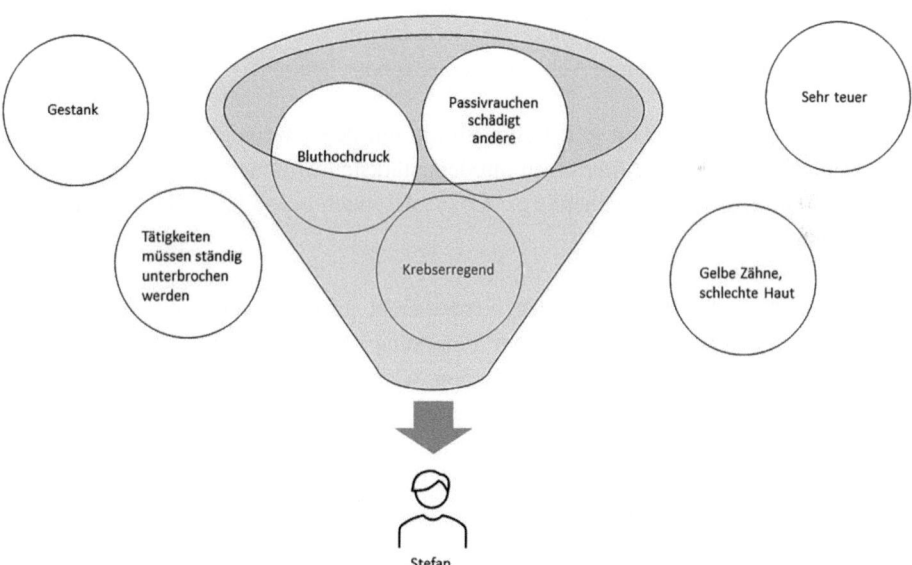

Abb. 1.5 Argumentfilter für eine kommunikative Strategie in Stefans Fall

Ähnlich wie in diesen Beispielen gehen Sie auch in Ihrer Vorbereitung für eine Präsentation vor.

1. Überlegen Sie sich alle Argumente, die für Ihre Position sprechen. Schreiben Sie zunächst alles ungefiltert auf. So erhalten Sie einen Überblick über Ihre Argumentvielfalt.
2. Überlegen Sie sich, wer vor Ihnen sitzt, welche Berufe ausgeübt werden und welche Interessen vertreten sind. Welche Meinungen herrschen vor? Was wird von Ihnen erwartet?
3. Erstellen Sie ein Profil Ihrer Zielgruppe, in der Sie alle Merkmale zusammentragen. Dabei kann es helfen, einen kurzen Steckbrief zu erstellen.
4. Filtern Sie Ihre Argumente unter Berücksichtigung Ihrer Zielgruppe. Welche Argumente sind besonders relevant? Welche Punkte sind zweitrangig? Was ist vielleicht auch völlig vernachlässigbar?
5. Bauen Sie Ihre argumentative Strategie auf. Nennen Sie die Punkte, die für Ihr Publikum relevant sind. Dann gewichten Sie jedes Argument nach seiner Priorität oder Überzeugungskraft: Das stärkste Argument kennzeichnen Sie mit der Zahl zwei, das zweitstärkste mit der Zahl zwei usw.
6. Für die Reihenfolge gilt: Sowohl der Erste sowie der Letzte Punkt in Ihrer Argumentation sind besonders wichtig. Das hat den Hintergrund, dass die erst- bzw. letztgenannte Sache psychologisch eher behalten wird (Kahneman, 2012, S. 72–80). Daher sollten Sie diese Positionen mit stärkeren Argumenten besetzen. Unser Vorschlag ist: das zweitstärkste Argument sollte an erster Stelle kommen, das stärkste Argument an das Ende Ihrer Ausführungen, in Abb. 1.6. ist das veranschaulicht.

▶ Für Ihre Argumentation gilt: Beginnen Sie mit dem zweitstärksten Argument und schließen Sie Ihre Ausführungen mit dem stärksten Argument. Orientieren Sie sich dazu an der Sanduhr Reihenfolge: Oben und unten besonders „dick" in der Mitte „schmal".

7. Argumente, die aus dem Filter fallen, werden nicht genannt, da sie irrelevant für ihr Publikum sind und deshalb nicht zu einer Steigerung Ihrer Überzeugungsfähigkeit beitragen. Diese Punkte können Sie aber betonen, wenn sich in einer Präsentation neue Erkenntnisse über Ihr Publikum ergeben oder explizit danach gefragt wird.

Jeanette und Stefan stehen symbolisch für Ihre Zielgruppe. Denn meistens ist es in Präsentationen so, dass die Zielgruppe nicht einheitlich und damit heterogen ist. In die-

Abb. 1.6 Die Sanduhr-Reihenfolge

Sanduhr- Reihenfolge

② Zweitstärkstes Argument
⑤ Schwächstes Argument
④ Viertstärkstes Argument
③ Drittstärkstes Argument
① Stärkstes Argument

sen Fällen wird der Filter erweitert. Es ist wichtig, Gemeinsamkeiten zwischen den verschiedenen Gruppen zu finden, die universell Ihre Argumente als relevant empfinden, die meisten interessieren sich beispielsweise für die Kosten. Wenn auch das nicht möglich ist, sollten Sie Akzente setzen. Wählen Sie also unter Berücksichtigung der jeweiligen Zielgruppe die wichtigsten Argumente aus und bauen so eine breit gefächerte Argumentation auf. Damit bedienen Sie verschiedene Blickwinkel und decken die wichtigsten Anliegen ab. Sie können sich in einem gemischten Publikum zum Beispiel auch fragen, ob eine Zielgruppe wichtiger ist, als eine andere und Ihre Argumentation auf diese Weise ausrichten. Mit diesem Filter haben Sie eine erste Orientierung für Ihre kommunikative Strategie.

Die Eingangsfrage für dieses Kapitel lautete: Wie können Sie Ihr Publikum überzeugen? Die erste Möglichkeit besteht im bereits vorgestelltem Argumentfilter. Die zweite Möglichkeit lautet: Sie überzeugen, wenn Sie Ihr Ziel genau definiert haben. Wenn Sie genau wissen, was Sie erreichen wollen, dann können Sie deutlich besser Argumente betrachten und akzentuieren, als wenn Sie vage bleiben. Stellen Sie sich als Vergleich einmal vor, Sie fahren zum ersten Mal mit dem Auto zu einem neuen Ort. Wenn Sie die Strecke nicht kennen und kein Navigationssystem haben, wird die Suche deutlich länger und nervenaufreibender sein. Womöglich verfahren Sie sich einige Male, bevor Sie ankommen. Mit genauem Ziel und klarem Weg aber erreichen Sie Ihr Ziel effizient. Wenn Ihnen klar wird, worin Ihr Ziel besteht und auch, was ihr Ziel nicht ist, verleihen Sie Ihrer Strategie die notwendige Schärfe. Sie werden wissen, worum es Ihnen wirklich geht. Das ermöglicht Ihnen in Punkten, die für Sie keine besondere Relevanz haben, keine unnötige Energie zu verschwenden.

Beispiel

In Gehaltsverhandlungen ist es beispielsweise so, dass im ersten Schritt immer überlegt muss, um wie viel das eigene Gehalt erhöht werden soll. Danach wird man schließlich vom Arbeitgeber auch gefragt, wenn man eine Gehaltsverhandlung anstrebt. Wenn das eigene Ziel klar ist, steigt man in die Verhandlung mit einem höheren Angebot ein. Das könnte konkret bedeuten: Das eigene Ziel ist, 2 % mehr Gehalt zu bekommen. Daher steigt man mit 3 % ein. Das ermöglicht den eigentlichen Verhandlungsspielraum, ohne das eigene Ziel opfern zu müssen. Gleichzeitig wird auch das Gegenangebot des Partners verhandelt und beide Seiten erleben so einen Verhandlungserfolg. Weil man aber höher eingestiegen ist, landet man am Ende bei seinem eigentlichen Ziel, nämlich den 2 % mehr Gehalt. Als zweites folgt nun die Argumentplanung mit Hilfe des Argumentfilter: Welche Argumente sind für Ihr Gegenüber besonders wichtig? Aktuelle Arbeitsergebnisse, Erfolge, neue Verantwortungsbereiche...usw. Diese werden vorbereitet und besonders hervorgehoben. ◄

▶ Für die argumentativen Vorüberlegungen Ihrer Präsentation müssen Sie zwei Dinge berücksichtigen: Erstens, die Lebenswirklichkeit und die Bedürfnisse Ihres Publikums und zweitens, Ihr eigenes, gut definiertes Ziel.

1.2 „Wie siehst Du's?" – Wahrnehmung verstehen

Das Johari-Fenster ist ein Modell, welches 1955 von Joseph Luft und Harry Ingham entwickelt wurde (Majce-Egger, 2009, S. 337). Der Name ist eine Zusammensetzung aus den Namen der Gründer Joseph und Harry. Die beiden amerikanischen Sozialpsychologen versuchten durch dieses Modell, Selbst- und Fremdwahrnehmung in Beziehung zueinander zu beschreiben (Luft & Ingham, 1961, S. 6–7). In der Psychotherapie angewandt, diente das Modell dazu, die Unterscheidung zwischen Selbst- und Fremdbild zu lernen. Ziel ist es, bewusste und unbewusste Bereiche in der Wahrnehmung zu verdeutlichen. Eine übersichtliche Darstellung finden Sie in Abb. 1.7.

Zunächst werden im Johari-Fenster zwei Perspektiven unterschieden: Die eigene Perspektive, also die Selbstwahrnehmung und die Perspektive der anderen, also die Fremdwahrnehmung. Auf beiden Seiten können wahrgenommene Dinge bekannt oder nicht bekannt sein. Durch das Zusammenwirken beider Seiten entstehen vier Bewusstseinsbereiche, in der Grafik gekennzeichnet durch die Quadranten I–IV.

Im ersten Quadranten befindet sich die **öffentliche Person**. Alle Merkmale sind sowohl einem selbst wie auch anderen bekannt. Beispiel: Marie präsentiert ein geplantes Bauvorhaben in einer Bürgerversammlung ihrer Gemeinde. Sie trägt einen blauen Hosenanzug, hat ihre Haare zurückgebunden und geht in ihrer Präsentation bewusst auf und ab. Sie ist sich im Klaren darüber, wie sie aussieht und welche Gesten sie verwendet, das sieht auch ihr Publikum. Beide Parteien sind diese Merkmale ihrer Präsentation bekannt.

Wenn einem gewisse Dinge nicht auffallen, anderen jedoch schon, befindet man sich im zweiten Quadranten. Gewöhnlich wird dieser als **Blinder Fleck** bezeichnet. Diese Kategorie ist gefährlich für Sprecher und Sprecherinnen, denn was nicht bemerkt wird, kann nicht auf die Wirkung hin überprüft werden. Wenn Marie zum Beispiel sich am Morgen an eine frisch gestrichene Wand gelehnt hat, dies aber erst abends im Hotel bemerkt, ist das für ihr Publikum während der Präsentation immer ersichtlich – sie selbst hat aber im wahrsten Sinne des Wortes einen „blinden Fleck".

Der dritte Quadrant handelt vom **Geheimnis**: Einem selbst sind Dinge bekannt, die anderen nicht bekannt sind. Häufig sind das die eigenen Gedanken, Unsicherheiten, Ängste, aber auch versteckte Ziele, von denen das Publikum nichts mitbekommen darf. Marie

	Mir bekannt	Mir unbekannt
Anderen bekannt	I: Öffentliche Person	II: Blinder Fleck
Anderen unbekannt	III: Geheimnis	IV: Unbekanntes

Abb. 1.7 Johari-Fenster nach Joseph Luft und Harry Ingham

kann zum Beispiel sehr aufgeregt sein, sie versucht es jedoch so gut es geht zu überspielen. Ihr Publikum weiß davon nichts, denn sie wirkt völlig normal.

Im vierten Quadranten befindet sich **Unbekanntes**. Sowohl einem selbst, als auch den anderen sind die Dinge nicht bewusst. Das kann ein anderes Talent sein, z. B. dass man eine Begabung für ein Instrument hat, es aber nie ausprobiert hat, oder man bestimmte Menschen sympathisch findet, ohne begründen zu können, weshalb.

1.2.1 Der Nutzen des Perspektivwechsels

Mit dem Johari-Fenster wird grundlegend die Idee ausgedrückt, dass man selbst andere Dinge über sich weiß, wie andere. Diese wissen wiederum andere Dinge über einen. Was bedeutet das für Ihre Präsentationsvorbereitung? Zunächst einmal bietet die Unterscheidung in Eigen- und Fremdwahrnehmung Ihnen einen Perspektivwechsel: Es gibt Dinge, die Ihnen nicht bewusst sind, aber die Ihre Präsentation sabotieren können. Gleichzeitig sind viele Ihrer Sorgen und Ängste Ihrem Publikum nicht bewusst, nur Sie allein verfügen über die Information, weil sie sich innerlich abspielen. Die Gefahr liegt für Sie darin, sich nur Gedanken über Dinge zu machen, die Ihnen selbst bewusst sind. Wenn Sie sehr aufgeregt sind oder Sorgen haben, dann sollten Sie das während einer Präsentation nicht sagen, schließlich verbessert dies nicht Ihre Überzeugungskraft. Gleichzeitig werden Dinge vernachlässigt, die aus Perspektive Ihres Publikums sehr relevant sein können. Der Mangel an regelmäßigem Feedback ist sicher ein Grund dafür, zu selten die Perspektive des Publikums einnehmen zu können. Und so wird erst im Nachhinein im Spiegel bemerkt, dass ein großer Kaffeefleck auf dem Hemd präsentiert wurde. Aber man hat sich nicht dafür entschuldigt, sondern für die eigene Aufregung. Herzschlag und Blutdruck spielen sich aber nur im privaten Bereich ab und sind für andere nicht ersichtlich. Der mentale Bereich wird aber völlig von der Aufregung besetzt. Aus diesem Grund lautet der Rat: Schauen Sie regelmäßig nach Ihrem blinden Fleck! Geeignete Methoden hierfür sind: Feedback einholen, vorab ein Video von sich während der Präsentation machen, vor dem Vortrag in den Spiegel schauen u. Ä.

Das bedeutet auf der anderen Seite, dass man sich nicht für eine schlechte Rede oder mangelnde Vorbereitung zu entschuldigen braucht. In ähnlicher Weise sorgen sich viele nach der Präsentation über Argumente, die sie vergessen haben. Welche Argumente jedoch geplant waren, wissen nur Sie (privater Bereich, Geheimnis). Daran lässt sich die Differenz zwischen Eigen- und Fremdwahrnehmung sehr gut erkennen: Sie ärgern sich über die vergessenen Argumente – Ihr Publikum weiß nichts davon und denkt u. U.: „Endlich jemand, der sich schön kurz gefasst hat!" Fazit: Die meisten Menschen machen sich viel zu viele Gedanken über ihren privaten Bereich (welcher anderen nicht bekannt ist), aber viel zu wenig ihren öffentlichen Bereich, über die öffentliche Person. Rhetorik-Profis nutzen diese Differenzierung und gehen darum mit eine ganz anderen (Selbstwert-)Gefühl „auf die Bühne" – und Sie hoffentlich auch!

> **Übersicht**
>
> Fehlendes Feedback und mangelnde Außenwahrnehmung führen zu drei wichtigen Konsequenzen:
>
> 1. Man macht sich über zu viele Dinge Gedanken, die aus der Perspektive des Publikums egal sind.
> 2. Man macht sich zu wenig Gedanken darüber, was das Publikum weiß und
> 3. Ohne Übung und Feedback kann man sich mit Blick auf die Präsentation nicht weiterentwickeln.

Literatur

Anderson, L. W., Krathwohl, D. R., Airasian, P. W., & Bloom, B. S. (2001). *A taxonomy for learning, teaching, and assessing: A revision of Bloom's taxonomy of educational objectives* (Complete Aufl.). Longman.

Aristoteles. (2018). *Rhetorik: Griechisch/Deutsch* (G. Krapinger, Übers.) (G. Krapinger Hrsg.). Reclam.

Chico-Rico, F. (1998). Intellectio (Gabriele Wawerla, Übers.). In G. Ueding (Hrsg.), *Historisches Wörterbuch der Rhetorik* (4. HU-K, Sp. 448–451). Max Niemeyer.

Drucker, P. F. (1961). *The practice of management*. Mercury Books.

Kahneman, D. (2012). *Schnelles Denken, langsames Denken* (T. Schmidt, Übers.) (12. Aufl.). Penguin.

Knape, J. (2000). *Was ist Rhetorik*. Reclam.

Krathwohl, D. R., Bloom, B. S., & Masia, B. B. (1978). *Taxonomie von Lernzielen im affektiven Bereich* (2. Aufl., Beltz-Studienbuch: Bd. 85). Beltz.

Luft, J., & Ingham, H. (1961). The Johari Window: A graphic model of awareness in interpersonal relations. *Human Relations Training News, 5*(9), 6–7. https://ombuds.columbia.edu/sites/ombuds.columbia.edu/files/content/pics/30%20Anniv/The%20Johari%20window_A%20graphic%20model%20of%20awareness%20in%20interpersonal%20relations.pdf/johari-window-articolo-originale.pdf

Majce-Egger, M. (2009). Johari-Window. In G. Stumm & A. Pritz (Hrsg.), *Wörterbuch der Psychotherapie* (2. Aufl., S. 337). Springer.

Quintilianus, M. F. (1995). *Texte zur Forschung: Teil 1 Buch I–VI. Ausbildung des Redners: Zwölf Bücher* (H. Rahn Hrsg.). Wissenschaftliche Buchgesellschaft.

Aufbau und Struktur von Präsentationen 2

2.1 Die grundlegende Struktur

Essenziell für eine Anordnung und Strukturierung der Rede sind alle Inhalte, die zu der Vorbereitung und Planung der Rede gehören, siehe Kap. 1. Hier soll es nun darum gehen, wie Ihre Rede konkret ausgestaltet werden kann. Dieser Schritt ist relevant, um Ihre Rede durch einen stringenten und gut verständlichen Aufbau verständlicher zu machen sowie Ihnen selbst größtmögliche Orientierung während jeder Präsentationsphase zu geben. Die einfachste Redeeinteilung besteht in Einleitung, Hauptteil und Schluss. Einen Überblick bietet Abb. 2.1. Welche Dinge in jedem Redeteil abgehandelt werden sollten, wird gleich näher beschrieben, Wichtig ist zunächst, dass diese Redeeinteilung nur ein Grobschema ist und eine Orientierung für Redesituationen im Allgemeinen ist. Mit der Zeit werden Sie durch Übung und Erfahrung souveräner in Präsentationen und können dann bewusst mit dieser Redeeinteilung brechen. Auch braucht nicht jede Rede die gleichen Aspekte, zum Beispiel wenn sich eine Selbstvorstellung erübrigt, weil alle Sie als Person bereits gut kennen. Es ist also Ihr Urteilsvermögen als Redner oder Rednerin gefragt: Welcher Redeteil muss, welcher sollte und welcher kann in die Präsentation eingebracht werden?

Jeder Redeabschnitt – Einleitung, Hauptteil, Schluss – besitzt eine charakteristische Wirkweise. Daher ist es sinnvoll, sich zunächst damit vertraut zu machen, welche Argumente und rhetorischen Mittel Sie wann einsetzen sollten. Für die drei Redeteile gilt:

© Der/die Autor(en), exklusiv lizenziert an Springer Fachmedien Wiesbaden GmbH, ein Teil von Springer Nature 2025
R. Baber, M. Wittek, *Mit professionellen Präsentationen an die Spitze*,
https://doi.org/10.1007/978-3-658-49559-6_2

Abb. 2.1 Grundlegende Struktur einer Präsentation: Einleitung, Hauptteil und Schluss

- Die Einleitung wirkt primär emotional – Hier gilt es das Publikum abzuholen und einen „guten Draht" herzustellen.
- Der Hauptteil wirkt primär rational – Hier gilt es das Publikum zu überzeugen oder zu informieren. Daher ist dieser Teil sehr rational bestimmt.
- Der Schluss wirkt primär emotional – Hier gilt es das Publikum mit einem guten Gefühl aus der Präsentation zu entlassen und der Schluss motiviert, das Gehörte umzusetzen oder etwas anzupacken.

Wie in Abb. 2.1 zu sehen, werden die emotionalen bzw. rationalen Wirkweisen durch verschiedene Dinge, welche jeweils in Einleitung, Hauptteil oder Schluss genannt werden sollen, unterstützt. Diese Grobstruktur können Sie sich für Ihre eigene Präsentation zu Rate ziehen und ausarbeiten.

> **Sanierung des Vereinsheims – Jetzt oder nie!**
>
> Wie sieht nun die abstrakte Theorie in der Praxis aus? Das folgende Beispiel veranschaulicht dies. Grundsätzlich gibt es in der Rhetorik kein „richtig" oder „falsch", sondern nur ein „angemessen" oder „nicht angemessen". Es ist deshalb wichtig, dass Sie jede Präsentation auf Ihr Redeziel, Ihr Publikum und die Thematik anpassen. Vertrauen Sie darum Ihrem Urteilsvermögen und Ihrer Erfahrung als Rednerin oder Redner.

2.1 Die grundlegende Struktur

Redeteil	Element	Konkrete Formulierung, Beispiel
Einleitung	Anrede	Liebe Vereinsfamilie, liebe Engagierte, liebe Neugierige – und alle, denen dieser Ort genauso am Herzen liegt wie mir:
	Eisbrecher	Als ich vor ein paar Tagen durch unser Vereinsheim ging, habe ich mir die alte Werkbank im Geräteraum angeschaut. Ein bisschen verstaubt, schief wie eh und je – aber sie steht noch. Daneben: Risse in der Wand, der Lichtschalter klappert, der Heizkörper bleibt kalt. Da fiel mir ein Spruch ein, den ich vor Jahren gehört habe: „Erinnerungen brauchen keinen frischen Anstrich. Aber Zukunft schon."
	Thema	Und genau deshalb spreche ich heute zu Euch. Es geht um unser Vereinsheim, um dieses Gebäude und um das, was es für unseren Verein bedeutet. Kurz gesagt: Es ist höchste Zeit zu handeln. Denn wer heute nur notdürftig flickt, riskiert, dass morgen alles bröckelt. Ich bin überzeugt: Wir sollten unser Vereinsheim umfassend sanieren und das aus eigener Kraft.
	Vorstellung	Viele von Ihnen kennen mich – für alle, die heute neu dabei sind: Ich bin Franz. Seit 43 Jahren im Verein. Vor 40 Jahren habe ich selbst mit angepackt, als dieses Haus Stein für Stein gebaut wurde. Ich weiß noch genau, wie wir damals bei Regen in Gummistiefeln den Beton angerührt haben – und dabei Witze gerissen haben, bis uns der Mörtel überlief. Diesen Geist wünsche ich mir zurück. Nicht nur fürs Bauen, sondern fürs Miteinander.
	Organisatorisches, Agenda	Bevor wir nachher abstimmen, möchte ich drei Punkte erläutern. Im Anschluss ist selbstverständlich Zeit für Rückfragen und eine offene Diskussion.
Hauptteil	Sachverhalt, Ziel darstellen	Unser Vereinsheim steht – aber es ächzt. Viele Reparaturen wurden in den letzten Jahren aufgeschoben oder notdürftig erledigt. Die Technik ist überholt, die Räume sind dunkel, die Sanitäranlagen machen, was sie wollen – nur nicht warm. Kurz: Das Gebäude entspricht in vielen Teilen noch dem Zustand von 1985. Und jetzt stehen wir an einem Punkt: Bauen wir neu? Sanieren wir grundlegend? Oder flicken wir weiter – bis es nicht mehr geht? Ich plädiere klar für die Komplettsanierung. Und ich sage euch auch, warum.
	Pro-Argument 1: Finanzen	Den Neubau können wir uns momentan nicht leisten. Wir haben es mehrfach durchgerechnet, auch in den vergangenen Jahren. Zu teuer, zu viel Bürokratie, zu lange Wartezeiten. Und jedes weitere Jahr Nichtstun kostet uns mehr. Die Bausubstanz leidet, und irgendwann werden wir gezwungen sein, zu handeln – aber dann ohne Spielraum. Wenn wir jetzt modernisieren, investieren wir vorausschauend – und verhindern Folgekosten.

(Fortsetzung)

Redeteil	Element	Konkrete Formulierung, Beispiel
	Pro-Argument 2: Gemeinschaft & Ehrenamt	Ja, eine Sanierung braucht Hände. Aber unser Verein lebt vom Miteinander – und genau das können wir wiederbeleben. Ich erinnere mich gut: Damals waren die Arbeitseinsätze nicht nur mühsam, sie waren gesellig. Da wurde zusammen gelacht, geschuftet, gefeiert. Heute sagen viele: „Ich hab wenig Zeit." Das verstehe ich. Aber ich bin überzeugt: Wenn der erste Pinselstrich gemacht ist, wenn der erste Grillabend nach dem Arbeitstag stattfindet, dann kommt der Geist zurück. Wir brauchen nicht nur einen Plan, wir brauchen einen Vereinsfunken.
	Pro-Argument 3: Zukunft & Attraktivität	Ein modernes Vereinsheim ist mehr als ein Gebäude. Es ist ein Treffpunkt. Ein Zeichen nach außen. Ein Ort, der neue Mitglieder anzieht und bestehende hält. Junge Menschen entscheiden sich heute nicht mehr nur für den Sport. Sie entscheiden sich für Atmosphäre, Gemeinschaft, Ausstattung. Mit einer gelungenen Sanierung machen wir unseren Verein fit für die nächsten Jahrzehnte.
	Widerlegung der Gegen-argumente (optio-nal)	Natürlich wird es Stimmen geben, die sagen: „Das wird zu anstrengend." Oder: „Wir haben zu wenige Freiwillige." Ich habe in den letzten Wochen viele Gespräche geführt – mit den Abteilungen, mit Ehrenamtlichen, mit langjährigen Mitgliedern. Die Bereitschaft ist da. Wir müssen nur den ersten Schritt machen, dann wird sich zeigen: Unser Verein kann das. Wir können das.
	Zusammenfassung	Drei Gründe sprechen für die Sanierung – und zwar jetzt: Erstens, wir handeln wirtschaftlich. Zweitens, wir stärken den Zusammenhalt. Drittens, wir sichern unsere Zukunft.
Schluss	Schlusssatz	Lasst uns also gemeinsam Verantwortung übernehmen. Nicht nur reden – machen. Nicht nur erinnern – erneuern. Nicht nur warten – anpacken. Für unser Vereinsheim. Für unseren Verein. Für uns alle.
	Verabschiedung	Ich wünsche der Sitzung noch einen guten Verlauf und freue mich auf die gemeinsame Diskussion.
	Dank	Vielen Dank.

◄

Wie konkret Sie die einzelnen Redephasen gestalten können, wird nachfolgend erläutert.

2.1.1 Die Einleitung

In der Einleitung einer Präsentation geht es darum, das Publikum für das Thema zu interessieren und positiv einzustimmen. Für eine vollständige Einleitung müssen folgende Punkte enthalten sein: Eine direkte Anrede der Personen, ein Eisbrecher, Selbstvorstellung, Vorstellung des Themas, Agenda sowie Informationen zum organisatorischen Ablauf, sonstige Regeln und Hinweise.

Für die Einleitung gilt: Beginnen Sie nicht wie alle anderen. Spannung, Abwechslung und Mut gehört zu einem gelungenen Einstieg. Nur wenige Sekunden reicht die ungeteilte Aufmerksamkeit Ihres Publikums, langweilend ist hier ein „Vielen Dank, dass Sie so zahlreich erschienen sind."; „Ich freue mich, eingeladen worden zu sein."; „So, jetzt fangen wir mal an." Bei allen Beispielsätzen gibt es keinen nennenswerten Informationsgehalt und Sie verlieren Ihr Publikum. Wie also gleich zu Beginn die Aufmerksamkeit fesseln? Ein direkter Einstieg, *in medias res,* also direkt in die Sache hinein, wird in der Rhetorik gerne für eine optimale Aufmerksamkeit empfohlen. Kein langes Vorgeplänkel, gehen Sie umsichtig mit der Aufmerksamkeitsspanne Ihres Publikums um. Dies eignet sich besonders dann, wenn schon ein gewisses Grundinteresse für das Thema vorhanden ist. Sollte kein oder nur geringes Interesse an Ihrer Präsentation bestehen, können Sie dies mithilfe eines „Eisbrechers" zu gewinnen versuchen. Natürlich schadet auch bei einem interessierten Publikum ein guter Eisbrecher nicht. Eine Zusammenfassung der Elemente einer Einleitung finden Sie in Abb. 2.2.

2.1.1.1 Eisbrecher

Um möglichst schnell eine gute Stimmung im Raum zu haben, muss das „Eis gebrochen" werden, also alle anfängliche Zurückhaltung, Angst und Befremdlichkeit aus dem Weg geschafft werden. Zunächst einmal muss Aufmerksamkeit erzeugt werden. Dies allein deshalb schon, da vielleicht Unruhe im Auditorium vorhanden ist oder nur eine geringe Konzentration herrscht, beispielsweise weil kurz zuvor noch eine andere Präsentation vor-

Abb. 2.2 Die vollständige Einleitung

Einleitung

→ Anrede, Begrüßung
→ Eisbrecher
→ Selbstvorstellung
→ Vorstellung des Themas
→ Agenda
→ Organisatorisches, Regeln oder Hinweise

getragen wurde und die Zuhörerinnen und Zuhörer noch gedanklich bei dieser Präsentation sind. Es braucht also Aufmerksamkeit für Sie und Ihren Vortrag. Aufmerksamkeit auf sich zu lenken kann leicht sein: Wenn Sie zum Beispiel anfangen, laut und wild zu schreien und dabei zu hüpfen, dann haben Sie sicherlich die gesamte Aufmerksamkeit des Raumes sofort für sich. Was sich Ihr Publikum aber dann denkt, ist womöglich gar nicht so positiv – und das wäre für eine Präsentation, die überzeugen soll, nicht hilfreich. Es gilt also nicht nur irgendwie Aufmerksamkeit zu erhalten, sondern möglichst positiv und für das Thema passend. Im Idealfall erfüllen Sie dabei noch eine weitere Bedingung: Sympathie wecken – sowohl für Sie als Person als auch für Ihr Thema. Ihr Publikum soll den Eindruck bekommen, dass Sie ein respektabler und angenehmer Mensch sind, der eine gute Sache vertritt. Das macht es Ihrem Publikum nämlich leichter, Ihre Sache, Ihr Ziel oder Ihr Anliegen ebenfalls wohlwollend zu betrachten. Und für eine optimale und schnelle Überzeugung ist das sehr nützlich. Ein guter Eisbrecher muss also zwei Bedingungen erfüllen.

▶ **Bedinungen für einen gelungenen Eisbrecher** Ein Eisbrecher muss zwei Bedingungen erfüllen:

1. Aufmerksamkeit erregen
2. Sympathie wecken.

Wie kann ein solcher Eisbrecher nun also konkret aussehen? Grundsätzlich sind Ihrer Fantasie keine Grenzen gesetzt, solange der Eisbrecher beide Bedingungen erfüllt – Aufmerksamkeit und Sympathie. Je nach Redeziel, Thematik und Publikum sind manche Eisbrecher geeigneter als andere.

Beispiel

Beispiele für Eisbrecher sind:

- **Experimente** und **Interaktionen** mit dem Publikum. Bei einem Vortrag in Stuttgart stellte der Referent jedem im Publikum ein Glas und eine Wasserflasche bereit und bat alle, sich mit einem geschlossenen Auge das Wasser ins Glas einzuschenken. Mehr als die Hälfte traf das Glas nicht und verschüttete dabei Wasser. Der Referent fragte: „Wieso ging es daneben?" Die Antwort aus dem Publikum lautete: „Weil wir das räumliche Sehvermögen verloren haben". Darauf meinte der Referent: „Richtig. Und wieso machen wir dann Bilder mit Kameras, die nur eine Linse, ein Objektiv haben? – Ich werde Ihnen heute erläutern, wie wir mit Kameras, die zwei Linsen haben, fotografieren können. Dies bezeichnen wir als Stereofotografie. In meinem Vortrag werde ich Ihnen erläutern, 1. Wie dieses Kameras funktionieren, 2. Wie die damit gemachten Bilder aussehen. Herzlich willkommen zu meinem Vortrag zum Thema Stereofotografie."
- **Umfragen** durchführen, z. B. „Wer ist heute mit dem Auto angereist?"; „Wie viele nutzen unser Produkt mindestens einmal im Monat/wöchentlich/täglich?" Besonders geeignet sind Fragen, die per Handzeichen beantwortet werden können und keine ausführlichen Antworten benötigen.

2.1 Die grundlegende Struktur

- **Fragen** oder **rhetorische Fragen**. Fragen regen zum Nachdenken an. Insbesondere rhetorische Fragen, auf die jeder eine Antwort weiß, sind darüber hinaus gut geeignet, weil sie nicht nur zum Nachdenken anregen, sondern auch sehr gut Stimmungen erzeugen können. Wenn man im Bierzelt fragt: „Wollt ihr Freibier?!", ist die Antwort vorhersehbar.
- **Videos, Bilder** oder **Karikaturen** zeigen
- **Musik** oder **Töne**. Viele Politiker wählen ihre Lieblingsmusik zur Einstimmung vor der Rede; bei der Tagesschau ertönt eine Fanfare. Auch Sie können mit Musik arbeiten, z. B. wenn es um eine Expansion Ihres Unternehmens nach China geht, können Sie traditionelle chinesische Volksmusik abspielen.
- **Nutzen** fürs Publikum darstellen. Warum ist die Präsentation für das Publikum wichtig? Inwiefern wird das Publikum von Ihrem Vortrag profitieren? Beispiele hierfür sind: „Am Ende meines Vortrags werden Sie wissen, wie Sie Ihr Projekt mit KI effizienter managen können."; „Ich zeige Ihnen heute, wie Sie 20 % Energiekosten einsparen können."
- **Experimente.** Wer erinnert sich nicht an die Versuche im Physik- oder Chemieunterricht? Vor allem an die, die nicht klappten?
- **Beispiele** und **Fälle.** Handelt es sich beispielsweise um ein juristisches Thema, kann die Darlegung eines Falles sehr gut in die juristische Bewertung einführen.
- **Analogien** eignen sich sehr gut, um auch schwierige oder komplexe Sachverhalte verständlich darzustellen. Sie machen das Thema für das Publikum begreifbar. Beispielsweise steht in einer bekannten TV-Werbung eine Tomate für das Zahnfleisch, welches durch eine zu harte Zahnbürste verletzt wird. Stellen Sie sich vor, Sie teilen Ihren Teilnehmerinnen und Teilnehmern Tomaten und Zahnbürsten aus und lassen den Versuch selbst durchführen. Anschließend ziehen Sie den Vergleich zum Zahnfleisch und präsentieren die Zahnbürste und erläutern, welche besonderen Eigenschaften sie besitzt. Das ist ein Einstieg, der nicht so schnell vergessen wird.
- **Zitate**, **Geflügelte Worte, Slogans, Wortspiele** oder **Reime** sind eine sehr wirkungsvolle Methode. Wortspiele, z. B. durch eine Veränderung eines Buchstabens („Wer rastet, der rostet.") sind sehr einprägsam. Gleiches gilt für Reime. Nicht ohne Grund werden sie häufig in der Werbung eingesetzt. Hier kann auch KI eine gute Unterstützung geben, beispielsweise ein kurzes Gedicht über das Unternehmen zu texten.
- **Anekdoten, Geschichten,** besonders mit einem lustigen Ausgang oder einer interessanten Wendung können das Publikum ermuntern, zuzuhören.
- **Statistiken, Grafiken** und **Daten** zeigen. Achten Sie auf eine einfache Darstellung, die schnell vom Publikum erfasst werden kann und keine langen Erklärungen benötigt. Eine gute Statistik wird in Sekundenschnelle begriffen. Besonders geeignet sind Statistiken, deren Ergebnisse überraschen.
- **Neuigkeiten, Aktuelles, Nachrichten** machen neugierig. Unter den am häufigsten angesehenen Seiten im Internet stehen Nachrichtenportale ganz weit oben.
- **Witz** erzählen. Aber vorsichtig, er sollte auch wirklich witzig sein und Sie sollten Witze erzählen können! Es ist sehr peinlich, einen Witz zu erzählen, der nicht ankommt.

- **Überraschungen** können Sie mit einfachen Mitteln erzeugen. Ein Unternehmen präsentiert seine Innovationen und hat diese zunächst verhüllt und an entsprechender Stelle wird es präsentiert. Steve Jobs hat dies z. B. bei der Präsentation eines Laptops, der in einem Briefumschlag steckte, eingesetzt.
- **Geschenke**, z. B. kleine Werbegeschenke. Besonders gelungen ist dieser Eisbrecher, wenn er passend zum Präsentationsthema gewählt wird. Zum Beispiel kann zum Gesundheitstag ein Springseil unter die Stühle geklebt werden. Der Schlusssatz lautete dann: „Wie wir heute gesehen haben, ist Sport essenziell für die Gesundheit. Und wenn Sie jetzt unter Ihre Stühle greifen, dann finden Sie eine kleine Überraschung, damit auch Sie mehr Sport in Ihren Alltag einbauen können."
- **Anschauungsmaterial** macht den Stoff im wahrsten Sinne des Wortes begreifbar.
- **Lob, Wertschätzung, Anerkennung** mögen die meisten Menschen und bringt Ihnen Sympathien. Was spricht dagegen Ihr Publikum zu loben? ◄

Dies ist nur eine Auswahl an Möglichkeiten. Die Reihe ließe sich beliebig fortsetzen. Bedenken Sie, dass ein Einstieg, mit dem das Publikum so nicht rechnet, der nicht alltäglich ist, der die Aufmerksamkeit und die Sympathie erhält, der das Eis bricht, schon die halbe Miete ist. Nicht nur, dass der Vortrag positiv wahrgenommen wird, sondern er hilft auch Ihnen. Viele Menschen haben Lampenfieber und sind vor allem in der Anfangsphase einer Präsentation sehr aufgeregt. Wenn Sie nun einen Einstieg haben, der ankommt und Sie merken, dass das Publikum mitmacht, dann sinkt gleichzeitig der Stresspegel. Und hier noch ein weiterer Tipp: Aus Untersuchungen weiß man, dass die Aufmerksamkeitsspanne meist nach ca. 15 min beginnt abzunehmen. Dies bedeutet, dass Sie für Ihre Präsentationen regelmäßig, und nicht nur zu Beginn, Eisbrecher einbauen sollten oder zumindest welche vorbereitet haben sollten, damit Sie bei Bedarf darauf zurückgreifen können.

2.1.1.2 Die Anrede

Schon bei der Anrede warten einige Fettnäpfen auf einen, beispielsweise wenn Personen sich nicht angesprochen fühlen. Grundsätzlich gilt, die Anrede adressatengerecht zu gestalten; bei einem offiziellen Anlass ist sie naturgemäß förmlicher als bei einer Ansprache unter Freunden beim lokalen Fußballverein. Wäre im ersten Fall das klassische: „Meine sehr verehrten Damen und Herren" angemessen, wäre es im zweiten Fall völlig überzogen. Wobei auch hier sich ein Wandel vollzieht. Die Tagesschau hat ihre allabendliche Begrüßung verändert und verzichtet seit November 2024 auf diese Formel und beginnt stattdessen mit: „Guten Abend, ich begrüße Sie zur Tagesschau" – ohne explizit Damen und Herren anzusprechen. Dennoch ist es bei offiziellen Anlässen, besonders im politischen Bereich, üblich, alle anzureden. Hier will der Oberbürgermeister oder die Landrätin gerne genannt sein, da sie so auf mehr Bekanntheit und damit auf mehr Stimmen hoffen.

► **Wichtig** Die erste Grundregel für eine angemessene Anrede lautet:
„Keinen vergessen bei der Anrede – und keinen anreden, der nicht da ist"

2.1 Die grundlegende Struktur

Sehen Sie sich Ihr Publikum daher genau an. Wer ist alles anwesend? Gibt es Ehrengäste? Handelt es sich um ein gemischtes Publikum mit allen Geschlechtern und Altersstufen oder ist die Hörerschaft homogen? Im Regelfall finden Sie ein gemischtes Publikum vor. Wenn Sie dann nur die Männer begrüßen und die Frauen nicht, wäre das gleich zu Beginn der Präsentation ein grober Schnitzer. Ebenso ungünstig ist es, von Männern und Frauen in der Anrede zu sprechen, obwohl beispielsweise gar keine Frauen anwesend sind. Damit wird dem Publikum bereits im ersten Satz signalisiert, dass es nicht richtig wahrgenommen wurde und die Anrede nur eine Floskel ist.

▶ **Wichtig** Die zweite Regel für eine gelungene Anrede lautet: „Verzichten Sie auf Floskeln."

Oft gehört sind Floskeln wie: „Schön, dass Sie hier so zahlreich erschienen sind". Mal abgesehen davon, dass jeder nur als einzelner und nicht als zahlreicher erscheinen kann, ist es kein Ausdruck besonderer Kreativität, bereits tausendfach gehörte Redewendungen zu Beginn zu verwenden.

Gendern in der Anrede – Ja oder Nein?
Auch das Gendern kann zu Stolpersteinen führen. Ob und wie gegendert wird, bleibt zunächst Ihnen als Sprecher oder Sprecherin überlassen. Eine Empfehlung aus der „rhetorischen Warte" gibt es jedoch und sie hängt wieder mit der Frage der Überzeugungswirkung zusammen: Was wird Ihr Publikum wohl mehr schätzen? Anstatt sich darüber zu streiten, ob es richtig ist oder nicht, alle Geschlechter anzusprechen, versetzen Sie sich in Ihr Publikum und stellen sich folgende Fragen: 1. Ist es Ihrem Publikum wichtig, ob gegendert wird oder nicht? Handelt es sich vermutlich um ein eher progressives oder konservatives Publikum? Welche Anredeformen sind (in diesem Bereich oder an diesem Ort) üblich? 2. Welche Anrede passt zu Ihnen und Ihrer Überzeugung? Es ist wichtig, dass Ihre Sprache auch glaubwürdig ist und zu Ihnen passt. 3. Wenn Sie inklusiv sprechen möchten, stellt sich die Frage, auf welche Art Sie das tun möchten. Es gibt die Beidnennung („Sprecher und Sprecherin"), das Binnen-I oder Doppelpunkt, welche durch eine kurze Pause sprachlich gekennzeichnet werden. Dies nennt man einen glottalen Stopp. Im Deutschen verwenden wir diese Pause beispielsweise bei Wörtern wie „beachten" (sprich: „be-achten"), „Spiegelei", „aufessen" usw. Für das Gendern bedeutet das beispielsweise „Zuhörer-innen" zu sagen und durch den glottalen Stopp deutlich zu machen, dass alle Geschlechtsidentitäten gemeint sind. Machen Sie sich bewusst: Jede Anredeform hat Vor- und Nachteile, so kann „Liebe Zuhörer*Innen" auch sperrig klingen, da gleich zu Beginn eine Pause entsteht, die ungewohnt klingen kann.

Gendern in der Anrede – Welche Möglichkeiten gibt es?
Welche Möglichkeiten gibt es nun?

- Die Beidnennung

Wenn Männer und Frauen anwesend sind, dann sprechen Sie auch beide Geschlechter an, z. B.: „Liebe Leserinnen und Leser". Dabei ist es üblich, dass die Männer zuerst die Frauen anreden und umgekehrt, also Frauen zuerst Männer ansprechen.

> - Auslassung
>
>   Um zu verhindern, dass sich jemand nicht angesprochen fühlt, verzichten einige gänzlich auf eine Anrede und heißen das Publikum als Ganzes willkommen, z. B. „Herzlich willkommen zu meinem Vortrag zum Thema …" oder „Ich begrüße Sie zu meiner Präsentation …". Diese Form hat die beispielsweise die Tagesschau gewählt.
>
> - Publikum zusammenfassen
>
>   Auch kann man – wenn man sich Zeit sparen und keinen unabsichtlich ausschließen will – von „Auditorium", „Publikum", „Versammlung", oder im Plural: „Liebe Technikbegeisterte" oder „Tagungsgäste" reden.
>
> - Kreative Ansprache
>
>   Eine Möglichkeit ist auch die Variation: „Sehr geehrte Damen und Herren und alle dazwischen und außerhalb!" Viele bedienen sich auch einer rhetorischen Figur: „Hallo Berlin" bei der der Ort mit den anwesenden Personen gleichgesetzt wird.

▶ **Wichtig** Eine gute Anrede folgt zudem einer dritten, wichtigen Regel: „Seien Sie persönlich."

Besonders gelungene Anreden sind kreativ und werden individuell auf das Publikum zugeschnitten, beispielsweise auf die Zielgruppe oder Zielperson: „Lieber Jubilar" oder je nach Region: „Ahoi …!" oder „Hola …!" Dadurch kann die Anrede zwar etwas länger werden, wirkt jedoch viel passender: „Verehrte Frau Schmidt, mein lieber Erwin, sehr verehrte Damen, meine Herren, liebe Gäste!"

Wenn es Ehrengäste gibt, so werden diese in der Regel vom Veranstalter begrüßt. Sollten Sie in dieser Funktion sein, achten Sie auf die korrekte Aussprache der Namen, vergessen Sie keine Titel und berücksichtigen Sie die protokollarische Reihenfolge. Wer es genau wissen will: Seit 1975 gibt das Bundesinnenministerium Hinweise zu protokollarischen Anreden und Anschriften heraus.[1] Der Ratgeber ist eine wertvolle Orientierungshilfe für Formulierungen im Umgang mit Personen des gesellschaftlichen und öffentlichen Lebens.

---

[1] Bundesministerium des Innern (2016): Ratgeber für Anschriften und Anreden. Hinweise zu protokollarischen Anreden sowie Anschriften. Protokoll Inland der Bundesregierung. https://www.protokoll-inland.de/SharedDocs/downloads/Webs/PI/DE/Allgemeines/ Anschriften.html.

2.1.1.3 Selbstvorstellung

Es ist Ihre Entscheidung, ob Sie die klassische Präsentationsweise wählen und zuerst Ihr Publikum begrüßen und erst dann einen Eisbrecher machen, oder *in medias res* die Präsentation mit dem Eisbrecher beginnen. Die prägnantere Wirkung erzielen Sie, wenn Sie zuerst mit dem Eisbrecher beginnen. Idealerweise folgt nach dem Eisbrecher eine kurze Selbstvorstellung.

Die Selbstvorstellung sollte immer rationale Fakten zu Ihrer Person beinhalten, das bedeutet Informationen zu ihrem beruflichen Hintergrund, zur aktuellen Position, Zuständigkeiten und andere Fakten, die Ihre Person umschreiben. Daneben müssen auch emotionale Elemente in Ihrer Selbstvorstellung vorkommen, das können Informationen zur Familie, zu Kindern, zu Hobbies oder Interessen sein. Im Fokus sollte die Frage stehen: Wer bin ich und welche Kompetenz habe ich, um zu diesem Thema zu reden?

2.1.1.4 Ziel oder Thema Ihrer Präsentation

Dann folgt schon das Thema oder Ziel Ihrer Präsentation: Es ist Ihnen überlassen, ob Sie es direkt benennen oder zum Beispiel über einen passenden Eisbrecher zum Thema hinführen. Doch es ist wichtig, dass Sie das Thema klar machen, darunter leidet sonst die Klarheit und Orientierung für Ihre Zuhörerinnen und Zuhörer. Wichtig in diesem Zusammenhang, dass Sie Ihr Ziel im Rahmen der Präsentationsvorbereitung mit Hilfe der SMART-Formel definiert haben, siehe Abschn. 1.1. Das wird Ihnen dabei helfen, während der Präsentation sich auf Ihr Ziel zu besinnen und angemessene Strategien anzuwenden, zudem werden Sie im Nachgang Ihrer Präsentation besser bewerten können, ob Sie ihr Ziel erreicht haben oder nicht (und woran dies womöglich gelegen haben könnte).

2.1.1.5 Agenda

Zuletzt gehen Sie in Ihrer Einleitung auf die Agenda oder den Ablauf ein: Was ist für die heutige Präsentation geplant? Geben Sie Ihrem Publikum eine Übersicht. Das darf mündlich sein, Visualisierungen helfen der Klarheit aber noch mehr. Nutzen Sie dabei Flipcharts oder Pinnwände oder bauen Sie Ihre Agenda in Ihre Foliengestaltung mit ein, sodass beispielsweise am unteren Rand immer sichtbar ist, in welchem Teil Ihrer Präsentation Sie sich aktuell befinden.

2.1.1.6 Organisatorische Hinweise

Wenn es noch organisatorische Hinweise gibt, die wichtig sind, dann gehören diese auch in die Einleitung. Hier ist das Publikum noch aufnahmefähig und kann sich daran erinnern, wenn beispielsweise der Raum sich im Verlauf des Tages ändert oder die Mittagspause verschoben wird. Hier können Sie auch klären, ob Fragen eher während oder nach der Präsentation erwünscht sind.

Die gelungene Einleitung

Wenn Sie alle diese Dinge beachtet haben, dann ist Ihre Einleitung komplett.

2.1.2 Hauptteil

Nun ist der Beginn Ihrer Präsentation geschafft, die Beziehung zum Publikum hergestellt und nun geht es um die Sache selbst: Wie strukturieren Sie Ihren Inhalt und bringen die Argumente in eine sinnvolle Reihenfolge?

2.1.2.1 Gliederung nach der Aufmerksamkeitsspanne

Grundsätzlich ist der Hauptteil in drei Blöcke unterteilbar. Block 1 führt in das Thema ein. Hier wird der Sachverhalt dargelegt, Hintergründe beleuchtet, die Situation betrachtet. Block 2 bildet Ihre eigene Position, Ihre Pro-Argumente. Der Schwerpunkt liegt hier auf rationalen Argumenten, wobei auch gute emotionale Argumente angeführt werden. Block 3 ist optional. Hier erfolgt die Widerlegung der Contra-Argumente, sofern es welche gibt und die Widerlegung sinnvoll ist und Ihre Position stärkt. Optional ist dieser Block deshalb, da Sie nur dann auf Gegenargumente eingehen, wenn davon ausgegangen werden kann, dass Ihr Publikum an diese Gegenargumente denkt. Ansonsten werden hier „schlafende Hunde" geweckt und das Publikum auf Nachteile aufmerksam gemacht, an die es gar nicht dachte. Nach dem 3. Block erfolgt eine kurze Zusammenfassung, die als Überleitung zum Schluss fungiert – wenn diese nicht ohnehin für den Schluss geplant ist. Sie können sich den Grundsatz merken: Sage Deinem Publikum erst, was Du ihnen sagen wirst, dann sag es ihnen und anschließend sage ihnen, was Du ihnen gesagt hast. Damit erhöhen Sie die Verständlichkeit und zentrale Argumente prägen sich besser ein. Ähnlich wie beim Beginn Ihrer Präsentation gilt auch hier: Die Aufmerksamkeit ist zu Beginn und zum Schluss am größten. Dieses Phänomen wird Primacy- bzw. Recency-Effekt genannt. Es ist daher besonders wichtig, was Ihr erster sowie letzter Punkt ist.

▶ Der erste Eindruck **zählt**, der letzte Eindruck **bleibt**! Dieses Phänomen nennt sich in der Wahrnehmungspsychologie *Primacy- bzw. Recency-Effekt*.

Vorneweg: Selbstverständlich beginnen Sie mit der Seite, die Sie auch vertreten, nennen also bei einer klassischen Überzeugungsrede Ihre Pro-Argumente. Zunächst überlegen Sie sich, welche Ihrer Argumente besonders stark sind und nummerieren Ihre Argumente durch. Das stärkste Argument bekommt die Priorität 1, das zweite die Priorität 2, das dritte Priorität 3 usw. Weil sowohl der erste sowie der letzte Moment so wichtig sind, stellen Sie die stärksten Argumente auch an diese Positionen. Das bedeutet, das zweitstärkste sollte als Erstes kommen, das stärkste Argument bildet den krönenden Abschluss Ihres Hauptteils. Denn auch bei der Argumentation gilt der Primacy- und Recency-Effekt, d. h. dass der erste und der letzte Eindruck besonders stark wirken. Übrigens: welche die besten Argumente

2.1 Die grundlegende Struktur

sind, orientiert sich an den Präsentationszielen und der Zielgruppe. Nutzen Sie daher für die Auswahl und Anordnung Ihrer Argumente gerne den Argumentfilter in Abschn. 1.1.5, die A-B-C Analyse sowie das Sanduhr Modell, beide in Abschn. 3.2.1.

Aus dem Gesagten ergibt sich also folgender Aufbau für eine Überzeugungsrede:

Überzeugungsrede	
Einleitung	- Anrede, Begrüßung - Eisbrecher (Aufmerksamkeit und Sympathie erzeugen) - Selbstvorstellung - Thema, Ziel - Agenda, Organisatorisches, Vorgehensweis
Hauptteil	Block 1: Schilderung und Darlegung des Sachverhalts und der Situation, Einführung ins Thema
	Block 2: Pro-Argumentation (Auswahl der Argumente hinsichtlich Zielsetzung und Zielgruppe – s. Argumentfilter in Abschn. 1.1.5.1) Aufbau nach dem Sanduhr-Prinzip - Argument 2 - Argument 5 - Argument 4 - Argument 3 -Argument 1
	Block 3: Widerlegung der Gegenargumente. Dieser Block ist optional und erfolgt nur, wenn die Gegenargumente beim Publikum präsent sind.
Schluss	- Zusammenfassung - Schlusssatz (klare Botschaft, Fazit, Appell, Ausblick, Vision, Eisbrecher, z. B. Zitat oder rhetorische Frage) -Abschied, Dank
Diskussion	- Diskussion und Klärung offener Fragen - Schlusssatz (Nach der Diskussion: erneut mit Schlusssatz abschließen, damit die Botschaft optimal platziert wird.)

Beispiel Aufbau einer Überzeugungsrede

2.1.2.2 Weitere Gliederungsmöglichkeiten des Hauptteils

Es gibt hunderte Möglichkeiten den Hauptteil einer Rede aufzubauen; und dabei gibt es auch kein „richtig" oder „falsch". Entscheidend ist vielmehr, ob die Struktur dem Thema angemessen ist und Sie mittels der Struktur einen roten Faden erhalten. Eine Übersicht über die Strukturmöglichkeiten finden Sie in Tab. 2.1. Einleitung und Schluss sind bei allen Gliederungen gleich. In den Unterkapiteln werden dann die Strukturmöglichkeiten anhand von Beispielen näher erläutert.

2.1.2.2.1 Der didaktische Fünf-Satz

Der didaktische Fünfsatz ist von Aristoteles inspiriert, dabei geht es um eine möglichst klare Argumentationsweise, die für das Publikum gut nachvollziehbar ist. Sie beginnen und beenden Ihre Argumentation in der Praxis. Didaktischer Fünf-„Satz" bedeutet nicht, dass Sie nur einen Satz für jeden Punkt haben, sondern es ist damit jeweils eine Sinneinheit bzw. ein Schritt gemeint.

Tab. 2.1 Übersicht Gliederungsmöglichkeiten

Strukturmodell	Geeignet für …	Ziel/Wirkung	Besonders hilfreich, wenn …
Didaktischer Fünfsatz	Schulungen, Trainings, Argumentationen mit Lernziel, technische und anspruchsvolle Inhalte, Best Practices …	Klarer Aufbau, gute Nachvollziehbarkeit	komplexe Sachverhalte verständlich eingeführt werden sollen, Anwendung Theorie in die Praxis, Werbung
Einfacher 5-Satz	Kurzvorträge, praktische Empfehlungen	Prägnanz, Eingängigkeit	mehrere Argumente anschaulich und knapp dargestellt werden sollen
Situation-Lösungs-Formel	Problemlösungen, Projektpitches, Teambesprechungen	Problemorientierung, Lösungsfokus	das Publikum ein klares Problem erkennt und anschließend in eine lösungsorientierte Haltung geführt werden soll
Chronologische Abfolge	Feierliche Anlässe, Rückblicke, persönliche Reden	Emotionale Nachvollziehbarkeit	eine Entwicklung erzählt oder ein Weg nachvollziehbar gemacht werden soll
Wenn-Dann-Kette	Technische Präsentationen, Projektlogik	Stringente Logik, Überzeugungskraft	ein Argument logisch aus dem vorherigen entwickelt werden soll
Dialektischer 3-Satz	Sachliche Abwägungen, Beteiligungsformate	Ausgewogenheit, Diskussionsimpuls	verschiedene Perspektiven beleuchtet oder ein Kompromiss entwickelt werden soll
Deduktion	Fachvorträge, Strategie-Präsentationen	Autorität, Struktur, Orientierung	eine allgemeine Regel auf einen konkreten Fall angewendet wird
Induktion	Erfahrungsberichte, Veränderungsthemen	Nähe, Glaubwürdigkeit, Alltagsbezug	das Publikum vom Einzelfall zur allgemeinen Erkenntnis geführt werden soll
Sonderfall: Anmoderation	Vorstellung der Hauptrednerin, des Hauptredners, Hauptteil der Rede wird ausgelagert	Rahmen geben	Sie selbst nur eine kurze Einführung geben und dann das Wort übergeben wollen

[Übersicht der Strukturmöglichkeiten des Hauptteils nach Ziel, Wirkung, Situation]

Mit dem ersten Satz beginnen Sie also in der Praxis, siehe Tab. 2.2.

2.1.2.2.2 Der einfacher 5-Satz:

Eine Alternative ist der einfache 5- oder auch 3-Satz. Die Grundstruktur von Einleitung, Hauptteil und Schluss bleibt erhalten. Der Hauptteil wird mit drei oder fünf Argumenten gestaltet. Ein Beispiel hierfür finden Sie in Tab. 2.3.

Tab. 2.2 Der didaktische Fünf-Satz: Beispiel einer Strukturierung des Hauptteils

Einleitung, siehe Abschn. 2.1.1	
Hauptteil-Schritt	Formulierung, Beispiel
1. Praxis: Ein Beispiel, Fall oder Problem aus der Praxis des Publikums	Kennen Sie das? Der Kalender ist eng getaktet, ein wichtiger Kundentermin steht an, und Sie planen Ihre Abfahrt so, dass alles genau passt. Der übliche Weg über die Autobahn. Doch dann: stockender Verkehr, Verzögerung – und plötzlich ist der Puffer dahin. Die erste Viertelstunde des Gesprächs findet ohne Sie statt. Peinlich. Unnötig. Und leider ziemlich alltäglich. Mir ist das selbst passiert und es war ärgerlich, weil es vermeidbar gewesen wäre. Doch wie?
2. Analyse: Was sind die darin enthaltenen Fragen?	Dazu müssen wir folgende Fragen beleuchten: Warum entstehen solche Verzögerungen überhaupt? Warum scheinen sie manchmal aus dem Nichts zu kommen, obwohl keine Baustelle oder kein Unfall in Sicht ist? Was bedeutet das für unsere alltägliche Planung? Und wie können wir besser damit umgehen?
3. Theorie: Erklärungen, wirkende Prinzipien, Modelle, Regeln und Hintergründe	Schauen wir und das genauer an: Staus entstehen oft durch Verzögerungsketten: Eine Fahrerin bremst kurz ab, der Fahrer dahinter reagiert mit einem kleinen Zeitversatz – die nächste Person braucht schon etwas mehr Abstand. Diese kleinen Reaktionen summieren sich, und schon steht der Verkehr still, ganz ohne äußeren Anlass. Das nennt man einen Phantom-Stau. Technisch gesprochen: Es handelt sich um eine Form der Systeminstabilität, bei der kleine Impulse große Folgen haben insbesondere in dicht besetzten, hocheffizienten Systemen mit hohem Tempo. Um solche Effekte vorherzusehen, nutzen moderne Routenplanungssysteme heute nicht nur statische Karten, sondern dynamische Verkehrsdaten, die auf Echtzeitbeobachtungen und kollektiven Erfahrungswerten beruhen.
4. Synthese: Antworten, Lösungen und Ansätze	Was können wir also tun, um nicht in einen Stau zu fahren? … Störungen in dynamischen Systemen lassen sich nicht vollständig vermeiden, aber besser managen. Live-Dienste und Echtzeit-Routenplanung durch Verkehrsapps sind nur eine Möglichkeit. Wer seine Route mit einem Zeitpuffer plant oder flexible Startzeiten berücksichtigt, reduziert Stress. Und wer vorab simuliert, wie sich die Strecke zu unterschiedlichen Abfahrtszeiten verändert, erkennt schnell: Am Montagmorgen um 7:30 Uhr sieht dieselbe Strecke anders aus als am Samstag um 14:00 Uhr.
5. Praxis: Anwendungsbeispiele und funktionierende Lösungen	Heute plane ich meine Fahrten mit mehr Weitblick: Ich prüfe vorab die Verkehrslage für den gewünschten Zeitpunkt, nicht nur „jetzt", sondern auch für morgen früh. Zudem plane ich grundsätzlich mehr Puffer ein, und nutze meine Verkehrsapp, um mir schnell alternative Routen anzeigen zu lassen. So lässt sich nicht nur Stau vermeiden, sondern auch der eigene Kopf bleibt frei für das, was zählt: einen souveränen Auftritt beim Termin.
Schluss, siehe Abschn. 2.1.3	
[Beispiel einer Präsentationsstruktur mit dem didaktischen Fünfsatz]	

Tab. 2.3 Der einfache 5-Satz: Beispiel einer Strukturierung des Hauptteils

Struktur	Beispiel, Formulierung
1. Einleitung	Liebe Kolleginnen, liebe Kollegen, stellen Sie sich Folgendes vor: Montagmorgen, 8:30 Uhr. Sie sitzen am Schreibtisch, der Kaffee dampft, der Rücken meldet sich – schon wieder. Acht Stunden Bildschirmarbeit liegen vor Ihnen. Und während der Cursor blinkt, blinkt in Ihrem Körper nur noch eins: das Warnsignal „Schmerz". 80.000–80.000 STUN-DEN verbringen wir im Schnitt im Sitzen. Also mehr als neun Jahre unseres Lebens. Die Forschung ist eindeutig: Wer sich zu wenig bewegt, zahlt drauf. Nicht erst im Alter, sondern mitten im Arbeitsleben – mit Verspannungen, Schmerzen und Konzentrationslöchern. Die gute Nachricht? Das muss nicht so sein. Sie können schon mit kleinen Gewohnheiten enorm viel verändern. Und darum geht es heute.
2. Argument: Gesundheit & Prävention	Bewegung stärkt den Rücken, stabilisiert Gelenke und wirkt wie ein inneres Stützkorsett. Wer regelmäßig Sport treibt, reduziert das Risiko für Rückenschmerzen um bis zu 40 % – das zeigen diverse Studien. Und das Beste daran: Sie müssen dafür nicht ins Fitnessstudio. Schon ein täglicher Spaziergang oder zehn Minuten Dehnen am Morgen wirken Wunder!
3. Argument: Energie im Job	Bewegung macht wach und klüger. Körperliche Aktivität verbessert die Durchblutung im Gehirn, steigert die Konzentration und wirkt wie ein natürlicher Fokus-Booster. In einer Meta-Studie wurde gezeigt: Menschen, die sich regelmäßig bewegen, arbeiten konzentrierter und berichten von weniger Erschöpfung am Nachmittag.
4. Argument	Und zu guter Letzt: Bewegung verbessert die Stimmung. Beim Sport schüttet der Körper Endorphine aus, das sind die körpereigenen Gute-Laune-Moleküle. Statt Frustessen oder Ablenkung auf Social Media kann ein kleiner Lauf durch den Wald wahre Wunder wirken. Viele Führungskräfte sagen: Ihre besten Ideen kommen ihnen beim Gehen, nicht beim Sitzen.
5. Schluss	Keine Sorge, Sie müssen nicht sofort Halbmarathons laufen. Aber vielleicht fangen Sie morgen mit dem Rad zur Arbeit an. Oder Sie blocken sich einen Termin im Kalender – nicht für ein Meeting, sondern für sich. Ihr Rücken wird's Ihnen danken und ihr Gehirn auch. Und ganz nebenbei: Vielleicht macht's ja sogar Spaß.

[Beispiel einer Präsentationsstruktur mit dem einfachen 5-Satz]

2.1.2.2.3 Die Situation-Lösungs-Formel

Die Situation-Lösungs-Formel, oder auch kurz: Lösungs-Formel, ist sehr gut geeignet, wenn es darum geht, ein Problem zu lösen. Sie basiert darauf, dass ein konkretes Problem, dass dem Publikum unter den Nägeln brennt, angesprochen wird. Dadurch wird das Publikum abgeholt. Durch die Struktur wird zudem die Verständlichkeit auch komplexer Themen erhöht. Neben Präsentationen können Sie die Formel auch für die Strukturierung von Besprechungen oder Workshops einsetzen. Sie lassen sich dabei von drei Fragen leiten: „Was ist? Was soll sein? Wie kommen wir dahin?" Selbstverständlich können Sie dann

2.1 Die grundlegende Struktur

Tab. 2.4 Die Situation-Lösungs-Formel: Beispiel einer Strukturierung des Hauptteils

Einleitung, siehe Abschn. 2.1.1	
Hauptteil-Schritt	Formulierung, Beispiel
1. Ausgangslage, Situation: Was ist?	In den vergangenen Wochen mussten wir einen spürbaren Rückgang unserer Umsätze verzeichnen. Besonders betroffen war der Bereich des Neukundengeschäfts, in dem wir aktuell rund 8 % unter dem Vorjahreswert liegen. Das spüren nicht nur unsere Zahlen, sondern auch das Team – in Form von Zurückhaltung bei Aufträgen und stockenden Prozessen.
2. Ziel: Was soll sein?	Unser Ziel bleibt dennoch bestehen: Für dieses Jahr streben wir eine Umsatzsteigerung von mindestens 3 % an. Das ist ambitioniert – aber realistisch, wenn wir die richtigen Hebel in Bewegung setzen und als Team konsequent an einem Strang ziehen.
3. Lösung: Wie kommen wir dahin?	Um dieses Ziel zu erreichen, schlage ich folgende drei Schritte vor: - Erstens: Fokussierung auf Bestandskundenpflege: Persönliche Kontakte reaktivieren, bestehende Zufriedenheit sichern und gezielt neue Angebote platzieren. -Zweitens: Stärkere Sichtbarkeit im digitalen Raum: Mit gezielten Kampagnen und messbaren KPIs. Dafür steht uns ein zusätzlicher Budgettopf zur Verfügung. - Drittens: Interne Prozesse optimieren: Besonders im Bereich Angebotsabwicklung und Nachverfolgung. Dazu werden wir ab nächster Woche kurze Feedbackschleifen im Team etablieren.
Schluss, siehe Abschn. 2.1.3	
[Beispiel einer Präsentationsstruktur mit der Situation-Lösungs-Formel]	

den 3. Schritt auch mit der SMART-Formel bearbeiten. So greifen die unterschiedlichen Modelle ineinander. Ein schönes Beispiel für diese Strukturmöglichkeit finden Sie in Tab. 2.4.

2.1.2.2.4 Die chronologische Abfolge:

Chronologische Abfolgen eignen sich besonders gut, wenn historische Verläufe und Entwicklungen erörtert werden. Wir sprechen in diesem Fall auch von einer natürlichen Ordnung, da der Inhalt und der Stoff selbst die Struktur der Präsentation vorgeben. Der Vorteil ist, dass es dem Publikum damit sehr einfach gemacht wird, Ihnen zu folgen. Zu beachten ist hierbei allerdings, dass längere Präsentationen oder Präsentationsabschnitte nicht chronologisch aufgebaut werden sollten; denn dadurch, dass die Ordnung der Argumente vorgegeben ist, ist sie auch sehr vorhersehbar und damit für viele weniger spannend. Besonders geeignet ist die chronologische Abfolge für feierliche Reden oder emotionale Anlässe, wie z. B. Abschlussreden, Jubiläen, Abschiede. Ein Beispiel hierfür finden Sie in Tab. 2.5.

2.1.2.2.5 Der logische Kettensatz (Wenn-Dann-Schema)

Der logische Kettensatz beruht auf der Abfolge meist rationaler Argumente, die aufeinander aufbauen. Ihr Publikum kann dieser Kausalkette gut folgen, bei der jedes Glied logisch aus dem vorigen hervorgeht, siehe Tab. 2.6. Er wird deshalb auch als das „Wenn-Dann-

Tab. 2.5 Die chronologische Abfolge: Beispiel einer Strukturierung des Hauptteils

Einleitung, siehe Abschn. 2.1.1	
Hauptteil-Schritt	Formulierung, Beispiel
1. Vergangenheit, Gestern	Erinnert ihr euch noch an den ersten Tag der Ausbildung? Mir kommt es vor, als wäre es gestern gewesen. Alles war neu: der Weg zur Arbeit, die Menschen, die Abläufe, sogar der Kaffeeautomat. Wir waren neugierig, aufgeregt und vielleicht auch ein bisschen überfordert. Zwischen Azubi-Treffen, Praxisphasen und Berufsschulblöcken haben wir viel gelernt. Nicht nur über Tabellen, Werkzeuge oder Paragrafen, sondern auch über Teamarbeit, Verantwortung und über uns selbst.
2. Gegenwart, Heute	Heute halten wir endlich unser Abschlusszeugnis in den Händen. Und dieses kleine Stück Papier steht für vieles, vor allem aber steht es für unser Durchhaltevermögen, für Mut und für kleine und große Siege. Heute stehen wir hier – mit einem Abschluss in der Hand, der uns niemand mehr nehmen kann. Drei Jahre Einsatz, Durchhalten und Wachsen liegen hinter uns. Was gestern noch wie ein langer Weg aussah, ist heute ein Meilenstein: Wir haben unsere Ausbildung geschafft.
3. Zukunft, Morgen, Vision	Und morgen? Manche von uns bleiben im Unternehmen, andere schlagen einen neuen Weg ein, im Studium, in einer anderen Firma oder in einem ganz neuen Bereich. Egal, wie die Reise weitergeht: Wir nehmen etwas mit. Unsere Erfahrungen, die Freundschaften, die wir auf dem Weg schlossen und natürlich unsere neu gewonnenen Fähigkeiten. Und die Gewissheit: Wenn wir etwas wirklich wollen, können wir es auch erreichen.
Schluss, siehe Abschn. 2.1.3	
[Beispiel einer chronologischen Abfolge als Präsentationsstruktur]	

Tab. 2.6 Der logische Kettensatz: Beispiel einer Strukturierung des Hauptteils

Einleitung, siehe Abschn. 2.1.1	
Hauptteil-Schritt	Formulierung, Beispiel
1. Wenn Argument 1, dann	Wer sich gründlich auf eine Präsentation vorbereitet, kennt seine Inhalte und Zielgruppe genau … Oder: Wer sich am Basislager Zeit für Orientierung und Planung nimmt, erkennt die beste Route zum Gipfel …
2. Argument 2, dann	… wer seine Inhalte und Zielgruppe genau kennt, der kann souverän auf Fragen und Einwände reagieren … Oder: … wer die beste Route zum Gipfel nimmt, kann seine Kräfte sinnvoll einteilen und …
3. Argument 3.	… wer souverän auf Fragen und Einwände reagieren kann, der überzeugt. Oder: … wer seine Kräfte sinnvoll einteilt, kommt sicher oben an und kann die Aussicht genießen.
Schluss, siehe Abschn. 2.1.3	
[Beispiel einer Präsentationsstruktur mit dem logischen Kettensatz]	

2.1 Die grundlegende Struktur

Schema" bezeichnet. Aufgrund der logischen Verknüpfungen entwickelt dieser Kettensatz eine hohe Überzeugungskraft. Aber Achtung: Wenn das erste Argument schief ist, kommt die ganze Struktur ins Rutschen.

2.1.2.2.6 Der dialektischer 3-Satz

Dialektik bedeutet wörtlich übersetzt Kunst der Gesprächsführung und bezeichnet ein Verfahren, bei dem unterschiedliche Positionen bzw. Thesen gegenübergestellt werden, um daraus eine reflektierte Gesamtbewertung zu entwickeln. Ein dialektischer Aufbau empfiehlt sich immer dann, wenn es weniger darum geht, das Publikum von einer Zielsetzung zu überzeugen, sondern wenn die sachliche Vermittlung von Informationen im Vordergrund steht. Dies ist vor allem bei komplexen Themen, unterschiedlichen Interessen oder kontroversen Fragestellungen der Fall. Ein Beispiel für den dialektischen 3-Satz finden Sie in Tab. 2.7.

Diese Art der Präsentationsstruktur führt zu einer für Ihr Publikum ausgewogenen und nachvollziehbaren Argumentation – gerade dann, wenn Entscheidungen noch offen sind oder Beteiligung gewünscht ist.

Die klassische Dreigliederung lautet: These – Antithese – Synthese. Dabei sind These und Antithese gegensätzliche Behauptungen, aus denen dann ein Kompromiss entwickelt wird.

Tab. 2.7 Der dialektischer 3-Satz: Beispiel einer Strukturierung des Hauptteils

Einleitung, siehe Abschn. 2.1.1	
Hauptteil-Schritt	Formulierung, Beispiel
1. These, Behauptung	Um Kosten zu sparen und unser Unternehmen an die aktuelle wirtschaftliche Lage anzupassen, besteht die Idee, den Vertriebsaußendienst personell zu verkleinern. Dadurch könnten Einsparungen im sechsstelligen Bereich erzielt werden. Das ist ein wichtiger Beitrag zur Stabilisierung unseres Budgets.
2. Antithese, Gegenbehauptung	Dagegen spricht, dass durch eine Reduzierung der persönlichen Ansprechpersonen im Außendienst die persönliche Kundenbetreuung und -bindung leidet. Gerade bei unserer langjährigen Kundschaft spielt der direkte Kontakt eine entscheidende Rolle für Vertrauen, Bindung und daher auch für Folgeaufträge. Weniger Präsenz vor Ort könnte mittelfristig zu Umsatzrückgängen führen und damit das Einsparziel konterkarieren.
3. Synthese, Verbindung von These und Antithese mit Begründung	Meine Empfehlung ist daher: Statt einer pauschalen Kürzung sollten wir differenziert prüfen, in welchen Regionen der Außendienst wirklich benötigt wird und wo digitale Formate oder hybride Modelle eine echte Alternative sein können. So verbinden wir Kosteneffizienz mit Kundenorientierung. Dadurch schaffen wir eine Lösung, die nicht nur kurzfristig spart, sondern auch langfristig trägt.
Schluss, siehe Abschn. 2.1.3	
[Beispiel einer Präsentationsstruktur mit dem dialektischen 3-Satz]	

Die Dialektik kann dabei in unterschiedlichen Formen gestaltet werden. Die folgenden Beispiele gehen darauf ein, dass These und Antithese nicht direkt im Widerspruch stehen müssen, sondern zwei verschiedene Behauptungen sein können. Ein Beispiel für gegensätzliche Behauptungen: 1. These: „Wir müssen Personal entlassen." 2. Antithese: „Wir müssen kein Personal entlassen."

Ein Beispiel für zwei verschiedene, nicht gegensätzliche Behauptungen: These A: „Wir müssen Personal entlassen.", These B: „Wir müssen Materialkosten einsparen."

Sie haben nun die Möglichkeit, die folgenden Strukturen anzuwenden:

Variante A

- These
- Antithese
- Synthese

Variante B

- These
- Antithese
- Entscheidung für These oder Antithese, mit Begründung und Fazit

Variante C

- These A
- These B
- Synthese/Kompromiss aus These A und B

Variante D

- These A
- These B
- Entscheidung für These A oder B, mit Begründung und Fazit

Welche Variante am besten geeignet ist, hängt wiederum von Ziel und Präsentationsthema ab.

2.1.2.2.7 Die Deduktion (vom Allgemeinen zum Besonderen)

Die Deduktion besticht durch ihre klare Herleitung vom Allgemeinen zum Besonderen, zum Konkreten. Es wird also von einer allgemeinen These oder Situation ausgegangen und dann zu einem konkreten Fall oder Beispiel hingeführt. Die deduktive Struktur eignet sich besonders, wenn ein Vortrag auf einer klaren These, einer allgemein anerkannten Regel oder einem strategischen Ziel basiert. Ausgehend von dieser übergeordneten An-

Tab. 2.8 Die Deduktion: Beispiel einer Strukturierung des Hauptteils

Einleitung, siehe Abschn. 2.1.1	
Hauptteil-Schritt	Formulierung, Beispiel
1. Allgemeine These, Regel, Grundsatz	Unternehmen, die flexible Arbeitsmodelle ermöglichen, sind langfristig erfolgreicher. Das zeigen zahlreiche Studien zur Arbeitgeberattraktivität, Produktivität und Bindung ans Unternehmen.
2. Erklärung, theoretischer Hintergrund	Das liegt vor allem daran, das flexible Arbeitszeitmodelle die Zufriedenheit der Mitarbeiterinnen und Mitarbeiter fördern, Fehlzeiten reduzieren und die Eigenverantwortung stärken. Gleichzeitig erhöhen sie die Resilienz des Unternehmens, denken Sie an externe Störungen wie Pandemien oder Mobilitätsengpässe.
3. Besonderer Fall, konkretes Beispiel	Auch bei uns zeigen die Erfahrungen der letzten 18 Monate: Teams mit Homeoffice-Möglichkeit arbeiten fokussierter, kommunizieren effizienter und melden eine höhere Arbeitszufriedenheit. Das melden uns die Führungskräfte in folgender Befragung zurück …
Schluss, siehe Abschn. 2.1.3	
[Beispiel einer Präsentationsstruktur mit der Deduktion]	

nahme werden konkrete Begründungen, Schlussfolgerungen oder Handlungsschritte abgeleitet. Ein Beispiel finden Sie in Tab. 2.8.

Die Deduktion vermittelt Klarheit, Struktur und Autorität und eignet sich daher ideal für strategische Präsentationen, Fachvorträge oder unternehmerische Positionierungen.

2.1.2.2.8 Die Induktion (vom Besonderen zum Allgemeinen)

Die induktive Argumentationsweise funktioniert – im Gegensatz zur Deduktion – vom Konkreten zum Allgemeinen. Dabei bildet ein einzelnes Beispiel, ein beobachtbarer Fall oder eine persönliche Erfahrung den Ausgangspunkt. Danach wird eine Erklärung oder Begründung angeführt, welche schließlich in einer allgemeinen Erkenntnis mündet.

Diese Struktur wirkt auf das Publikum besonders plausibel und authentisch, da sie anschlussfähig an Alltagserfahrungen ist. Sie gehen nämlich immer vom konkreten Fall, von Beispielen, von erlebten Erfahrungen aus. Die Induktion eignet sich daher auch hervorragend für Erfahrungsberichte, Problemaufrisse oder Vorschläge zur Weiterentwicklung, besonders dann, wenn die Schlussfolgerung nicht als Dogma daherkommen, sondern nachvollziehbar entwickelt werden soll. In Tab. 2.9 finden Sie ein Beispiel für diese Strukturmöglichkeit.

Diese Zusammenstellung beinhaltet die wichtigsten Gliederungsschemata. Selbstverständlich gibt es noch eine Vielzahl an weiteren Möglichkeiten, beispielsweise topologisch (Hier – Dort – Darum …), chronologisch (Gestern – Heute – Morgen) oder perspektivisch (aus Sicht der Arbeitgeber, aus Sicht der Gewerkschaften, aus Sicht der Politik …). Auch ist eine Kombination unterschiedlicher Strukturen möglich, z. B. können Sie innerhalb eines Didaktischen 5-Satzes eine Induktion integrieren. Dabei ist allerdings zu beach-

Tab. 2.9 Die Induktion: Beispiel einer Strukturierung des Hauptteils

Einleitung, siehe Abschn. 2.1.1	
Hauptteil-Schritt	Formulierung, Beispiel
1. Besonderer Fall, konkretes Beispiel	In einer mittelgroßen Kreisstadt kam es im Frühjahr dazu, dass hunderte Elterngeldanträge wochenlang unbearbeitet blieben.
2. Erklärung, theoretischer Hintergrund	Der Grund? Ein veraltetes System, in dem Anträge noch ausgedruckt, von Hand geprüft und anschließend händisch weitergeleitet werden mussten. Das zeigt, wie anfällig analoge Verwaltungsprozesse sind, insbesondere bei hohem Antragsaufkommen. Digitale Systeme hingegen können sowohl die Bearbeitungsdauer und als auch die Fehlerquote deutlich senken.
3. Allgemeine These, Regel, Grundsatz	Wie müssen die Abläufe der Verwaltung digitalisieren. Zuerst gezielt dort, wo es die größten Entlastungseffekte erbringt – durch klare Prioritäten, Schulungen und passende Softwarelösungen. Dann nach und nach alle sollen alle Abläufe der Verwaltung weitestgehend digitalisiert werden.
Schluss, siehe Abschn. 2.1.3	
[Beispiel einer Präsentationsstruktur mit der Induktion]	

ten, dass mit wachsender Komplexität der Struktur die Gefahr steigt, selbst den roten Faden zu verlieren. Doch mit etwas Übung lassen sich dann für den Zuhörer nicht vorhersehbare Argumentationsketten aufbauen, die die Spannung aufrecht erhalten. Das Publikum merkt dann, das das Thema absolut strukturiert ist, kann aber die dahinterliegende Ordnung nicht erahnen.

Übrigens: Nicht nur Präsentationen und Reden lassen sich mit diesen Schemata strukturieren; damit können Sie auch sehr einfach ein kurzes, einzelnes Argument aufbauen. Letztlich ist eine Rede nichts anderes, als eine ausgeweitete Argumentation und umgekehrt. Wie bereits erwähnt, können damit nicht nur Präsentationen aufgebaut werden, sondern Besprechungen, Diskussionen, Workshops etc.

▶ **Wichtig** Eine entsprechende Struktur zu besitzen, bringt dabei viele Vorteile:

1. Die Verständlichkeit wird für das Publikum erhöht
2. Argumente werden geordnet
3. Man spart sich Zeit bei der Vorbereitung
4. Es kann freier geredet werden, ohne selbst den roten Faden zu verlieren
5. Erprobte Strukturen erhöhen die Überzeugungskraft Ihrer Präsentation.

2.1.2.2.9 Sonderfall: Anmoderation mit der TIER-Formel

Nicht immer ist man selbst der Hauptredner oder -rednerin, sondern moderiert eine Veranstaltung. Das stellt einen Sonderfall der Anmoderation dar, weil Sie argumentativ keinen Hauptteil bildet. Doch auch hierfür geben wir Ihnen eine Hilfe an die Hand! Es ist nämlich ein schmaler Grat auf dem Weg zum Gipfel: einerseits will man Interesse für die Präsentation wecken, andererseits nichts inhaltlich vorwegnehmen. Im letzteren Fall nämlich, nehmen Sie vielleicht wichtige Argumente oder den Eisbrecher vorweg und es bleibt der

2.1 Die grundlegende Struktur

Rednerin bzw. dem Redner nichts mehr zu sagen. Wie also die Anmoderation gestalten? Sprechen Sie deshalb die Anmoderation mit den Referentinnen und Referenten ab. Wenn dies nicht möglich ist, bleiben Sie eher oberflächlich und sprechen nur von Dingen, die die Referenten nicht in den Vorträgen ansprechen werden. Eine Hilfestellung zur Anmoderation bietet hierfür die TIER-Formel:

- **T**hema des Vortrages ankündigen
- **I**nteresse wecken für Thema (z. B. durch eigene Erfahrungen, Gedanke etc.)
- **E**isbrecher (idealerweise in Absprache mit den Referenten)
- **R**eferentin bzw. Referent nennen und vorstellen

2.1.3 Schluss

Fast zu Ende aber noch nicht ganz vorbei: Der Berg ist schon geschafft! Doch jetzt nicht nachlassen, denn der Schluss ist wichtig, da die Aufmerksamkeit des Publikums wieder größer wird. Das Gefühl, das hier entsteht, nimmt Ihr Publikum aus der Präsentation mit, also müssen Sie sich hier besonders anstrengen, Ihre Präsentation stimmig abzurunden. Verzichten Sie deshalb auch hier auf Floskeln, wie z. B. „Vielen Dank für Ihre Aufmerksamkeit." Das ist zwar nicht falsch, aber schon zigfach vorgetragen und als Standardformulierung auf vielen Abschlussfolien zu sehen. Auch scheint es, dass viele ihren Schluss nicht richtig vorbereiten und dann ohne Schlusspunkt enden. Was muss also in einen guten Schluss?

> **Einen gelungenen Schluss gestalten**
> Ein gelungener Schluss enthält:
>
> - eine Zusammenfassung der wichtigsten Inhalte
> - einen Schlusssatz: dieser enthält eine Botschaft, einen Appell, eine Vision, einen Ausblick oder ein Fazit. Dies kann auch einer der genannten Eisbrecher sein, z. B. eine rhetorische Frage oder ein Zitat.
> - eine Verabschiedung und Dank (hier bitte keine Floskeln, sondern eigene Formulierungen verwenden)

Besonders wichtig ist hier erneut die Beziehung zu Ihrem Publikum. Es wird also Beziehungspflege betrieben und keine neuen Inhalte, Daten oder Argumente eingebracht. Nehmen Sie sich im Schluss die Zeit, Ihre Präsentation zusammenzufassen. Was sollte Ihr Publikum unbedingt erinnern? Diese sollten Sie kurz wiederholen. Den Schlusssatz sollten Sie sich unbedingt im Vorhinein gut überlegen, damit dieser nicht gestammelt wird oder ganz ausbleibt. Hier eignen sich vor allem kurze Apelle „Lassen Sie's uns anpacken!"

oder eine Vision oder Ausblick. Was könnte eine positive Konsequenz sein, wie könnte die Zukunft aussehen, wenn Ihr Publikum das tut, für das Sie heute sprechen? Eine weitere Anregung für einen gelungenen Schluss ist, erneut einen Eisbrecher zu machen und z. B. ein Zitat wiederzugeben oder ein Bild zu zeigen. Schließlich kommt eine Verabschiedung. Diese sollte kurz sein und zur Situation passen. Vermeiden Sie floskelhafte Verabschiedungen und Patzer wie: „Das war's!", „Ich bin am Ende!", „Ich bin durch". Rhetorisch gesehen sind derartige Formulierungen – allein schon aufgrund ihrer Doppeldeutigkeit – völlig ungeeignet. Damit hinterlassen Sie einen im besten Falle langweiligen Nachgeschmack, im schlimmeren Fall wirken Sie schlecht vorbereitet. Überlegen Sie sich also einen guten und prägnanten Schlusssatz.

Wenn der Schlusssatz richtig „zündet", braucht es danach keine weiteren Äußerungen und Sie können mit Jubel und Applaus von der Bühne gehen. Falls nicht, dann geben Sie ein kurzes Schlusssignal. Halten sie aber die Verabschiedung kurz: Häufig reicht ein einfaches „Danke!" oder „Vielen Dank!", auch ein „Kommen Sie gut nach Hause!" ist eine schöne Verabschiedung und wirkt persönlich. Und eine wichtige Regel gibt es noch für den Schluss, wenn der tosende Applaus losbricht:

▶ Laufen Sie nach Ihrer Präsentation nicht sofort davon! Bleiben Sie einige Momente stehen, nehmen Blickkontakt auf und halten den Applaus aus!

Es verringert Ihre Wirkung, wenn Sie direkt von der Bühne gehen, die Rede wirkt „abgebrochen". Natürlich kann es für ungeübte Redner und Rednerinnen die ersten Male unangenehm sein, eine Weile vor einem Publikum zu stehen, das einen anschaut und klatscht. Doch Ihr Publikum hat so die Möglichkeit, sich ebenfalls zu verabschieden und zu bedanken, nichts anderes ist der Applaus: Ihr Lohn. Wenn Sie gleich die Bühne verlassen, dann vermitteln Sie auch Desinteresse gegenüber dem Publikum. Und was machen Sie während des Applauses? Sie gehen in Ihre „Grundstellung": Beine hüftbreit auseinander, die Arme locker auf Gürtellinie, die Hände entspannt und offen. Und natürlich: Lächeln!

2.1.4 Die Diskussionsrunde nach der Präsentation

Falls eine Diskussion oder eine Fragerunde geplant ist, so bauen Sie diese nach Ihrem Schluss ein. Nach der Diskussion machen Sie einen zweiten Schluss. Für die Diskussion gilt: Sie bringen fertige Diskussionsfragen mit und bereiten Sie sich auf Gegenfragen vor. Entweder ist das bereits Teil der Vorbereitung Ihrer Argumentation oder eben als Vorbereitung für mögliche Fragen. Welche Fragen könnten womöglich auf Seiten Ihres Publikums aufkommen? In der Regel kommen Fragen zu Kosten, Funktionen, Qualitäten, Umweltschutz, Terminen etc. Nach der Diskussion schließen Sie wiederum mit Ihrem Schlusssatz. Somit können Sie Ihre Botschaft erneut in den Köpfen Ihres Auditoriums platzieren. Und wenn kritische Fragen auftauchen? Tipps dazu finden Sie in Abschn. 11.2.

Die technische Präsentation meistern 3

3.1 Die vier Arten des Vortrags – Vier Wege zum Gipfel

Es gibt nicht den einen, richtigen Weg nach oben: Häufig gibt es mehrere Routen, um einen Berg zu erklimmen. Die Leitfrage dieses Kapitels lautet also: „Wie präsentiere ich technische Sachverhalte verständlich?" Auf dem Weg zur klaren Präsentation gibt es verschiedene „Camps" – so nennt man ein provisorisches Lager, das Bergaufsteigerinnen und Bergaufsteiger während ihres Weges nutzen. Sie ruhen sich darin aus, essen und bereiten sich auf die nächste Etappe vor. Ganz ähnlich verhält es sich bei der Vorbereitung Ihrer Präsentation. Anhand verschiedener Camps – also Zwischenstationen auf dem Weg zur erfolgreichen Präsentation schauen wir uns Vorbereitung, Umsetzung, Probleme sowie Hindernisse an. So können Sie das passende Rüstzeug aus jedem Camp mitnehmen! Eine der grundsätzlichen Fragen, die sich an dieser Stelle stellt, ist die Art des technischen Vortrages.

Die berufliche Präsentation bringt einige Hürden mit sich, vor allem wenn technische und komplexe Sachverhalte präsentiert werden sollen. Aber bevor Sie verzagen, soll dieses Kapitel Ihnen dabei helfen, klar und deutlich zu sein. Eine wichtige Rolle spielt dabei der Komplexitätsgrad. Es gibt Themen, die in ihrer Natur bereits eingängig sind, andere Themen hingegen brauchen viel sprachliche und gestalterische Hilfestellung. Denken Sie dabei an einen Fachvortrag im Expertenkreis. Hier kann durchaus auch fachlich Komplexes präsentiert werden. Hingegen ist eine einfache Ursachen-Wirkungs-Erklärung für ein Kind ein ganz anderes Thema. Dabei geht es vor allem um eine Erklärung, die einfach und korrekt ist. Wenn man sich die verschiedenen Situationen ansieht, in der Menschen anderen Menschen etwas erklären, entsteht die Grafik in Abb. 3.1.

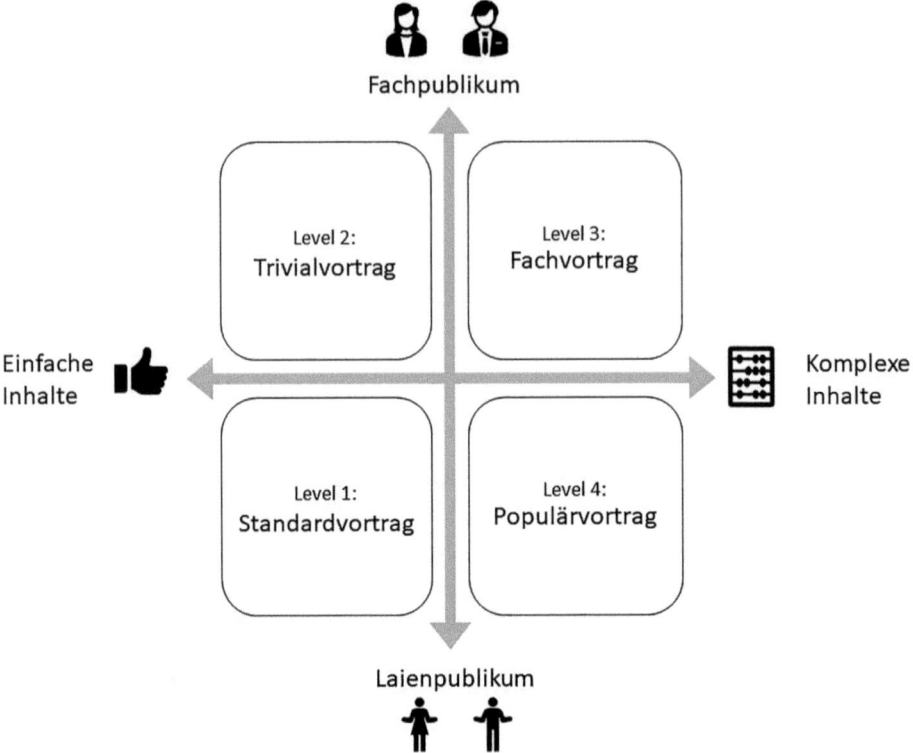

Abb. 3.1 Die vier Arten des Vortrags

Die vier verschiedenen Arten des Vortrags reflektieren einerseits die Komplexität der Inhalte, andererseits das Vorwissen und Kompetenzen des Publikums. Nachfolgend werden die vier Arten des Vortrages näher charakterisiert:

Level 1: Der Standardvortrag. Bei dieser Art von Vortrag tragen Sie einfache Inhalte vor einem Laienpublikum vor. Dabei handelt es sich meistens um sehr eingängige und wenig komplexe Themen. Die Struktur ist eher einfach gehalten und ist angemessen für das Themengebiet. Um einen Standardvortrag handelt es sich immer dann, wenn Inhalte wenig aufbereitet werden müssen, um verständlich präsentiert werden zu können. Denken Sie z. B. an einen Bericht mit wenigen Elementen, an eine Erzählung eines Freundes über das neueste Geschehen in der Familie oder an ein Meeting, in welchem die Zahlen des letzten Quartals besprochen werden.

Die Herausforderung des Standardvortrags liegt darin, dass die Inhalte schnell „ins Leere gehen". Wenn Ihrem Vortrag der Sinn, die Motivation oder auch das Ziel fehlt, fühlt sich das Publikum meist wenig angesprochen. Nutzen Sie daher direkte Publikumsansprachen, Bilder oder auch Metaphern, um den Vortrag nachhaltig bei Ihrem Publikum zu verankern. Es kann sich lohnen, ein schwierigeres Lernziel aus der Lernzieltaxonomie auszuwählen, um den Vortrag anspruchsvoller zu gestalten, siehe Abschn. 1.1.

> **Quartalszahlen spannend erzählen**
>
> Im Falle einer Präsentation von Zahlen aus dem letzten Quartal: Machen Sie's doch wie beim Wetterbericht! Erzählen Sie eine Geschichte zu besonders guten oder schlechten Ereignissen und erklären, durch welche „Strömung" diese zustande gekommen sind. Dabei eignen sich auch aufbereitete Grafiken in Form von Balken-, Kreis-, oder Flächendiagrammen. So geben Sie den Daten einen Kontext. Außerdem können Sie Farben einsetzen, um den Inhalten mehr Dimension zu geben. ◄

Level 2: Der Trivialvortrag. Wenn simple Inhalte vor Fachpublikum vorgetragen werden, handelt es sich um einen Trivialvortrag. Dabei ist das Fachpublikum in genau diesem Gebiet erfahren, das auch präsentiert wird. Das Publikum wird kaum Schwierigkeiten haben, die Inhalte kognitiv aufzunehmen, die Gefahr liegt eher darin, dass der Vortrag unvorbereitet schnell für das Publikum langweilig wird. Berühmte Beispiele für diese Art von Vortrag sind Erzählungen von Kindern an die Eltern, wenn ein Laie einer Expertengruppe sein Problem vorstellt oder wenn eine promovierte Virologin einen Fernsehbericht über Viruserkrankungen ansieht.

> **Beispiel**
>
> Emotion, Emotion und nochmal Emotion: Sprechen Sie die Gefühle Ihres Fachpublikums an! Wenn das Publikum mindestens genauso versiert in dem Fachgebiet ist, wie Sie, können Sie über die Gefühle einen Mehrwert schaffen. Verdeutlichen Sie Ihre Sachverhalte mit Analogien und stellen Sie sie so in einen größeren Kontext. Auch Geschichten lohnen sich: Erzählen Sie, warum Sie sich mit dem Thema auseinandersetzen oder welche neueren Entwicklungen es gab. Nutzen Sie Adjektive, um Stellen besonders hervorzuheben. Zum Beispiel: „Plötzlich ist mir aufgefallen, dass …" statt „Dann habe ich XY berücksichtigt." Hier gilt es auch, Sätze aktiv zu konstruieren, anstatt passiv: „Herr Müller lobte den Vorschlag" anstatt: „Der Vorschlag wurde gelobt." Dadurch unterhalten Sie Ihr Publikum und durch geschickt eingesetzte Metaphern und Analogien schaffen Sie es, auch einem erfahrenen Publikum eine neue Perspektive zu zeigen. ◄

Level 3: Der Fachvortrag. Anspruchsvolle Inhalte und ein Expertenpublikum, da könnte man denken: „It's a match!" Aber auch hier ist Vorsicht geboten: Schnell kann es sachlich-langweilig werden. Dadurch, dass ihr Fachpublikum zwar das Gebiet gut kennt und die Inhalte für das Publikum anspruchsvoll genug sein können, um Aufmerksamkeit zu erregen, werden viele andere Aspekte des Vortrags vernachlässigt wie Emotion, Auftreten oder Einbezug des Publikums. Beispiele für den Fachvortrag sind klassischerweise Tagungen, in denen Fachleute anderen Fachleuten zuhören.

> **Beispiel**
>
> Beim Fachvortrag gilt: Strukturieren Sie Ihre Inhalte sorgfältig und setzen Sie Schwerpunkte. Überlegen Sie sich im Vorhinein genau (Stichwort „Ziele definieren") welche Inhalte Priorität haben. Schwierig wird der Vortrag, wenn Sie nur Inhalte erzählen, die Ihr Publikum bereits kennt, denn dann kommt Langeweile auf. Versuchen Sie deshalb, auch bei Altbekanntem etwas Neues einzubringen. Zum Beispiel über eine neue Perspektive, ein anderes Beispiel oder über Verweise auf die neuesten Entwicklungen. Oft braucht es nicht großer Veränderungen, um einen Mehrwert auch für ein versiertes Publikum zu schaffen. ◄

Level 4: Der Populärvortrag. Ein Vortrag, welcher komplexe Inhalte spannend und anschaulich vermitteln soll, ist eine besondere Herausforderung. Das Publikum hat wenig oder gar keine Vorkenntnisse und die Inhalte bringen Schwierigkeiten mich sich, weil sie nicht „einfach so" erklärt werden können, sondern sorgfältig vorbereitet und angemessen vereinfacht werden müssen. Diese Art von Vortrag findet sich z. B. in der Wissenschaftskommunikation, welche sich an die „Normalbevölkerung" richtet, bei Expertinnen und Experten aus technischen Berufsfelder, aber auch bei allen, die umfangreiche oder komplexere Themen vermitteln wollen.

> **Beispiel**
>
> Komplexe Inhalte spannend präsentieren: Hier braucht es Vorarbeit. Ähnlich wie bei den anderen Vorträgen sollen Emotionen eingesetzt und das Publikum aktiviert werden. Die komplexen Inhalte müssen auf das Wesentliche vereinfacht und pointiert werden. Wie Sie das schaffen, ist Inhalt dieses Kapitels. ◄

▶ Grundsätzlich wird zwischen Komplexität und Kompliziertheit unterschieden. Laut Duden ist Komplexität eine „Vielschichtigkeit; das Ineinander vieler Merkmale" (Dudenredaktion, o. J.). Mehrere Komponenten stehen in Beziehung, und diese Beziehung zu erklären und zu verdeutlichen, ist nicht einfach. Denken Sie an das Ökosystem „Meer": Winde, tektonische Verschiebungen und Meeresströme stehen miteinander in Beziehung. Wenn man nun erklären möchte, wie Wellen entstehen, müssen all diese Komponenten in Beziehung zueinander erkannt und erklärt werden. Und was bedeutet in Abgrenzung dazu Kompliziertheit? Auch hier ist ein System mit mehreren Elementen gemeint. Jedoch ist Interaktivität zwischen den einzelnen Elementen deutlich geringer, das heißt die einzelnen Elemente beeinflussen kaum einander. Beispiel hierfür ist eine Abwasserpumpe. Sie besteht aus mehreren Teilen, die miteinander arbeiten. Es ist aber, im Gegensatz zu den Meereswellen, nicht so, dass die Teile miteinander in einem überglobalen System zusammenspielen und weitreichende Phänomene verursachen.

Zugegeben, Komplexität und Kompliziertheit sind sich ähnlich und die Grenzen sind fließend. Es ist aber wichtig, diese Unterscheidung vorzunehmen, denn auch in beruflichen Präsentationen muss klar sein, ob Sie über komplexe oder komplizierte Sachverhalte sprechen. Im Folgenden soll näher erläutert werden, wie Sie insbesondere komplexe Sachverhalte erklären können.

3.2 Komplexe Sachverhalte verständlich machen

Wie schafft man es nun, komplexe und technische Sachverhalte einfach zu präsentieren? Die kurze Antwort lautet: Das Wesentliche des Sachverhaltes herausstellen, Unwichtiges von Wichtigem trennen, Angemessenheit und sprachliche Einfachheit. Aber erstmal der Reihe nach:

3.2.1 Die A-B-C Analyse: Wichtiges von Unwichtigem trennen

Das Wesentliche des Sachverhaltes herausstellen. Sehen Sie sich Ihr Thema an. Sie als Expertin oder Experte haben großes Detailwissen, dass Sie gerne mit anderen teilen möchten. Das ist an sich etwas sehr Gutes! Nutzen Sie Ihre Kompetenz und versetzen Sie sich in die Position Ihres Gegenübers: Was ist die wichtigste Information? Was ist sekundär und kann vernachlässigt werden? Stellen Sie sich vor, Sie bringen Ihr Auto in die Autowerkstatt. Welche Information ist wichtiger: A: Die Hauptuntersuchung muss in den nächsten zwei Monaten durchgeführt werden. B: Das Auto ist ein finanzieller Totalschaden. Die Antwort springt Ihnen sicherlich gleich ins Gesicht. Ähnlich gehen Sie auch bei publikumsorientierter Kommunikation vor: **Was ist aus der Perspektive Ihres Publikums wichtig?**

Wie setzen Sie das Prinzip des Wesentlichen in Ihrer Präsentation um? Als Teil Ihrer Vorüberlegungen zum Ziel (vgl. Abschn. 1.1) haben Sie sich schon eine Kernfrage gestellt: Was will ich erreichen? Abhängig davon priorisieren Sie Ihre Inhalte: Was muss mein Publikum wissen, damit es seine Einstellung ändert? Was muss es wissen, damit ich meine Verkaufschance erhöhe? Was muss es wissen, um mich als Sprecherin oder Sprecher sympathisch zu finden? Diese Dinge erhalten Priorität Nummer 1. Alles andere wird in Priorität 2, 3 usw. unterteilt. Das bietet Ihnen auch die Möglichkeit, Ihre Präsentation anhand der Prioritätenliste zu sortieren. Dabei kommen die Wichtigsten Dinge an den Anfang und das Ende der Präsentation. Hintergrund für diese Anordnung ist, dass die erst- sowie letztgenannten Dinge einen besonderen Eindruck im Gedächtnis hinterlassen, sie werden also mit höherer Wahrscheinlichkeit gemerkt. Und darum geht es in der Rhetorik: Die Wahrscheinlichkeit zu erhöhen, dass Sie mit Ihrem Thema erfolgreich sein werden.

Die A-B-C Analyse ist ein gutes Werkzeug, um die Inhalte Ihrer Präsentation zu strukturieren. Die A-B-C Analyse nutzt Ihnen in drei wesentlichen Aspekten: 1. Zur Priorisierung Ihrer Inhalte, 2. Für das Zeitmanagement während Ihrer Präsentation sowie 3. Als Notizvorlage. Doch erst der Reihe nach, wie gehen Sie bei einer A-B-C Analyse vor?

▶ **Die A-B-C Analyse** Für die A-B-C Analyse und die Priorisierung Ihrer Inhalte stellen Sie sich folgende Fragen:

A: Was **muss** in meine Präsentation?
B: Was **soll** in meine Präsentation?
C: Was **kann** in meine Präsentation?

Als Beispiel überlegen Sie sich für die Vorbereitung des Bergsteigens: Wie wichtig sind die Karabinerhaken? Müssen Sie eingepackt werden, sollen sie eingepackt werden oder können sie eingepackt werden? Wie sieht es mit einem extra Paar Socken aus? Wie mit Sonnenschutzmittel? Notrufnummern? In Bezug auf jede wichtige Reise oder jedes größere Vorhaben können Sie sich diese Fragen stellen, denn sie stellen schnell klar, welche Dinge elementar sind und welche die Reise lediglich bequemer machen. Für Ihre Präsentation bedeutet das: Was ist elementar? Was nebensächlich? Wenn Sie Ihre Präsentationsinhalte geordnet und vorsortiert haben, dann folgt schon der zweite Schritt der A-B-C Analyse: Die Zeiteinteilung während Ihrer Präsentation. Die A-B-C Analyse ist nämlich ein wichtiges Instrument für Ihr Zeitmanagement, falls Sie bemerken, dass Sie zu viel oder zu wenig Zeit haben. Wenn Sie einerseits sehen, dass die Zeit weit fortgeschritten ist, dann beschränken Sie sich ausschließlich auf Inhalte in Ihrer A-Kategorie. Falls Sie mehr Zeit zur Verfügung haben, dann unterfüttern Sie Ihre Punkte mit C-Inhalten. Und zuletzt können Sie die A-B-C Analyse auch als Spickzettel nutzen.

A-Inhalte Was muss in die Präsentation?	**B-Inhalte** Was soll in die Präsentation?	**C-Inhalte** Was kann in die Präsentation?
Einleitung		
Begrüßung	Organisatorisches	
Selbstvorstellung	Agenda, Gliederung	
Thema bzw. Ziel der Präsentation	Eisbrecher	
Hauptteil		
Argument 1: das stärkste Argument	Argument 3–9	Metaphern
Argument 2: das zweitstärkste Argument		Beispiele
		Übungen
		Ausführliche Erklärungen
		Entkräftete Gegenargumente
Schluss		
Schlusssatz: Apell oder ein Fazit	Kurzzusammenfassung, Ausblick	Diskussionsfragen
Grundstruktur eines Spickzettels für eine Präsentation		

Machen Sie sich bei der Auswahl der Argumente auch bewusst, dass Sie die Expertin oder Experte in dem Thema sind und sich vermutlich einige Zeit mit der Vorbereitung der Präsentation beschäftigt haben. Diese Zeit der Auseinandersetzung hat Ihr Publikum nicht. Deshalb stellen Sie sich nicht die Frage: „Was kann ich alles in meinem Vortrag erzählen?", sondern: „Was davon könnte ich mir merken, was ist wirklich wichtig, wenn ich es zum ersten Mal hören würde?" In der Regel fallen dann viele Argrumente raus. Auch so können Sie mit der ABC-Regel die Argumente priorisieren.

3.2.2 Das Prinzip der Angemessenheit: Das Kernkriterium für technische und komplexe Inhalte in Präsentationen

Dieses Prinzip ist auch aus der klassischen Rhetorik entlehnt: Wie kann der Sachverhalt angemessen vermittelt werden? Das bedeutet einerseits, keine wichtigen Informationen und Erklärungen dem Publikum vorzuenthalten, es bedeutet aber auch, das Thema selbst nicht zu verfälschen oder offensichtlich gegen eigene Überzeugungen zu sprechen. Und wie berücksichtigen Sie das Prinzip der Angemessenheit in Ihre Präsentation? Im Folgenden werden verschiedene Leitaspekte vorgestellt.

Das Prinzip der Angemessenheit orientiert sich an fünf Kriterien: Die Angemessenheit hinsichtlich des Publikums, des Sprecher oder der Sprecherin, des Themas, der Zeit sowie des Ortes. Diese sind im Kreis der Angemessenheit Abb. 3.2 abgebildet.

3.2.2.1 Angemessenheit hinsichtlich des Themas

Es stellt sich zunächst die Frage, zu welchem Thema überhaupt gesprochen wird. Das Thema hat massive Auswirkungen auf die Angemessenheit; denn es ist völlig klar, dass bei einem Fachvortrag ein anderer Vortragsstil wie bei einer Festrede zu wählen ist. Auch

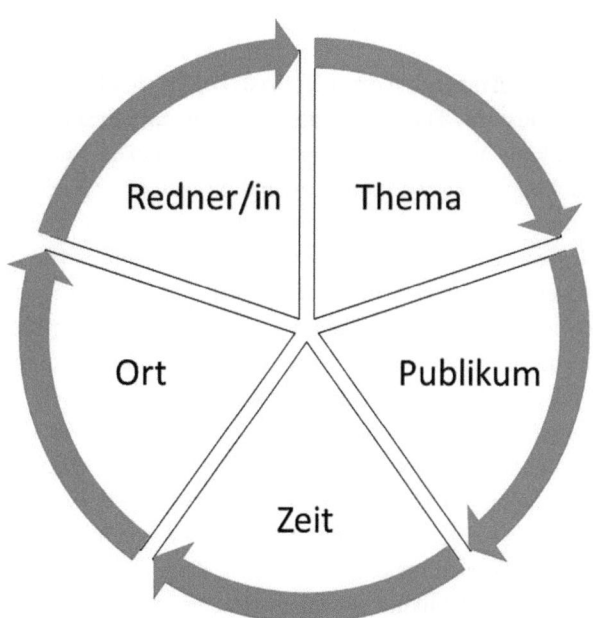

Abb. 3.2 Kreis der Angemessenheit

macht es einen Unterschied, ob auf einer Hochzeit oder einer Trauerfeier gesprochen wird. Was ist also dem Thema angemessen? Dies gilt auch für Formulierungen. Mit manchen Metaphern werden Sachverhalte derart stark verkürzt, dass sie falsch vermittelt und inhaltlich nicht mehr korrekt sind. Zum Beispiel ist die Bienchen-und-Blümchen-Analogie ein hinkender Vergleich zur Entstehung eines Kindes. Aus einer Peinlichkeit heraus wird Kindern die biologischen Grundsätze nicht korrekt erklärt. Im beruflichen Umfeld können solche Analogien auch Schaden anrichten: Zum Beispiel, wenn bei Brandschutzvorkehrungen der Feuerlöscher als schnelle Lösung dargestellt wird – ohne auf giftige Rauchentwicklung und andere Gefahren einzugehen, die nicht durch den Feuerlöscher gelöst werden.

> **Das Thema angemessen darstellen**
> Stellen Sie sich für die Angemessenheit hinsichtlich des Themas folgende Fragen:
>
> - Ist der Sachverhalt korrekt dargestellt?
> - Was ist relevant?
> - Was ist das Ziel?
> - **Nicht:** Was kann ich alles bringen, **sondern:** was davon könnte ich mir merken, wenn ich es das erste Mal hören würde?
>
> Um was geht es im Kern in meinem Thema? Was ist die einfachste Darstellung des Problems, Sachverhalts, Themas? Was sind Zusätze? Wie würde ich einem 5-jährigen Kind mein Thema erklären?

3.2.2.2 Angemessenheit hinsichtlich des Publikums

Wie muss das Thema angepasst werden, dass Ihr Publikum auch wirklich abgeholt wird? Wie können Sie den Sachverhalt ausschmücken, vereinfachen, aufwerten, sodass Sie Ihr Publikum während Ihrer Präsentation fesseln? Zu der Anschaulichkeit bietet Ihnen auch Abschn. 6.3 wichtige Hinweise, wie Sie komplexe Themen ansprechend gestalten. Im Grunde geht es bei der Angemessenheit hinsichtlich des Publikums immer darum, die anwesenden Personen mit Ihrem Vorwissen, Motivationen, Einstellungen, Gefühlen, und Persönlichkeiten anzuerkennen und mit Ihnen umzugehen. Dazu müssen Sie sich ausreichend Informationen im Vorfeld über ihr Publikum einholen. Mit wem haben Sie es also zu tun? Denn auch hier gilt: Sie werden sich bei einem homogenen Publikum anders verhalten, als vor einer heterogenen Zuhörerschaft. Vor Personen, die Ihnen wohlgesonnen sind anders, als vor Kritikern und Gegnern. Vor einem motivierten Publikum anders, als vor einem von ihrer Vorgesetzten hinbeordertem Auditorium. Vor Laien anders als vor Fachpublikum, vor Jungen anders als vor Alten, vor vielen anders als vor wenigen. Die Liste ließe sich beliebig verlängern, doch der Grundsatz bleibt: Was ist bei dem zu erwartendem Publikum angemessen?

> **Übersicht**
> Das Publikum ist eines der Kernpunkte Ihrer Präsentation. Überlegen Sie also im Vorfeld:
>
> - Welches Vorwissen bringt mein Publikum mit
> - Mit welcher Motivation schauen Sie sich Ihre Präsentation an? Welche Erwartungen stellen sie an Sie?
> - Welche Gefühle und Einstellungen bezüglich Ihres Themas können Sie vom Publikum erwarten?

3.2.2.3 Angemessenheit hinsichtlich Ihrer Person

Kann jeder über alles sprechen? Grundsätzlich ja. Aber kann es jeder überzeugend darstellen? Nein. Die Präsentation muss deshalb auch zu Ihnen passen! Das heißt, wenn bekannt ist, dass Sie eine starke Arbeitsrechtlerin sind, aber plötzlich vorne stehen und von Ihren Kollegen mehr Überstunden fordern, dann schadet das Ihrer Glaubwürdigkeit. Die Angemessenheit hinsichtlich Ihrer Person meint Ihre Integrität. Das merkt auch Ihr Publikum. Aber die Angemessenheit meint auch Ihre persönliche Beziehung zum Thema: Wie stehen Sie dazu? Vertreten Sie gerade ehrlich das, was Sie sagen? Instinktiv machen wir das alle richtig und sprechen zumeist nur über die Dinge, die wir auch wirklich vertreten und zu denen wir etwas zu sagen haben. Durch äußere Zwänge kann es aber sein, dass man gegen die eigenen Überzeugungen spricht oder zu Themen sprechen muss, für die wir keine Kompetenz besitzen. In solchen Fällen gilt es abzuwägen, ob Sie aufgrund Ihrer Rolle die Inhalte zu vertreten haben und auch vertreten können. Beispielsweise wenn Sie als Führungskraft Beschlüsse der Geschäftsführung vertreten, die Sie persönlich vielleicht anders geregelt hätten. Wenn Sie sich nun als glühender Verfechter dieser Beschlüsse geben, obwohl alle wissen, dass Sie nicht vollumfänglich dahinterstehen, wird dies Ihre Glaubwürdigkeit massiv beschädigen. Distanzieren Sie sich zu stark, dann werden Sie Ihr Team nicht motivieren die Beschlüsse umzusetzen und schaden damit Ihrer Kompetenz als Führungskraft. Letztlich werden Sie als Führungskraft aber genau daran gemessen. Es ist also wiederum ein schmaler Grat. Was können Sie tun? Stellen Sie die Perspektive richtig, z. B. indem Sie sagen: „Ich weiß, dass die Kosteneinsparung viel von unserer Abteilung abverlangt, aber durch die aktuelle wirtschaftliche Lage müssen wir diesen Schritt gehen." Und: Auch wenn Sie nicht das Ziel persönlich gut finden, so können Sie das Ziel hinter dem Ziel durchaus mittragen. (In diesem Beispiel: Zukunftssicherheit, Wirtschaftlichkeit, Sicherung der Arbeitsplätze etc.) Dadurch, dass Sie Unstimmigkeiten ansprechen und einen Rahmen geben, werden Sie insgesamt glaubwürdiger erscheinen. Und Sie können Unstimmigkeiten auch als rhetorisches Mittel für den Einstieg in Ihr Thema einsetzen. Zum Beispiel, wenn eine Präsentation über Nachhaltigkeit und Umweltschutz gehalten werden soll, dann nehmen Sie Ihre Fantasie zur Hand und lassen Sie eine Gegnerin von Umweltmaßnahmen zu Wort kommen und gehen darauf dann ein: „Diese ganze Ökomaßnahmen bringen nichts als Ärger! – Meine Damen und Herren – Denken Sie das manchmal auch? In meinem heutigen Vortrag geht es um die Wirtschaftlichkeit von Klimaschutzmaßnahmen im Energiesektor."

> **Sind Sie als Sprecherin oder Sprecher glaubwürdig?**
> Fragen Sie sich immer: Vertrete ich das auch wirklich, was ich gerade erzähle? Wie würde ich privat darüber denken? Passt es zu mir? Bin ich die „richtige" Person, die über die Sache spricht? Und Warum? Wie kann ich das geschickt anführen? Was macht mich zu einer glaubwürdigen Sprecherin oder einem glaubwürdigen Sprecher? Welchen persönlichen Bezug habe ich zu dem Thema etc.
> Diese Überlegung gibt Ihnen wichtige Anhaltspunkte bezüglich der Angemessenheit Ihrer Person. Denn wenn das Thema auch zu Ihren eigenen Überzeugungen passt, dann ist Ihr Auftreten, die Sprache und Ihre Überzeugungskraft gleich viel größer! Und das merkt Ihr Publikum.

▶ Was tun, wenn Sie einmal nicht hinter dem Inhalt stehen und sie trotzdem – auf Grund Ihrer Rolle oder dem übergeordneten Ziel verteidigen müssen? Es kommt durchaus vor, dass unpopuläre Entscheidungen der Geschäftsführung der eigenen Abteilung gegenüber vertreten werden müssen, die man selbst jedoch für falsch hält. Kommt Ihnen bekannt vor? Grundsätzlich gilt es hier die eigene Rolle zu hinterfragen. Vielleicht stehen Sie nicht hinter der Entscheidung aber hinter dem Ziel, das Unternehmen für die Zukunft gut aufzustellen. Vielleicht stehen Sie also nicht hinter der Entscheidung selbst, aber hinter dem dahinterliegenden Ziel. Auch muss man nicht hinter jeder Sache stehen, aber die Rolle verlangt es. So ähnlich geht es manchem Verkehrspolizisten, der einer Falschparkerin ein Bußgeld auferlegt, auch wenn er vielleicht Verständnis für das Vergehen hat. Seine Rolle als Verkehrspolizist verlangt es jedoch, dass der Verkehr geregelt wird und entsprechende Vergehen geahndet werden. Analog verhält es sich oft mit Vorgaben, hinter denen Sie nicht stehen und dennoch gilt es einen guten Job zu machen bzw. eine gute Präsentation zu halten. **Schauen Sie sich also Ihr übergeordnetes Ziel und Ihre Rolle an.**

3.2.2.4 Angemessenheit hinsichtlich des Ortes

Auch der Ort ist relevant für die Angemessenheit. Dies beginnt schon mit der vorhandenen Technik. Sind Monitor, Beamer, Leinwand, Flipchart, Whiteboard etc. vorhanden? Die gleiche Präsentation auf der Bühne, hinter einem Rednerpult stehend, über Mikrofon vorgetragen wirkt völlig anders, wenn sie ohne Technik und ohne Pult und Bühne präsentiert wird. Wie ist die Akustik des Raumes? Handelt es sich um einen großen oder kleinen Raum? Sprechen Sie drinnen oder draußen? Gibt es optische Ablenkungen? Aber auch scheinbare Banalitäten können große Auswirkungen haben, beispielsweise ob ausreichend Sitzgelegenheiten vorhanden sind. Zu wenige und zu unbequeme Stühle beinträchtigen die Motivation zuzuhören. Wenn dann noch die Luftqualität im Raum schlecht ist, es im Sommer zu heiß oder im Winter zu kalt ist, dann hat man immer mehr Widerstände zu überwinden.

Wie ist die Atmosphäre des Raumes? Die Atmosphäre in einem Fußballstadion ist anders als in einer Kirche etc. Eine Rede über Liebe bekommt einen völlig anderen Kontext, wenn Sie im Festsaal auf einer Hochzeit oder am Grab auf einer Beerdigung gehalten wird. Manche Witze werden dann unpassend, ganze Metaphern über die Liebe haben andere Bedeutungen. Dies wusste schon der römische Redner Marcus Tullius Cicero. Er verlagerte gezielt den Ort einer Rede in einen Tempel, um dann dem Publikum im Anblick der Götter ins Gewissen zu reden. Vielleicht können auch Sie Gegebenheiten des Ortes in Ihren Vortrag integrieren? Dies kann auch scheinbar Alltägliches sein. Vielleicht ist eine Wand in dem Raum rot, in dem Sie präsentieren werden. Vielleicht stehen Sie auf einem Podest oder aber umgekehrt, das Publikum sitzt nach oben gestaffelt. Das alles können Sie in Ihrer Präsentation ansprechen und einbinden. Die rote Wand wird dann zum „roten Tuch", an der Sie die „No-Go's" der technischen Fertigungsverfahren erklären. Wenn Sie auf einem Podest stehen, dann können Sie auch das zum Thema machen. Zum Beispiel kann angesprochen werden, dass Sie dadurch besser sichtbar sind, und um die bessere Sichtbarkeit geht es auch in Ihrer Präsentation über „Kundenbeziehungen erfolgreich führen" usw.

Aus diesen Gründen müssen Sie sich genau überlegen, wie der Ort Ihre Präsentation beeinflussen wird.

> **Übersicht**
> Wo halten Sie Ihre Präsentation? In den gewohnten Geschäftsräumen Ihres Unternehmens oder an einem völlig neuen Ort? Wie sieht dieser aus? Was ist der Anlass der Präsentation? Gibt es Merkmale, die auffällig sind?
> Aus diesen Vorüberlegungen folgen zwei Dinge:
>
> 1. Den Ort sinnvoll in Ihre Präsentation miteinzubeziehen und
> 2. ihre Präsentation an den Ort – und vice versa – anzupassen. Nicht alle Inhalte wirken gleichermaßen an allen Orten.

3.2.2.5 Angemessenheit hinsichtlich der Zeit

„Tritt fest auf, mach's Maul auf und hör bald auf!" Schon Martin Luther hat mit diesem Spruch die Zeit seiner Hörerinnen und Hörer zu schätzen gewusst. Halten auch Sie es mit der Redezeit lieber etwas zu kurz als zu lang. „Zeit" kann dabei dreierlei bedeuten: 1. die Länge der Präsentation und wie viele Minuten einzelne Inhalte in Ihrer Präsentation bekommen. Ein zweiminütiger Beitrag wird völlig anders aussehen als ein zweistündiger. 2. Der Zeitpunkt. Wann halten Sie Ihre Präsentation? Montag früh um acht Uhr? Oder Freitagnachmittag kurz vor Feierabend? Als Faustformel gilt: Morgens sind die Menschen tendenziell konzentrierter, das bedeutet Sie können mehr Inhalte und Fakten vermitteln. Auch anspruchsvolle Themen werden besser verstanden. Nach der Mittagspause fallen die meisten Menschen in ein „Loch", manche sprechen vom „Suppenkoma" oder der „Futterstarre". Dann gilt es mit mehr Lebendigkeit und Interaktion zu präsentieren und das Publikum deutlich mehr zu aktivieren. Abends sind die meisten Menschen entspannter. Hier funktionieren

Witze und Lockerheit sehr gut. 3. Wenn es mehrere Beiträge gibt, stellt sich die Frage, an welcher Stelle Sie dran sind. Auch hier werden die ersten und letzten Beiträge beim Publikum nachhaltiger sein. Bei offiziellen Anlässen sind zudem bei der Begrüßung die Ehrengäste zu nennen – aber in der Regel nur bei der ersten Präsentation. Wenn alle nachfolgenden Referenten nochmals alle Ehrengäste begrüßen, hört keiner mehr zu.

Die drei Aspekte der Zeit haben Auswirkungen darauf, wie Sie Ihre Rede planen und ausgestalten. Dazu zählt, dass Sie den wichtigen Inhalten in Ihrer Präsentation ausreichend Zeit geben und weniger wichtige Dinge kürzer halten. Wenn Ihre Präsentation zu einer Zeit stattfindet, in der das Publikum für gewöhnlich müde oder ungeduldig ist, dann haben Sie es mit erschwerten Bedingungen zu tun. Wählen Sie also, wenn Sie die Möglichkeit haben, für Ihre Präsentation einen Zeitpunkt aus, bei der Ihr Publikum für gewöhnlich fit und aufnahmefähig ist. Wenn das nicht möglich ist, schauen Sie in Kap. 6. Dort wird erklärt, wie Sie Ihre Zuhörer fesseln und binden, auch unter erschwerten Bedingungen. Es bietet sich an, das Publikum zu aktivieren und die Präsentation lebendig und interaktiv zu gestalten, sodass jede Müdigkeit keine Chance mehr hat. Zu Aktivierungsstrategien finden Sie in Abschn. 6.4 mehr.

> **Die Zeit berücksichtigen**
>
> Gehen Sie sorgsam mit der Zeit Ihres Publikums um. Halten Sie Ihre Präsentation so lang wie nötig und so kurz wie möglich. Kurze Präsentationen sind meist deutlich ansprechender und werden positiver aufgenommen.
>
> Stellen Sie sich folgende Fragen, wenn Sie die Zeit angemessen berücksichtigen möchten:
>
> 1. Wie viel Zeit bekommen einzelne Inhalte in meiner Präsentation? Wie viel Zeit habe ich insgesamt zur Verfügung?
> 2. Zu welcher Zeit halte ich meine Präsentation? An welcher Position bin ich dran? Gibt es dadurch Hindernisse? Wie kann ich diese beseitigen? Gibt es besondere zeitliche Faktoren, z. B. Countdown zu Silvester o. Ä.?
> 3. Nutzen Sie die A-B-C Analyse, um Ihre Inhalte zu sortieren und die relevantesten Dinge auf jeden Fall zu nennen und die unwichtigeren Dinge bei fortschreitender und knapper Zeit auszulassen.

3.3 Das BABWIT-Modell: Technische und komplexe Themen für die Präsentation aufbereiten

Nachdem Sie nun erfahren haben, wie Sie Inhalte priorisieren und angemessen auf Ihr Publikum, den Ort und die Situation abstimmen, stellt sich die Frage: Wie gelingt es konkret, komplexe Inhalte verständlich und eingängig zu präsentieren? Viele Wege führen nach Rom. So gibt es mehrere Wege, um technische und komplexe, fachspezifische Sachverhalte verständlich werden zu lassen.

3.3 Das BABWIT-Modell: Technische und komplexe Themen für die Präsentation...

Hierfür hat sich in der Praxis ein besonders hilfreiches Modell bewährt, das Sie wie eine Checkliste durch Ihre Präsentation führt. Es berücksichtigt die wichtigsten Anforderungen an eine verständliche Vermittlung technischer Sachverhalte – von der Wortwahl bis hin zur Überprüfung des Lernerfolgs. Aus unserer langjährigen Erfahrung haben sich sechs Merkmale herauskristallisiert, die wir in dem Akronym BABWIT (nach Baber & Wittek) zusammengefasst haben. Das BABWIT-Modell vereint sechs zentrale Prinzipien und bietet Ihnen ein praktisches Gerüst, das Sie während Ihrer gesamten Vorbereitungsphase begleitet – wie ein sicheres Klettergeschirr auf dem Weg zum Gipfel.

Die Kriterien des BABWIT-Modells lauten:

B	**B**asis-Begriffe	Die Basis ist eine einfache und verständliche Sprache, die Verwendung geläufiger Begriffe
A	**A**nordnung	Klare Struktur und systematische, logische Reihenfolge der Informationen
B	**B**edeutung	Relevante und wesentliche Informationen hervorheben. Sinn und Nutzen betonen
W	**W**esentlichkeit	Prägnante Formulierungen, ohne unnötige Details, keine Abschweifungen, kurze Sätze und Texte, auf den Punkt kommen
I	**I**llustration	Veranschaulichung durch Beispiele, Bilder, Filme, Graphiken, Metaphern, Modelle, Medien, Anschauungsmaterialien
T	**T**est	Tests zur Überprüfung, ob das Publikum verstanden hat. Fragen stellen, Transparenz und Klarheit herstellen, Transfer in die Praxis

Was verstehen wir unter den einzelnen Bestandteilen des BABWIT-Modells?

3.3.1 Basis-Begriffe

Die Worte, die Sie wählen, bilden die Grundlage der Kommunikation. Dabei gilt es den Sprachgebrauch der Zielgruppe anzupassen. Das bedeutet, wenn es ein Publikum ist, dem die Fachbegriffe geläufig sind, können diese gerne eingesetzt werden. Doch in der Mehrzahl der Fälle ist dies nicht gegeben: entweder handelt sich um ein heterogenes Publikum und nicht allen sind die Begriffe bekannt oder es handelt sich um ein fachfremdes Publikum, dem die Begriffe gänzlich unbekannt sind. Deshalb war schon der Rat der antiken Rhetorik, sich auf den allgemein gängigen Sprachgebrauch zu konzentrieren. Aus diesem Grund sollten Sie auf spezifische Fachbegriffe verzichten. Gleiches gilt für Abkürzungen und Fremdwörter. Mehr hierzu finden Sie in Kap. 4. Abkürzungen sind entweder auszuformulieren oder zumindest beim ersten Mal zu erläutern.

Auch meinen viele Referentinnen und Referenten eine Vielzahl von Anglizismen würde ihren Vortrag *cooler* klingen lassen. Vielleicht ist das so; aber zugleich geht es auf Kosten der Verständlichkeit. Hierzu gibt es schöne Beispiele. Ein Artikel der Süddeutschen Zeitung beschäftigt sich mit englischen Werbebotschaften:[1] Douglas warb mit „Come in and find out" was zu „Komm rein und finde raus" wurde. Lufthansa: „There's no better way to

---
[1] Süddeutsche Zeitung, Artikel vom 2. November 2009, https://www.sueddeutsche.de/leben/englische-werbeslogans-komm-rein-und-finde-raus-1.141830. Abrufdatum 29.01.2025.

fly" wurde zu: „Schneller kann man nicht entlassen werden" und „Ford – feel the difference" wurde zu „Ford – Fühle den Streit". Völlig unsinnig wird es, wenn englische Wörter im Deutschen verwendet werden, die im Englischen eine ganz andere Bedeutung haben. Bekanntes Beispiel ist *Public Viewing*, was im Englischen: Aufbahrung (eines Toten bei einer Beerdigung), öffentliche Besichtigung (z. B. einer Immobilie) oder Zurschaustellung (bei einem Tag der offenen Tür) bedeutet. Der korrekte Begriff, den viele im Deutschen mit *public viewing* meinen, wäre im Englischen: *public sreening*.

Machen Sie es besser: Verwenden Sie eine klare Sprache, die alle verstehen.

▶ Überlegen Sie genau, was der geläufige Sprachgebrauch Ihrer Zielgruppe ist. Setzen Sie Fachbegriffe, Fremdwörter, Abkürzungen und Anglizismen nur dann ein, wenn Sie damit ein konkretes rhetorisches Ziel erreichen.

3.3.2 Anordnung

Zunächst einmal gilt es, den Inhalt der Präsentation zu gliedern. Grundsätzlich können Sie Ihren Inhalt nicht überstrukturieren, je mehr also, desto besser. Geben Sie Ihrem Publikum Orientierung und machen klar, was Einleitung, Hauptteil und Schluss ist. Teilen Sie in der Einleitung die Agenda mit, visualisieren Sie diese ggf. auf einem gesonderten Chart, auf Folien oder in Unterlagen. (Verzichten sie allerdings bei der Agenda auf die Angabe genauer Zeiten, dies schränkt Sie bei der Präsentation zu sehr ein). So schaffen Sie zusätzliche Orientierung. Bauen Sie den Hauptteil mit einem Fünf- oder Dreisatz auf. Möglichkeiten zur Gliederung finden Sie in Abschn. 2.1.2. Dies verhindert, dass es gedankliche Sprünge gibt, die das Publikum nicht mitmacht. Gleichzeitig erhöht ein logischer Aufbau die Überzeugungskraft. Innerhalb dieser Gliederung wiederum können Sie durch Aufzählungen zusätzlich Struktur vermitteln. Zum Beispiel: „Ich habe drei Argumente. Erstens …"

Doch nicht nur ein logischer Aufbau des Vortrages verleiht Struktur. Gehen Sie auch systematisch bei der Präsentation der Folien vor. Gehen Sie folgenden Dreischritt:

1. Ankündigung
2. Orientierung
3. Erläuterung

Hier ein Beispiel:

1. Kündigen Sie die nächste Folie an: „Als nächstes sehen Sie nun eine Folie zum Status unseres Projektes xy."
2. Orientierung: Geben Sie Ihrem Publikum Zeit, sich auf der Folie zu orientieren. Dies ist besonders bei Folien mit viel Informationen oder unterschiedlichen Elementen wichtig (Text, Bilder, Grafiken etc.)
3. Erläuterung: Nun erst sprechen Sie zum Publikum über die Folie: „Wie Sie sehen können, gibt es ein gemischtes Bild. Im Bereich abc …"

Die Folien selbst sollten aufgeräumt und strukturiert sein. Dies bedeutet auch, dass Sie sie am besten Zug um Zug entwickeln lassen. So erhalten Sie eine Übereinstimmung zwischen Rede und Folie. Zusätzlich können Sie mit Farben, Fettdruck, Einrückungen, Spiegelstrichen, Aufzählungen oder Merkkästen für Orientierung sorgen. Konkrete Informationen zur Foliengestaltung erhalten Sie in Kap. 7.

▶ Je klarer die Struktur, desto besser!

3.3.3 Bedeutung

Welche Bedeutung hat die Präsentation für das Publikum? Schon die antike Rhetorik versuchte gleich zu Beginn einer Rede das Interesse des Publikums zu wecken. Es galt der Grundsatz: *„tua res agitur"*, d. h. „es geht um Deine Sache". Sie schaffen Motivation, indem Sie dem Publikum klar den Sinn und Nutzen der Informationen vor Augen führen. Wenn in der Schule gesagt wird: „das kommt nicht in der Klassenarbeit dran", sieht man sofort, wie das Interesse an dem Thema sinkt. Ordnen Sie deshalb die Bedeutung der Präsentation in den Gesamtkontext ein und vermitteln Sie Nutzen. Hinweis: Schauen Sie sich hierzu auch die Kapitel zum Ziel Abschn. 1.1.2, der Nutzen-Argumentation Abschn. 5.3.2 und Aufmerksamkeit Kap. 6 an.

„Bedeutung" kann nicht nur in Bezug auf die Relevanz der Präsentation bezogen sein, sondern auch auf die Bedeutung der Worte. Das heißt, erläutern Sie, wie welcher Begriff zu verstehen ist und definieren Sie Fachbegriffe, wie sie in diesem Kontext gemeint sind. Nicht zuletzt hängen die Worte „Deutung" und „Deutlichkeit" zusammen. Beispielsweise meint: „Ente" in einer biologischen Präsentation vermutlich ein Tier, in einer Präsentation zu Autos vermutlich ein spezielles KfZ-Modell und in einer Präsentation zum Journalismus vermutlich eine Falschmeldung in einer Zeitung. Woher soll nun das Publikum wissen, welche „Ente" Sie meinen? Vielleicht sind dem Publikum auch nicht alle Bedeutungen des Wortes bekannt? Was ist, wenn in diesem Beispiel ein Teil des Publikums an das Tier, ein Teil an das Auto und ein Teil an die Zeitung denkt? Für eine erfolgreiche Präsentation ist es unerlässlich, die korrekte Bedeutung herzustellen.

▶ Machen Sie die Bedeutung sowohl des Themas für das Publikum als auch der Worte klar.

3.3.4 Wesentlichkeit

Konzentrieren Sie sich auf das Wesentliche. Schon der Sprachphilosoph Paul Grice entwickelte vier Konversationsmaxime, die auf dem Kooperationsprinzip aufbauen. Sie entsprechen den vier Funktionen des Verstandes nach Immanuel Kant. Einer dieser vier Grundsätze ist die Maxime der Relevanz: Sage nur Relevantes. Demnach gehen die Gesprächspartner oder das Publikum davon aus, dass das Gesagte wichtig für das Thema, Ziel, Verständnis etc. ist. Wird Unnötiges kommuniziert, geht das Interesse verloren und es wird schwierig, Wichtiges von Unwichtigem zu unterscheiden. Sagen Sie also nichts, was nicht zum Thema gehört und springen Sie nicht von einem Thema zum anderen.

Daraus folgt auch, dass die Verständlichkeit von Präsentationen und Texten sehr stark von ihrer Länge abhängt. So ist leicht nachvollziehbar, dass ein sehr langer Beitrag – insbesondere wenn er nicht strukturiert ist – schnell unverständlich wird. Auch verliert das Publikum die Konzentration und das Interesse, wenn die Präsentation langatmig ist. Ein Fehlschluss ist jedoch, daraus zu schließen, dass extrem kurze Präsentationen verständlicher wären. Hier fehlen dem Publikum zumeist die Zusammenhänge. Der goldene Mittelweg ist also das Maß der Dinge. Sprechen Sie strukturiert, fügen Sie Beispiele ein, machen Sie Erläuterungen. Wir haben schon darauf hingewiesen, dass Sie Ihre Argumentation in kann/soll/muss-Argumente einteilen können. Ähnliches gilt hier: Was muss in meine Präsentation, damit ich bei diesem Publikum, bei diesem Thema, in der mir zur Verfügung stehenden Zeit, an diesem Ort mein Ziel erreiche? Hinweis: Sehen Sie sich hierzu unsere Kapitel zu Zielsetzung Abschn. 1.1.2 und Angemessenheit Abschn. 3.2.2 an.

Ähnliches gilt für die Länge der Sätze. In der Regel werden kürzere Sätze besser verstanden. In Tests wurde festgestellt, dass viele Menschen bei Sätzen mit mehr als 13 Wörtern beginnen Verständnisschwierigkeiten zu haben. Dies hängt selbstverständlich von der Zielgruppe ab. Wenn jedoch immer nur kurze Sätze formuliert werden, wird dies schnell langweilig. Lange Sätze können auch ein Stilmittel sein, beispielsweise um einen langen Prozess besser darzustellen. Variieren Sie darum. Machen Sie kurze Sätze bei komplizierten Inhalten und längere Sätze bei einfacheren Themen. So kommen alle auf ihre Kosten.

▶ Knüpfen Sie an bestehendes Wissen an!

Das Verständnis für neue oder komplizierte Themen wird erhöht, wenn Sie an bestehendes Wissen im Publikum anknüpfen. Jeder kennt es: wenn man eine Fremdsprache gelernt hat, lernt man die zweite Fremdsprache leichter. Hier kann man sehr von dem vorhandenen Wissen profitieren, sei es, dass man bestimmte Lerntechniken beherrscht (Zettelkasten für das Lernen der Vokabeln), manche Wörter sich in der anderen Sprache ähneln oder die Kenntnisse aus der Grammatik übertragen kann. Gleiches gilt für das Lernen eines neuen Musikinstrumentes usw. Überlegen Sie also, welche Vorkenntnisse und welches Wissen das Publikum hat. Wie können Sie dies gezielt einsetzen oder ansprechen? Je mehr Ihnen dazu einfällt, desto besser!

Dann können Sie auch leicht entscheiden, was das Wesentliche für das Publikum ist. Fehlen grundlegende Kenntnisse, dann gilt es weiter auszuholen und die Grundlagen zu schaffen. Sind die Grundlagen bekannt, dann ist es unnötig, sie in der Präsentation darzulegen. Konzentration auf das Wesentliche hat also unterschiedliche Bedingungen:

- Was ist mein Ziel?
- Was ist mein (Kern-)Thema?

- Was erwartet mein Publikum?
- Was weiß mein Publikum? Was ist wichtig für das Verständnis?
- Wie konzentriert, motiviert und „fähig" ist mein Publikum?

Wie Sie sehen, kann das, was wesentlich ist, stark variieren. Es hängt davon ab, was Ihr Ziel und Ihr Thema ist, was das Publikum für Erwartungen, Vorkenntnisse und Fähigkeiten besitzt. Wesentlichkeit hat darum immer die Perspektive der Rednerin bzw. des Rednersn sowie die Perspektive des Publikums zu betrachten. Dementsprechend kann es von Vortrag zu Vortrag sehr unterschiedlich sein.

▶ Sagen Sie nur Wesentliches! Dabei kann, was wesentlich ist, stark variieren. Was wesentlich ist, hängt von Zielsetzung, Vorkenntnissen, Erwartungen und Thema ab.

3.3.5 Illustration

Arbeiten Sie in den Präsentationen mit Bildern, Animationen, Graphiken, Filmen, Metaphern, Modellen und Anschauungsmaterialien. Wichtig: Mit Animationen ist nicht gemeint, dass die Schrift sich von unten, drehend und wirbelnd in die Folien hineinkatapultiert. Gute Animationen dienen der Darstellung einer Entwicklung, z. B. wie sich der Kolben in einem Motor bewegt oder sich der Zitronensäurezyklus aufbaut. Viel wird auch schon in einem Zug-um-Zug-Aufbau der Folie erreicht. So kann das Publikum Schritt für Schritt eine Entwicklung mitverfolgen.

Grundsätzlich erleichtern Bilder das Verstehen. Sie können als Ganzes mit einem Blick aufgenommen werden und je nach Kenntnisstand des Publikums mehr oder weniger detailliert erläutert werden. Dies gibt Ihnen mehr Flexibilität bei der Rededauer, denn Sie können mehr oder weniger zu einem Bild erläutern. Gleichzeitig prägen sich Bilder besser ein, da die meisten Menschen sehr visuell geprägt sind. Was häufig unterschätzt wird: Mit Bildern lassen sich sehr leicht Emotionen erzeugen. Das Bild eines zähnefletschenden Bull-Terriers ruft mehr Respekt hervor als die schriftliche Warnung: „Vorsicht vor dem Hunde!" Oder das Bild eines leckeren Gerichtes macht mehr Appetit als umständliche Beschreibungen.

Apropos Essen: „Das Auge isst mit", ist ein bekanntes Sprichwort. Gestalten Sie darum auch Ihre Folien oder Flipcharts ansprechend. Viele Programme, wie beispielsweise MS PowerPoint, können Ihnen Designvorschläge unterbreiten. Sofern diese in Ihr Corporate Design passen, können Sie schnell ein optisch ansprechendes Ergebnis erzielen. Bei Flipchart- oder Tafelanschrieben gestaltet sich dies schwieriger. Achten Sie auf eine ausreichend große Schrift, verwenden Sie Stifte mit Keilspitze und schreiben Sie so, dass die breite Seite den Strich nach unten macht. Geben Sie der Überschrift eine andere Farbe, arbeiten Sie mit Unterstreichungen, Einrückungen und Visualisierungen. Bei den Visualisierungen bieten sich Zeichnungen an, die auch mit Wachsmalblöcken coloriert werden können. So wirken die Charts optisch professionell. Weitere Tipps erhalten Sie im Kapitel zur Foliengestaltung Abschn. 7.1.1.

Unabhängig von Bildern, Filmen und Grafiken, können Sie auch Modelle und Anschauungsmaterialien einsetzen. „Begreifen" kommt von „greifen". Wenn man etwas in die Hand nehmen kann, wird das Verstehen erleichtert. Gerne können Sie das Publikum auch bitten, zu Ihnen zu kommen und ein Modell zu betrachten oder Sie lassen einen Gegenstand durch die Reihen gehen. Bitte beachten Sie allerdings dabei, dass pro Gegenstand, den Sie durchgeben, im Schnitt drei Personen nicht voll konzentriert sind: Die Person, die den Gegenstand gerade hatte und weitergibt; die Person, die ihn momentan betrachtet; und die Person, die ihn gleich erhalten wird. Wenn Sie nun etwas Wesentliches sagen, bekommen es die drei Personen nicht mit. Wenn Sie nichts sagen, langweilen sich die anderen. Die Lösung ist, Modelle entweder in einer Pause zu zeigen oder während der Gegenstand durchgegeben wird, „Unwichtiges" zu sagen. Zum Beispiel welche Farbe dieser hat, wo sie ihn herbekommen haben, eine Geschichte dazu …

Auch Experimente, die das Publikum zum Staunen bringen oder bei denen alle mitmachen können, sind sehr gut zur Illustration geeignet.

Sprechen Sie in Bildern und bilden Sie Analogien
Wenn Sie in Ihrer Präsentation keine geeigneten Bilder oder Modelle einsetzen können, sprechen Sie in Bildern! Das Gehirn liebt Geschichten. Lassen Sie darum vor dem geistigen Auge Ihres Publikums einen Film ablaufen. Suchen Sie ähnlich gelagerte Fälle, Geschichten, Anekdoten, Beispiele und binden diese ein.

Ähnlich verhält es sich mit Analogien. Sicherlich kennen Sie die Werbung, bei der ein Mann mit einem Zahnarztkittel bekleidet eine Zahnbürste in eine Tomate quetscht. Die Tomate steht für das Zahnfleisch – und bildet damit eine Analogie. Stellen Sie sich vor, Sie würden in einer Präsentation allen Anwesenden eine Tomate und eine Zahnbürste in die Hand geben, dieses Experiment nachstellen und dann dem Publikum einen Vortrag über die Verletzbarkeit des Zahnfleisches mit Lösungsansatz vortragen. Dies wäre auf jeden Fall ein verständlicher Vortrag, der im Gedächtnis bleiben würde!

▶ Sprechen Sie in Bildern und bilden Sie Analogien: „Ein Bild sagt mehr als tausend Worte!"

3.3.6 Tests

Woher nehmen Sie die Gewissheit, dass Ihr Publikum Sie verstanden hat? Dies können Sie nur durch „Tests" herausfinden. Beim Wort „Test" denken viele an ihre Schulzeit zurück, und manche beschleicht ein ungutes Gefühl. Mit Tests meinen wir jedoch nicht die benoteten Tests in der Schule, sondern vielmehr eine Überprüfung, ob das Vorgetragene ankam. Welche Möglichkeiten besitzen Sie?

Möglichkeiten für Tests sind:

- Umfragen und geschlossene Fragen: Die einfachste Variante ist, dass Sie eine Umfrage starten und dabei z. B. um Handzeichen bitten („Ich bitte um Handzeichen. Wer ist für Option A? Wer ist für Option B?" oder: „Werden Sie künftig auch die Technik xy in Ihrer Produktion einsetzen?"). Um eine schnelle Rückmeldung zu erhalten, bieten sich geschlossenen Fragen an, d. h. Fragen, die das Publikum nur mit Ja oder Nein antworten kann. Damit erhalten Sie jedoch keine ausführlichere Antwort.
- Offene Fragen: Diese Frageart bietet die Chance auf eine ausführlichere Antwort des Publikums. Damit erhalten Sie weitere Informationen und können daraus schließen, ob die Botschaft verstanden wurden. Beispielsweise: „Welches war für Sie die wichtigste Erkenntnis aus diesem Vortrag?" oder „Wie setzen Sie künftig KI in Ihrem Unternehmen um?" Offene Fragen benötigen mehr Zeit und die Antworten können sehr überraschend ausfallen.
- Fragen selbst formulieren: Lassen Sie das Publikum vor der Präsentation selbst Fragen formulieren, die es gerne während der Präsentation beantwortet haben will. Dies führt zu einer höheren Aufmerksamkeit. Am Ende kann es dann überprüft werden. Zusätzlich können Sie nach Abschluss eines Themas immer die Möglichkeit geben, Fragen zu stellen.
- Gruppenarbeiten: Hiermit können Sie in Gruppen bestimmte Themen ausarbeiten und präsentieren lassen. Bei der Präsentation der Ergebnisse können Sie sehr gut erkennen, auf welchem Wissensstand die Gruppe ist.
- Übungen: Es gibt einen großen Unterschied zwischen „kennen" und „können". Lassen Sie das Publikum das Gelernte selbst ausprobieren und in der Praxis anwenden. Dann zeigt sich sehr schnell, ob das Wissen angewendet werden kann.
- Quiz, Rätsel, Aufgaben, Einzelarbeit, Lückentexte, Fragebögen etc.: Bereiten Sie „Tests" vor. Am besten geschieht dies auf spielerische Weise, damit die negativen Assoziationen, die manche aus der Schulzeit haben, nicht aufkommen. Beispielsweise führen wir am zweiten Seminartag ein Quiz durch. Hierzu werden die Teilnehmerinnen und Teilnehmer in Gruppen eingeteilt, die gegeneinander antreten. Für jede richtige Antwort gibt es einen Punkt. Dann werden Buzzer ausgeteilt und der Spaß geht los. Derartige Spiele können auch sehr einfach digital erstellt werden und auch in virtuellen Formaten eingesetzt werden.
- Checkliste: Entwerfen Sie eine Checkliste, mithilfe derer sich die Teilnehmerinnen und Teilnehmer selbst überprüfen können.

Diese Auswahl ermöglicht Ihnen in Interaktion mit Ihrem Publikum zu treten und eine Rückmeldung zu erhalten, ob der Inhalt angekommen und verstanden wurde.

▶ Halten Sie die Präsentation nicht für sich allein. Treten Sie in Interaktion mit Ihrem Publikum, um Rückmeldung zu erhalten, ob die Botschaft ankam und der Inhalt verstanden wurde.

3.4 Einsatz des BABWIT-Modells

Das BABWIT-Modell gibt Ihnen die Möglichkeit, Präsentationen verständlich zu gestalten. Betrachten Sie es wie ein Checkliste, anhand derer Sie die jeweiligen Kategorien überprüfen können.

Kategorie		Aufgabe	Check	✓
B	Basis-Begriffe	Die Basis ist eine einfache und verständliche Sprache, die Verwendung geläufiger Begriffe	Ist die Wortwahl auf die Zielgruppe abgestimmt?	
A	Anordnung	Klare Struktur und systematische, logische Reihenfolge der Informationen	Ist der Text sinnvoll gegliedert? Ist die Gliederung für meine Zielgruppe erkennbar und nachvollziehbar?	
B	Bedeutung	Relevante und wesentliche Informationen hervorheben. Sinn und Nutzen betonen	Habe ich die Bedeutung herausgestellt?	
W	Wesentlichkeit	Prägnante Formulierungen, ohne unnötigen Details, keine Abschweifungen, kurze Sätze und Texte	Sind nur wesentliche Informationen enthalten? Komme ich auf den Punkt?	
I	Illustration	Veranschaulichung durch Beispiele, Bilder, Filme, Metaphern, Modelle, Medien, Anschauungsmaterialien	Sind Illustrationen etc. enthalten?	
T	Test	Tests zur Überprüfung, ob das Publikum verstanden hat. Fragen stellen, Transparenz und Klarheit herstellen, Transfer in die Praxis	Hat das Publikum verstanden? Habe ich das Verstehen überprüft?	

Wenn Sie in allen Kategorien einen Haken setzen können, dann wird mit einer sehr hohen Wahrscheinlichkeit Ihre Präsentation verständlich und ein Erfolg sein. Beachten Sie bitte dabei, dass es den Unterschied zwischen Selbst- und Fremdwahrnehmung gibt. Was für Sie eine Selbstverständlichkeit ist, z. B. Fachbegriffe, kann Ihrem Publikum völlig fremd sein.

▶ Überprüfen Sie Ihre Präsentation nach den sechs Kategorien des BABWIT-Modells: Basis-Begriffe, Anordnung, Bedeutung, Wesentlichkeit, Illustration und Test.

Literatur

Dudenredaktion. (o. J.). Komplexität, die. https://www.duden.de/node/81596/revision/1412105. Zugegriffen am 09.11.2025.

Sprache und Wortwahl 4

4.1 Technische und komplexe Themen sprachlich fassen

„Die kognitive Integration von komplexen Satzkonstruktionen durch das humane Enzephalon ist von signifikanter Insuffizienz geprägt." – oder lieber: „Den Mist kapiert niemand!" Schon Sir Karl Popper, Philosoph und Wirtschaftslogiker, sagte bereits: „Wer's nicht einfach und klar sagen kann, der soll schweigen und weiterarbeiten, bis er's klar sagen kann." Sprache wird in Präsentationen meist sträflich vernachlässigt. Dabei geht es nicht nur um Dinge wie Fachterminologie und spontane Ausrufe. In der sprachlichen Ausgestaltung gibt es für technische Sachverhalte einige besondere Dinge zu beachten. In Abschn. 6.4 finden Sie dieses Thema ausführlich behandelt. In diesem Kapitel soll es vor allem darum gehen, wie Sie technische Sachverhalte und komplexe Themen leichter und verständlicher vermitteln. Fünf zentrale, sprachliche Gestaltungsmittel können Sie zur Hand nehmen, um komplexe Sachverhalte klar zu formulieren. Selbstverständlich können diese fünf Mittel nicht nur in Präsentationen verwendet werden, sondern in allen Situationen, in denen Sie schwierige Themen deutlich machen möchten. Sie werden sehen, welche Durchschlagskraft Ihre Botschaften bekommen.

4.1.1 Aktive Satzkonstruktionen

Aktive Sätze sind Sätze, in denen ein Subjekt vorkommt. Dort ist, vereinfacht gesagt, die Person wichtig, die handelt. In passiven Satzkonstruktionen ist es jedoch so, dass das Subjekt unwichtig ist bzw. die Handlung oder der Zustand selbst wichtig sind. Passivkonstruktionen erkennt man auch daran, dass sie mit dem Hilfsverb „werden" oder „sein" gebildet werden. Das Subjekt kann in diesen Konstruktionen leicht weggelassen werden. Beispiele für Aktiv- vs. Passivkonstruktionen sind:

- „Herr Kleister öffnete das Fenster" – Aktiv
- „Das Fenster wird (von Herrn Kleister) geöffnet." – Passiv
- „Die Produktionsleiterin trinkt heute schon den siebten Kaffee." – Aktiv
- „Der siebte Kaffee wurde heute schon (von der Produktionsleiterin) getrunken." – Passiv
- „Das Unternehmen kaufte Bürogebäude am neuen Unternehmensstandort." – Aktiv
- „Die Bürogebäude am neuen Unternehmensstandort sind (an das Unternehmen) verkauft." – Passiv

Was fällt Ihnen bei den verschiedenen Formulierungen auf? In der Regel werden passive Konstruktionen sachlicher, distanzierte und wissenschaftlicher wahrgenommen. Sie werden aus diesen Gründen gerne in wissenschaftlichen Texten verwendet. Und die aktiven Konstruktionen? Sie sind leichter zu lesen, der Lesefluss ist reibungsloser und die Sprache wirkt klarer. Das Gehirn kann den Satz direkt entschlüsseln, weil es nicht auf ein Verb am Satzende warten muss. Nun kann es strategische Gründe geben, die für eine klare und deutliche Sprache sprechen. Es gibt aber auch Gründe, die für passive Konstruktionen sprechen. Bei Präsentationen gilt: Machen Sie's klar und deutlich und wählen Sie einen aktiven Satzbau. Passive Konstruktionen können Sie hingegen strategisch einsetzen: Zum Beispiel wenn Sie in Verhandlungen die verantwortliche Person für ein Problem lieber verschweigen möchten, dann können Sie beispielsweise anstatt: „Herr Lause hat die Lieferungen vergessen." folgendes sagen: „Die Lieferungen wurden vergessen."

Aktive Formulierungen erleichtern es Ihnen ferner, das Publikum oder einzelne Personen direkt anzusprechen. Die direkte Ansprache wiederum erhöht die Betroffenheit und Motivation. So können Sie Ihre Wirkung steigern.

4.1.2 Substantivierung vs. Desubstantivierung

„Das Leben" oder „leben", „Präsentation" oder „präsentieren", „Lampenfieber" oder „sich fürchten", diese Beispiele verdeutlichen schon, worum es bei Substantivierungen und Verben (im Sinne von Desubstantivierungen) geht. Im Deutschen neigen wir dazu, viele Substantivierungen zu nutzen. Das bedeutet, dass Verben zu Hauptwörtern, Nomen umgeformt werden.

Zum Beispiel:

- „Heute war ich mit Janine spazieren. Es war richtig schön" – Aktive Formulierung, Desubstantivierung.
- „Der Spaziergang mit Janine war schön" Aktiv, Substantivierung
- „Heute muss ich unbedingt den Rasen mähen." – Aktiv, Desubstantivierung

- „Das Rasenmähen ist heute unbedingt nötig." – Aktiv, Substantivierung
- „Die Produktionsmitarbeiter essen gerne Nüsse in der Kaffeepause." – Aktiv, Desubstantivierung
- „Das Nüsse-Essen der Produktionsmitarbeiter geschieht häufig in der Kaffeepause." Passiv, Substantivierung.

Wie wirken Substantivierungen im Gegensatz zu Desubstantivierungen auf Sie? Substantivierungen verkürzen die Sätze. Gleichzeitig machen sie Texte deutlich gehaltvoller und verleihen einen abstrahierenden Charakter. Dadurch, dass Verben zu Nomen gemacht werden, verlieren sie aber ihre lebendige Wirkung. In welchen Situationen ist es also ratsam, Nomen als Verben zu formulieren oder umgekehrt, Verben als Nomen? Auch das ist eine strategische Entscheidung: Verben (und damit die Desubstantivierung) wirken alltagssprachlicher, „näher" und klarer. In der Alltagssprache nutzen wir meistens Desubstantivierungen, sprechen also in Verbformen, Substantivierungen lassen sich hingegen in der Schriftsprache finden, z. B.: „Das Schreiben ist wichtiger Bestandteil des Lernens." Besser und deutlicher ist: „Es ist wichtig, dass wir schreiben, um etwas zu lernen." Kein schönes Deutsch ist es, viele aneinander zu reihen, z. B.: „Im Rahmen der Prüfung wurde die Entscheidung getroffen, eine Ablehnung des Kredites zum Neubau einer Lagerhalle vorzunehmen." Hier ist fast jedes zweite Wort ein Substantiv und liest sich wie das höfische Kanzleideutsch vergangener Jahrhunderte.

Für Ihre Präsentationsnotizen gilt: Verfassen Sie Ihre Stichpunkte auf den Karteikarten in gesprochener, handelnder Sprache, also mit Verben. Bei einer Präsentation über eine neue Brandschutzverordnung könnte dies folgendermaßen aussehen: „Türen und Fenster schließen" anstelle von: „Verschließen von Fenster und Türen". Das macht es Ihrem Publikum leichter, Ihnen zu folgen. Gleichzeitig wirkt Ihr Vortrag nicht so kühl und distanziert, als ob Sie aus einem Buch vorläsen.

4.1.3 Kurze vs. Lange Sätze

„Im heutigen Meeting haben wir so einiges auf dem Tagesplan, wie zum Beispiel die neue Software, welche wir im nächsten Quartal nutzen und evaluieren wollen und wir werden über die Raucherpausenregelung noch sprechen, weil es immer wieder zu Missverständnissen sowie zu Diskussionen im Team kommt und letztlich besprechen wir noch die Ausgestaltung des nächsten Quartalsziels und welche Maßnahmen wir ergreifen können, um den Umsatz zu steigern."

Verwirrend, nicht? Lange Schachtelsätze sind pures Gift für die Verständlichkeit und Motivation. Machen Sie's daher kurz und knapp! Bei Versuchen wurde festgestellt, dass Sätze mit mehr als 13 Wörtern für viele schwer verständlich werden. Je kürzer Ihre Sätze, also Wortanzahl im Satz, desto höher ist die Verständlichkeit. Sie minimieren zusätzlich für sich selbst das Risiko, während langer Schachtelsätze den Anfang des Satzes zu vergessen. Das obige Beispiel könnte so klarer und verständlicher formuliert werden:

„Im heutigen Meeting haben wir so einiges auf dem Tagesplan. Zuerst besprechen wir, welche neue Software wir im nächsten Quartal benutzen werden. Danach sprechen wir über die Raucherpausenregelung. Dieser Punkt ist wichtig, weil es immer wieder zu Missverständnissen sowie zu Diskussionen kommt. Zum Schluss besprechen wir unser künftiges Quartalsziel. Es geht vor allem um die Frage, wie wir den Umsatz steigern können. Welche Maßnahmen können wir ergreifen?"

4.1.4 Fachsprache vs Umgangssprache

Fachsprache, Fachjargon, Terminologie und Umgangssprache, Gemeinsprache oder gar Slang: Es gibt viele Möglichkeiten, die Extrempunkte in der Sprache zu markieren. Ist die Ausdrucksweise eher förmlich und stark fachlich orientiert oder ist sie allgemein gehalten, allgemein verständlich oder gar flapsig? Reflektieren Sie Ihren eigenen Kommunikationsstil. Es kommt stark auf die Situation an, welche Sprache angemessen ist. Je nach Publikum kann Fachsprache sinnvoll sein, andererseits kann es eine unnötige Barriere aufbauen, verklausuliert zu sprechen. Natürlich kann solch eine Sprache auch strategisch eingesetzt werden, z. B. wenn Sie ein Interesse daran haben, Menschen aus einer Diskussion auszuschließen. Grundsätzlich sollten Sie davon aber absehen. Es schadet nämlich dem allgemeinen Verständnis das Thema schwerer zu machen, als es ohnehin schon ist. Um zu bewerten, ob Ihre Sprache angemessen ist oder nicht, können Sie sich die einleitende Einordnung zur Angemessenheit hinsichtlich des Publikums in Abschn. 3.2 heranziehen. Es gilt auch hier der Grundsatz: Machen Sie es Ihrem Publikum leicht! Es ist sehr gut verständlich, dass ein Ziel sein kann, die eigene Kompetenz herauszustellen. Das gelingt deutlich besser über prägnante Vorträge in einfacher, d. h. klarer Sprache. Fachsprache erhöht nicht ihre Glaubwürdigkeit oder erweckt Kompetenz, eher im Gegenteil: Was nicht in einfachen Worten erklärt werden kann zeigt, dass es noch nicht ausreichend verstanden wurde. Daher lautet unser Tipp:

▶ Halten Sie Ihre Präsentation in klarer und leichter Sprache. Wenn jeder versteht, worum es in Ihrer Präsentation geht, desto mehr Kompetenz und Sympathie wird Ihnen zugeschrieben.

Eine Einschränkung gibt es jedoch bei diesem Tipp: Geläufige Fachausdrücke, welche in Ihrem Bereich üblich sind, sollten natürlich verwendet werden. Vorausgesetzt ist jedoch, dass diese allen bekannt sind. Damit sind vor allem Fachausdrücke gemeint, die in Ihrem Bereich geläufig sind.

4.1.5 Fachbegriffe, Abkürzungen, Fremdwörter

Zu Beginn gilt es die Angemessenheit zu beachten. Ich muss mich in den Kenntnisstand meines Publikums hineinversetzen. Spreche ich vor Fachpublikum, kann und muss ich anders sprechen als vor Laien. Gehen wir davon aus, dass das Publikum (oder Teile davon) nicht tief in die Thematik eingearbeitet ist, dann ist auf Fachbegriffe und Abkürzungen zu verzichten. Dies erschwert unnötig das Verständnis, selbst wenn Sie die Fachbegriffe einführen und erläutern. Selbstverständlich ist es auch von der Zahl der Fachbegriffe abhängig: Kommt lediglich ein „Terminus technicus" vor, kann dieser dem Auditorium leicht und verständlich erläutert werden. Sobald es sich jedoch um mehrere Fachbegriffe handelt, führt dies schnell zu einer Überforderung. Stellen Sie sich vor, Sie beginnen mit Karate und haben Ihr erstes Training. Selbstverständlich werden die Schläge, Tritte, Übungen etc. auf Japanisch bezeichnet. Wenn nun Ihr Trainer die Begriffe nicht erläutert, haben Sie keine Chance es zu verstehen. Oder wüssten Sie – sofern Sie nicht gerade Japanisch sprechen oder Karate machen – was zu tun wäre, wenn Sie im Randori mit einem Mae-Geri angreifen sollen? Allein sich schon die ganzen „Fachbegriffe" zu merken, nimmt einige Zeit in Anspruch. Gleiches gilt selbstverständlich für Abkürzungen. Machen Sie es Ihrem Publikum also leicht.

Vergegenwärtigen Sie sich beim Einsatz von Fachbegriffen und Abkürzungen immer, wie lange Sie gebraucht haben, um sich das zu merken! Das Publikum hört dies heute vielleicht zum ersten Mal. Geben Sie darum Ihrem Publikum Zeit.

Die Lage ist völlige anders, wenn das Publikum aus Expertinnen und Experten besteht. Dann können Sie gerne auf Abkürzungen und Fachbegriffe zurückgreifen. Nicht zuletzt, um damit auch Ihre eigene Expertise zu zeigen.

Doch wie verhält es sich, wenn es sich um ein heterogenes Publikum handelt? Grundsätzlich gilt, so zu sprechen, dass man von allen verstanden wird und man sich an dem „schwächsten Glied in der Kette" zur orientieren hat. Dies kann jedoch zu Langeweile bei den Experten im gleichen Publikum führen. Hierbei haben Sie folgende Optionen:

- Sprechen Sie zu Themen, die für Experten und Laien gleichermaßen interessant sind, z. B. von eigenen Erlebnissen, Experimenten oder Erfahrungen, die auch den Experten noch nicht bekannt sind.
- Verwenden Sie eine Sprache, die das Wissen der Experten würdigt und die Unwissenheit der Laien ausgleicht, z. B. „Wir alle wissen, wie Zitronensäurezyklus funktioniert, nämlich …"
- Erstellen Sie im Skript eine Legende, die ein Verzeichnis aller Fachbegriffe und Abkürzungen enthält.

Manchmal muss man sich aber auch einfach entscheiden, ob man zu allen, nur zu den Laien oder nur zu den Expertinnen und Experten im Publikum verständlich spricht. Dies hängt vor allem von der Zielsetzung der Präsentation ab. Wenn mein Ziel ist, unbedingt eine Entscheidung zu erhalten und die Entscheidungsperson zu den „Laien" gehört, dann werde ich meine Präsentation so gestalten, dass diese Person alles Nötige an Informationen erhält und versteht, um eine Entscheidung (in meinem Sinne) zu treffen – auch wenn ich damit andere Personen im Auditorium langweile.

Ähnliches gilt für die Verwendung von Fremdwörtern. Viele meinen, dass Sie als kompetent angesehen werden, wenn sie viele Fremdwörter einsetzen. Dies mag schon sein, gleichzeitig verringert sich jedoch die Verständlichkeit des Vortrages. Legendär ist das

Experiment bei dem man in der Fußgängerzone Passantinnen und Passanten Werbeslogans vorlas und um Übersetzungen bat – hierbei kamen sehr lustige Antworten und Beispiele für die Unverständlichkeit heraus. Schon in der antiken Rhetorik galt deshalb die Empfehlung, sich an dem allgemeinen Sprachgebrauch zu orientieren und Fremdwörter, selten verwendete Worte oder altertümliche Begriffe nur dann zu nutzen, wenn man damit etwas Besonderes ausdrücken will.

4.1.6 Wiederholungen

Wiederholung, Wiederholung und Wiederholung: Was einen zum Meister macht, nützt Ihnen auch in Ihrer Präsentation. Wiederholen Sie Dinge, die Ihr Publikum sich merken soll. Nicht der gesamte Inhalt Ihrer Präsentation ist gleichermaßen relevant. Manche Informationen sind besonders wichtig. Legen Sie deshalb auf diese Dinge besondere Aufmerksamkeit: Informationen, die gemerkt werden sollen, müssen drei Mal wiederholt werden! Das kann in Ihrer Präsentation mündlich erfolgen, effektiver ist jedoch, wenn verschiedene Medien genutzt werden. Das kann bedeuten, die Information zuerst nur mündlich wiederzugeben, später als Stichpunkt in den PowerPoint-Folien darzustellen und letztlich ein Bild dazu zu zeigen. Weil nicht jede Information in Ihrer Präsentation gleich wichtig ist, müssen Sie sich die wichtigsten Informationen deutlich machen. Was soll Ihr Publikum am Ende behalten? Wie lautet die zentrale Kernaussage für Ihre Präsentation? Hierzu eine sehr gute Übung:

> **Wiederholen Sie Ihre zentrale Kerninformation Ihres Vortrages!**
>
> Überlegen Sie sich, was Ihr Publikum nach Ihrer Präsentation behalten soll. Für gewöhnlich tendiert man dazu, große Teile der Präsentation als wichtig zu erachten. Um die Essenz Ihrer Präsentation herauszuarbeiten, stellen Sie sich folgende Frage:
> „Wenn ich nur eine Information aus meiner Präsentation an mein Publikum weitergeben könnte – Welche Information würde das sein?"
> Reduzieren und vereinfachen Sie diese Information so stark wie möglich und wiederholen Sie diese Information häufig und auf verschiedene Weise.

Informationen, die auf verschiedene Arten und Weisen „aufgewertet" werden, bleiben besser hängen. Die Wiederholung ist dabei ein zentrales Mittel. Um Ihrem Methodenkoffer für Wiederholungen aufzuwerten, finden Sie hier eine Sammlung der Wiederholungsmöglichkeiten für relevante Informationen.

4.1 Technische und komplexe Themen sprachlich fassen

Möglichkeit zur Wiederholung
Wiederholen von relevanten Informationen:

1. Mündliche Nennung: „Wir haben unser Quartalsziel im Bereich Verkauf um 8% übertroffen."
2. Schriftliche Nennung, z. B. als Stichpunkt auf PowerPoint, Poster, Whiteboard, Flipchart. Eine schriftliche Wiederholung bezieht sich auch auf Handouts, Skripten oder Unterlagen.
3. Bildliche Wiederholung. Dies kann in Form von Illustrationen geschehen, die einen rein begleitenden Effekt haben oder über Symbole, Grafiken, Skizzen.
4. Aktives Widerholen durch Interaktion mit dem Publikum. Diese Methode bezieht sich vor allem auf Präsentationen, in denen Partner- oder Gruppendiskussionen möglich sind. Eine Möglichkeit ist beispielsweise: „Wir diskutieren kurz in Paaren". Das Thema ist: „Welche Faktoren haben es uns ermöglicht, das Quartalsziel im Verkauf um 8% zu erhöhen. Danach sammeln wir die Ergebnisse in der Gruppe."

Zusammengefasst können Sie also über aktive Satzkonstruktionen, Desubstantivierungen, kurze Sätze, Umgangssprache und Wiederholungen sicherstellen, dass Sie technische Sachverhalte sprachlich fassen. Eine Übersicht sehen finden Sie in Abb. 4.1.

 Technische Sachverhalte sprachlich fassen

 Aktive Satzkonstruktionen
Passiv: "Die Präsentation wird von mir gehalten."
Besser: "Ich halte die Präsentation."

 Kurze Sätze
Lang: "Wir haben heute in der Mittagspause Kaffee getrunken und uns über das Projekt unterhalten, dadurch kamen wir auf neue Ideen."
Besser: "In der Mittagspause haben wir uns über das Projekt unterhalten. Dadurch kamen wir auf neue Ideen."

 **Umgangssprache**
Schwer: "Die präskriptiven Sprachprinzipien sind nicht in der Konzeption vorgesehen."
Besser: "Wir können den sprachlichen Leitlinien in diesem Fall leider nicht folgen."

 Desubstantivierungen
Substantiviert: "Die Durchführung der Messung erfolgt nach der Kalibrierung der Geräte."
Besser: "Wir messen, sobald die Geräte kalibriert sind."

Wiederholungen
Langweilig: "79 Grad Celsius wurden gemessen."
Besser: "79 – 79 *Grad* – wurden auf der Messstation gemessen! 79 Grad Celsius!"

Abb. 4.1 Übersicht: Technische Sachverhalte sprachlich fassen

▶ **Vereinfachen Sie Ihre Inhalte!** Eine wichtige Sache kommt bei den sprachlichen Regeln noch nicht vor: Wie schaffen Sie es, dass die Inhalte auch wirklich ankommen? Die geheime Antwort auf diese wichtige Frage lautet: **Vereinfachen, Vereinfachen, Vereinfachen!**

Eine Vereinfachung schaffen Sie zum einen sprachlich, wie bereits in diesem Kapitel erklärt. Zum anderen muss die inhaltlich-strukturelle Ebene betrachtet werden. Welche Informationen sind wirklich relevant? Welche können vernachlässigt werden? Wenn Sie auch auf dieser Ebene ansetzen und radikal kürzen, was überflüssig, unnötig und potenziell verwirrend ist, dann machen Sie einen großen Sprung in Richtung Gipfel des Berges. Klar in den Gedanken – und in der Sprache – ist hier das Motto!

Argumentation in der technischen Präsentation

5

Langfristige Überzeugung stellt sich in Präsentationen ein, wenn Sie gute und klare Argumente vorbringen und positiv im Gedächtnis bleiben. Witze verblassen, spannende Methoden fesseln nur punktuell und eine sympathische Rednerin oder ein sympathischer Redner gerät in Vergessenheit. Natürlich können Sie mit einer positiven Stimmung und schönen Emotionen im Gedächtnis bleiben. Aber Überzeugung erfolgt durch eine bestechende Argumentation. Sorgen Sie daher dafür, dass in Präsentationen eine klare Faktenlage geschaffen und stringente Argumente vorgebracht werden – Warum? Gute Argumente verankern Ihre Botschaft **langfristig.** Sie sorgen dafür, dass auch noch Tage, Wochen oder Monate später erinnert wird, was Sie heute präsentieren. Wie eine überzeugende Argumentation gelingt, dafür gibt es verschiedene Möglichkeiten aber auch ein paar Regeln, an welchen Sie sich orientieren können. Eine erste Orientierung bietet die Frage „Wie viele Argumente soll ich überhaupt bringen?"

Die „magische Zahl", die sich die Mehrzahl der Menschen merken kann, ist sieben. Sieben Elemente, Argumente oder Punkte können Sie also problemlos in Ihrer Präsentation einbauen, plus oder minus zwei. Selbstverständlich müssen Sie diese Zahl nicht ausreizen, weniger als drei Argumente sollten es allerdings nicht sein, denn Sie laufen sonst Gefahr, inhaltlich zu mager zu wirken und die Präsentation macht insgesamt einen wenig durchdachten Eindruck. Umgekehrt sollten nicht mehr als neun Argumente genannt werden, da das Publikum sonst überladen wird und sich gar nichts mehr merken kann. Die Präsentation geht dann an der eigenen Masse unter.

▶ Zwischen drei und neun Argumenten sind für Ihre Präsentation empfehlenswert.

Neben dieser Maßgabe gelten zwei weitere wichtige Prinzipien für Ihre Argumentation: 1. Nennen Sie nur die wesentlichen Punkte. Sollten sie keine drei Argumente erreichen, dann füllen Sie nicht den Platz mit „Argumentfüllern", denn das schwächt insgesamt Ihre

Position. Lieber kurz und prägnant! 2. Die Zuhörerperspektive. Diese Perspektive finden Sie in Abschn. 5.3 anhand von Argumentfiltern veranschaulicht. So können Sie systematisch vorgehen, um zu verstehen auf was es in der Präsentation für Ihr Publikum ankommt.

> **Drei Punkte für eine gelungene Argumentation**
> Für eine gelungene Argumentation in Ihrer Präsentation beachten Sie folgende drei Punkte:
>
> 1. Anzahl: drei bis neun Argumente
> 2. Kürze: Besser kurz und prägnant als weitschweifig und unwichtig
> 3. Publikumsperspektive: Nutzen Sie Argumentfilter, um wichtige Argumente aus Sicht des Publikums, vgl. Abschn. 1.1.5.1, zu finden.

5.1 Zentrale Überzeugungsmittel in der Argumentation

Wie können Sie Argumente finden und erstellen? Dazu gibt es in der rhetorischen Argumentationstheorie zentrale Untersuchungen, die sich mit ebenjener Frage beschäftigen. Klar ist, dass eine abwechslungsreiche, d. h. mal eher sachlich, mal eher emotionale Argumentation Ihrer Präsentation am meisten Würze verleiht. Drei zentrale Überzeugungsmittel eignen sich hierfür: Ethos, Pathos und Logos, siehe Abb. 5.1.

Diese Darstellung in Form einer Pyramide, zeigt Ihnen auch gleich die Relevanz der jeweiligen Aspekte an: Die Basis Ihrer Präsentation, das sind Sie selbst. Das ist das fundamentalste Überzeugungsmittel, wie Sie mit Ihrer Persönlichkeit, Ihrer Kompetenz und Sympathie auftreten. Dieses Überzeugungsmittel heißt daher auch **Ethos** und steht für Dinge wie: Integrität, Glaubwürdigkeit, Ehrlichkeit. Sie überzeugen Ihr Publikum, weil **Sie** es sind, der oder die spricht und niemand anderes. Die eigene Persönlichkeit ist für die Überzeugung viel wichtiger, als beispielsweise schön gestaltete Folien: Sie überzeugen mit Persönlichkeit, nicht mit Perfektion! Ethos-Argumente können wie folgt aussehen:

- „Dass die Arbeitsplatzsicherheit auch in schwierigen Zeiten gegeben ist, das ist mir **als Geschäftsführerin** besonders wichtig."
- „Dafür stehe **ich** mit meinem Namen."
- „**Als Zahnarzt** empfehle **ich** Ihnen die Zahncreme Dentadent!"
- „**Ich** sage, wir wählen die erste Option."

Abb. 5.1 Die drei zentralen Überzeugungsmittel

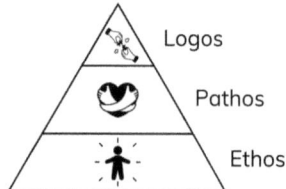

Neben Ihrem guten Ruf können Sie Ihre Glaubwürdigkeit über Kleidung, Körpersprache und Mimik zeigen, weiters über ein freundliches Auftreten und das Zeigen Ihrer Kompetenz. Dies bezieht sich ebenfalls auf Ihr Verhalten in der Vergangenheit: „Wer einmal lügt, dem glaubt man nicht, auch wenn er dann die Wahrheit spricht!" Auch Gemeinsamkeiten mit dem Publikum können Ihrer eigenen Person mehr Gewicht verleihen, weil Vertrauen aufgebaut wird.

Die zweitwichtigste Ebene ist das **Pathos.** Hier geht es um Gefühle, Visionen, Regungen, Leidenschaft. Häufig wird diese Ebene völlig vernachlässigt, doch es ist immens wichtig, dass neben der eigenen Person, mit der Sie für eine Sache einstehen, auch die emotionale Ebene ansprechen. Argumente, die zu dieser Kategorie gehören, können wie folgt lauten:

- „Stellen Sie sich vor, Sie sitzen am Strand, eine kühle Cola in der Hand und fühlen die Sonnenstrahlen des späten Nachmittags auf Ihrer Haut. Was könnte dieses Gefühl toppen?"
- „Wir müssen den absoluten Katastrophenfall ausrufen!"
- „Wenn wir jetzt nicht Überstunden machen, können wir den Liefertermin nicht halten und wir werden unsere Kunden enttäuschen. Sie kennen uns als verlässlichen Partner."
- *Mit erhobener Stimme:* „Drei Mal, drei Mal habe ich unsere Strategie dem Kunden unterbreitet. Und was hat er gesagt? „Das bringt doch nichts!" – Ich fasse es nicht!"

Wichtig dabei ist, dass Emotionen vor allem auch durch die Körpersprache vermittelt werden. Ein Lächeln, die gerunzelte Stirn sowie die Stimme und Modulation sind ausschlaggebend. Machen Sie sich den Grundsatz des Philosophen Augustinus zu eigen: „In Dir muss brennen, was Du in anderen entfachen willst!"

Logos, die Ebene der Sachlichkeit und der Zahlen, Daten und Fakten. Hier kommt die sachliche Ebene zum Einsatz, Ihre rationalen Argumente und Darstellungen. Diese Ebene kommt an die Spitze der Pyramide, nicht weil sie unwichtig ist, sondern weil sie die Krönung ist, wenn Ihre Rednerpersönlichkeit zum Einsatz gekommen ist und die Gefühle gut angesprochen wurden. Argumente dieser Kategorie hören sich zum Beispiel so an:

- „Es können 2,5 % Kosten eingespart werden, wenn wir uns dafür entscheiden, die neue Software schon ab Oktober einzusetzen."
- „240.000 erlebten im Jahr 2022 häusliche Gewalt. Heute beschäftigen wir uns mit den Ursachen um dann anschließend Lösungen zu erarbeiten, bevor es zur Tätlichkeit kommt."
- „Alle Industriemechaniker haben eine betriebliche Ausbildung durchlaufen. Michael ist Industriemechaniker. Deshalb muss er auch eine Ausbildung abgeschlossen haben."
- „Rohstoff A ist 12 % günstiger als Rohstoff B. Wenn wir also nach einer Umstellung auf B weiterhin rentabel wirtschaften wollen, müssen wir die Preise für die Endkunden anpassen oder Einsparungen an anderer Stelle vornehmen."

Selbstverständlich gibt es auch Argumente, die nicht nur einer Kategorie angehören, sie können auch zu mehreren Argument-Arten zählen. Für Ihre Präsentation gilt: Nutzen Sie alle drei Überzeugungsmittel, bauen Sie zuerst mit Ihrer Persönlichkeit eine Glaubwürdigkeitsgrundlage – denn das ist die Basis – und nutzen Sie sowohl rationale als auch emotionale Argumente für eine abwechslungsreiche und überzeugende Argumentation. Jedes Thema kann dabei unter dieser Vorgehensweise betrachtet und ausgearbeitet werden.

5.2 Argumente schlüssig aufbauen

Das bedeutet konkret: Sie führen sowohl logische, faktenbasierte Argumente an, berücksichtigen emotionale Komponenten – und bringen auch Ihre eigene Person ein. Ihre Haltung, Ihre Sympathie, Ihre Überzeugungskraft.[1] Damit decken Sie einen breiten argumentativen Spielraum ab.

Theoretisch betrachtet heißt das: Sie richten Ihre Argumentation am Ziel aus und bedienen das rationale Bedürfnis Ihres Publikums, indem Sie Fakten, Daten und Zahlen einsetzen. Gleichzeitig strukturieren Sie Ihre Gedanken klar, machen Ihre Argumentationsschritte nachvollziehbar und schaffen so Vertrauen in Ihre Schlussfolgerungen.

Doch ein gutes Argument überzeugt nicht nur den Kopf. Es braucht auch ein Gespür für den Moment, für das Gegenüber – und den Mut, Haltung zu zeigen. Wie genau das gelingen kann, beleuchtet dieser Abschnitt.

5.2.1 3-B-Argumentation

Die 3-B-Argumentation ist die einfachste und klarste Argumentationsmöglichkeit, die es gibt. Dabei gilt der Grundsatz: „Weniger ist mehr!" Die sogenannte 3-B-Argumentation folgt drei Schritten:

1. **Behauptung, These:** Die zentrale Aussage, die vertreten wird. Was ist Ihre Meinung oder These?
2. **Begründung, Erklärung**: Die notwendige Basis, warum diese Aussage zutrifft. Warum sehen Sie das so?
3. **Beweis, Beleg:** Ein Beispiel, eine Zahl, eine Studie, ein Vergleich oder eine Erfahrung zur Stützung. Was belegt Ihre Aussage?

Dieses Grundmodell der Argumentation ist vor allem in der beruflichen Praxis einfach einzusetzen, wenn die Zeit knapp ist und Argumente auf den Punkt gebracht werden müssen. Das ist ihre Stärke. Außerdem wirkt diese Art der Argumentation schlüssig auf Ihr Publikum.

Denn das Modell zwingt dazu, Gedanken zu strukturieren, Aussagen zu begründen und Behauptungen nicht im Raum stehen zu lassen. Gerade für Präsentationen oder mündliche Beiträge kann es ein echtes Denkgerüst bieten – besonders dann, wenn einem spontan nichts „Rhetorisches" einfällt.

---

[1] Diese Antwort wird auch in Kap. 3 näher erläutert.

> **Beispiel 1**
>
> Behauptung: „Die Übung mit den Perspektivkarten sollte am Anfang des Workshops stehen."
> Begründung: „Sie fördert Reflexion und macht Denkhaltungen sichtbar."
> Beweis: „In früheren Workshops hat sich gezeigt, dass dadurch schneller eine gemeinsame Sprache entsteht." ◄

> **Beispiel 2**
>
> Behauptung: „Der Ausbau intelligenter Stromnetze („Smart Grids") sollte in Deutschland deutlich beschleunigt werden."
> Begründung: „Nur so kann die schwankende Einspeisung durch Wind- und Solarenergie effizient ausgeglichen werden."
> Beweis: „Laut Bundesnetzagentur mussten allein 2022 rund 8,3 Terawattstunden erneuerbare Energie abgeregelt werden, weil die Netze überlastet waren – das entspricht dem Jahresverbrauch einer Großstadt wie Hamburg." ◄

> **Aufgabe**
>
> Formulieren Sie eine kurze Argumentation zu einem Thema Ihrer Wahl – beruflich, gesellschaftlich oder persönlich. Nutzen Sie dabei die 3-B-Argumentation:
>
> 1. **Behauptung:** Was möchten Sie sagen oder vorschlagen?
> 2. **Begründung:** Warum ist das sinnvoll oder wichtig?
> 3. **Beweis:** Welches Beispiel, welche Zahl oder Erfahrung belegt das?

Erweiterung für Fortgeschrittene: Das 3-B+ Argumentation Wer sicher mit dem Modell umgehen kann, kann es erweitern:

1. **Behauptung, These:** Was will ich sagen?
2. **Begründung, Erklärung:** Warum? Was stützt meine Behauptung?
3. **Beweis:** Woran zeigt sich das konkret? Welche Belege habe ich?
4. **Bedenken (optional):** Was könnte dagegensprechen? Und wie entkräfte ich das?

Gerade in Präsentationen oder Diskussionen kann ein proaktiver Umgang mit Gegenargumenten die eigene Position stärken.

5.2.2 Induktive und deduktive Argumentation

Wenn Sie ein Argument aufbauen, können Sie zwei grundsätzliche Richtungen wählen, passend zu Situation und Zielgruppe. Ähnlich wie in der Präsentationsstruktur vgl.

Abschn. 2.1.2.2.7 und 2.1.2.2.8 bereits erläutert, gehen Sie in Ihrer Präsentation vom „Konkreten" ins „Allgemeine" über oder umgekehrt.

5.2.2.1 Induktive Argumentation

Induktiv zu argumentieren bedeutet: Sie starten mit konkreten Beobachtungen oder Beispielen und leiten daraus eine allgemeine Aussage ab.

Beispiele:

- „In den letzten drei Projektphasen konnten wir durch das neue Verfahren jeweils 20 % Zeit einsparen. Deshalb sollten wir es auch im kommenden Projekt anwenden."
- „In meinen letzten Online-Seminaren war immer dann die höchste Aufmerksamkeit spürbar, wenn ich mit einer kurzen, persönlichen Anekdote eingestiegen bin. Daher sollte man gerade in digitalen Formaten eine emotionale Einstiegsebene wie z. B. Anekdoten wählen."
- „Bei unseren Kunden in der Automobilbranche hat sich die Umstellung auf das neue CRM-System deutlich gelohnt: weniger Rückfragen, kürzere Bearbeitungszeiten, bessere Nachverfolgbarkeit. Diese Ergebnisse zeigen, dass auch andere Branchen vom System profitieren können."
- „Immer wenn ich abends spazieren gehe und seien es auch nur zwanzig Minuten, schlafe ich besser. Das heißt, dass Bewegung am Abend schlaffördernd sein kann."

5.2.2.2 Deduktive Argumentationsweise

Während die Induktion vom Einzelfall auf das Allgemeine schließt, funktioniert Deduktion genau andersherum. Wenn Sie deduktiv argumentieren, gehen Sie von einer übergeordneten Regel oder einem Prinzip aus und wendet dieses gezielt auf einen konkreten Fall an. Wenn die Regel oder das allgemeine Prinzip stimmt und der konkrete Fall korrekt eingeordnet ist, dann ist die Schlussfolgerung *logisch zwingend*. Man könnte auch sagen: Kraft der Logik stimmt Ihre Konklusion.

Die grundlegende Struktur lautet:

Regel: Alle X sind Y.
Einzelfall: Z ist ein X.
Schlussfolgerung: Also ist Z ein Y.

Diese Form des Denkens finden Sie überall dort, wo klar definierte Kriterien auf konkrete Situationen angewendet werden. Besonders in der Argumentation vor einem analytisch denkenden Publikum ist die deduktive Struktur ein wertvolles Mittel, um Klarheit, Stringenz und Professionalität zu vermitteln.

Beispiele:

- „Alle Menschen sind sterblich. Sokrates ist ein Mensch. Also ist Sokrates sterblich."
- „Verfahren, die Zeit sparen, verbessern unsere Effizienz. Das neue Verfahren spart nachweislich Zeit. Also verbessert es unsere Effizienz."

5.2 Argumente schlüssig aufbauen

Tab. 5.1 Stärken und Schwächen der induktiven und deduktiven Argumentation

Kriterium	Induktion	Deduktion
Logik	Nicht zwingend, kann durch andere Einzelbeispiele entkräftet werden. Anfällig für Widerspruch.	Logisch zwingend, wenn die allgemeine Regel und die Prämissen korrekt sind.
Anschaulichkeit	Hoch – durch Beispiele und konkrete Erfahrungen	Geringer, oft abstrakter.
Überzeugungskraft	Wirkt nahbar und menschlich; besonders stark bei emotionalem oder praktischem Publikum	Wirkt sachlich und rational; besonders stark bei analytischem oder fachlichem Publikum
Aufmerksamkeit bzw. Effizienz	Dauert länger. Gefahr: Unaufmerksames Publikum verpasst die Schlussfolgerung.	Kurz und pointiert. Da mit Schlussfolgerung begonnen wird, bekommt auch ein un-aufmerksames Publikum Ihr Präsentationsziel mit
Einsatzgebiet	Besonders geeignet für Einstieg, Storytelling, Coaching und um die Spannung aufzubauen-	Besonders geeignet für Fachpräsentationen, Entscheidungsfindung, Zeitdruck.

[Stärken und Schwächen der Induktion und Deduktion]

- „Wenn es regnet, braucht man einen Schirm. Es regnet. Also braucht man einen Schirm."
- „Wer regelmäßig zu spät kommt, hat ein Zeitmanagementproblem. Tom kommt regelmäßig zu spät. Also hat Tom ein Zeitmanagementproblem."

Beide Wege haben ihre Berechtigung. Die Tab. 5.1 zeigt Ihnen die verschiedenen Vor- und Nachteile der beiden Argumentationsweisen auf.

Deduktive Argumente wirken besonders stark in Situationen, in denen die zugrunde liegende Regel allgemein akzeptiert ist, beispielsweise in der Wissenschaft, bei betriebswirtschaftlichen Standards oder klaren Zielvereinbarungen.

Sobald jedoch die Regel selbst zur Debatte steht (z. B. „Was ist eine gute Präsentation?"), wird auch die Deduktion angreifbar. In solchen Fällen lohnt sich oft die Kombination mit einem induktiven Einstieg: erst Beispiele, dann die Regel – und erst danach die Anwendung.

▶ In Präsentationen mit gemischtem oder kritisch-pragmatischem Publikum kann es klug sein, induktiv zu starten – mit greifbaren Beispielen – und die deduktive Struktur später nachzuschieben.

5.2.3 Toulmin-Argumentation

Nicht jedes Argument ist stark, nur weil es gut klingt. Manche zerfallen beim ersten Nachhaken. Andere wirken stabil, weil sie auf einer soliden Struktur basieren. Genau hier setzt

Tab. 5.2 Die sechs Bausteine der Toulmin-Argumentation

Baustein	Funktion: Was leistet dieser Teil des Arguments?
Behauptung (Claim)	Ihre zentrale Aussage, die Sie vertreten. Was soll geglaubt, akzeptiert oder umgesetzt werden?
Begründung (Grounds)	Die Basis Ihres Arguments: Daten, Beobachtungen oder Fakten, auf die Sie sich stützen. Warum glauben Sie, dass Ihre Behauptung zutrifft?
Schlussregel (Warrant)	Die logische Brücke zwischen Begründung und Behauptung. Was berechtigt Sie, von den Daten auf diese Aussage zu schließen?
Stützung (Backing)	Zusätzliche Informationen oder Belege, die die Schlussregel absichern. Warum ist die Verbindung glaubwürdig?
Einschränkung (Qualifier)	Ein Gradmesser für die Gültigkeit Ihrer Aussage. Gilt Ihr Argument immer – oder nur unter bestimmten Bedingungen?
Gegenargument (Rebuttal)	Eine erkennbare Einschränkung oder ein möglicher Einwand. Wann könnte Ihre Behauptung nicht gelten? Was ist die Ausnahme zur Regel? |//
[Die sechs Bausteine des Toulmin-Arguments]	

das Toulmin-Modell an: Es zerlegt ein Argument in seine Einzelteile und macht sichtbar, wie überzeugend oder angreifbar es tatsächlich ist. Daher ist die Toulmin-Argumentation für vertiefende Analysen und komplexe Argumentationen besonders geeignet. Für Sie kann dieser Ansatz auch in Verhandlungen nützlich sein, denn Sie werden verstehen, wie ein Argument funktioniert und wie es geschickt entkräftet werden kann.

Der britische Philosoph Stephen Toulmin entwickelte dieses Modell, um die Logik realer Argumentationen zu analysieren.[2] Es geht also nicht nur um formallogische Beweise, sondern ganz normale Aussagen im Alltag, in Präsentationen, in der Politik oder im Beruf.

Die Toulmin Argumentation baut auf sechs Bausteinen auf, diese sind in Tab. 5.2 näher erklärt.

Beispiel „Automatisierung des Kundensupports"

Mit den sechs Bausteinen kann beispielsweise folgendes Argument gebildet werden:

1. Behauptung: Wir sollten den Kundensupport automatisieren.
2. Begründung: Die Bearbeitungszeit ist aktuell zu lang.
3. Schlussregel: Automatisierung hilft, Bearbeitungszeiten zu senken.
4. Stützung: Laut interner Analyse sind automatisierte Antworten im Schnitt 30 % schneller.
5. Einschränkung: Vorausgesetzt, die Anliegen lassen sich standardisieren.
6. Gegenargument: Bei komplexen oder emotional sensiblen Fällen kann Automatisierung sogar schaden. ◄

---

[2] Toulmin, Stephen E. (1958): *The uses of argument.* Cambridge: Cambridge University Press.
Kopperschmidt, Josef (2005): *Argumentationstheorie zur Einführung.* Hamburg: Junius.

Dieses Beispiel zeigt: Ein scheinbar einfaches Argument kann systematisch durchleuchtet und abgesichert werden, inklusive möglicher Einwände. Für diese Einwände bereiten Sie sich selbstverständlich vor, denn ist wahrscheinlich, dass sie spätestens in der Diskussion geäußert werden. So entsteht eine überzeugende Argumentationslinie, die nicht nur auf Zustimmung hofft, sondern Vertrauen durch Offenheit und Logik erzeugt.

Doch wo liegen die Vor- und Nachteile der Toulmin-Argumentation? Ein großer Vorteil ist seine Transparenz. Es zwingt dazu, nicht nur eine Behauptung aufzustellen, sondern sie sauber zu begründen und offenzulegen, worauf die eigene Argumentation fußt. Das macht es besonders hilfreich in Diskussionen, Präsentationen oder Beratungssituationen, in denen man mit kritischen Nachfragen rechnen muss. Zudem hilft das Modell, potenzielle Schwachstellen früh zu erkennen. Beispielsweise wenn die Schlussregel nicht geteilt wird oder keine solide Stützung vorhanden ist. Die bewusste Einbeziehung von Einschränkungen und Gegenargumenten stärkt nicht nur die Glaubwürdigkeit, sondern auch die Widerstandsfähigkeit Ihres Arguments. Allerdings hat das Toulmin-Modell auch Grenzen: Es ist nicht immer intuitiv anwendbar, vor allem nicht in spontanen Gesprächssituationen. Wer damit arbeiten will, muss sich die Struktur bewusst aneignen und lernen; sei es durch Übung oder vorbereitete Vorlagen. Zudem kann das Modell bei sehr einfachen Aussagen schnell überkonstruiert wirken.

5.3 Welchen Nutzen bieten Sie Ihrem Publikum?

Wenn es um den Nutzen geht, geht es gleichzeitig um einen Perspektivwechsel: Raus aus der eigenen Position und hinein in die Perspektive Ihres Gegenübers! Dieselben Argumente, die für Sie sehr überzeugend klingen, sind unter Umständen für Ihr Publikum unwichtig. Auch Bergsteigerinnen und Bergsteiger müssen sich die Frage stellen: Was nützt mir, um den Mount Everest zu besteigen? Dasselbe Equipment kann beim Mount Everest nämlich sinnvoll sein; bei Ihrem heimischen „Bergchen" aber völlig überdimensioniert. Umgekehrt ist manches Equipment dringend notwendig, wenn Sie sich ambitionierte Ziele setzen und hohe Berge besteigen möchten. Dann ist die gewöhnliche Ausrüstung nicht mehr passend. In der Präsentation ist es ganz ähnlich: Was ist aus der Sicht Ihres Publikums relevant? Welche Bedürfnisse und Interessen hat es? Welches Problem der Kundinnen und Kunden kann gelöst werden? Wenn Sie das herausgefunden haben, sind Sie schon ein großes Stück weiter, denn der zentrale Punkt in Ihrer Argumentation sollte immer der Nutzen für Ihr Publikum sein.

5.3.1 Welcher Nutzen? Der Unterschied zwischen Vorteil und Nutzen

Doch wie finden Sie nun den Nutzen? Für manche scheint die Antwort klar: Sie erstellen einfach eine Pro- und Contra Liste und alle Dinge, die positiv sind, sind auch gut für das Publikum. Großer Fehler! Bei positiven Aspekten handelt es sich zunächst um reine **Vorteile**. Der **Nutzen** ist hingegen ein Vorteil gepaart mit dem Bedarf der Zielperson. Klingt kompliziert? Lassen Sie uns das verdeutlichen: Sie stehen am Fuße eines Berges und haben eine Freundin dabei. Diese sagt zu Ihnen „Schau, ich habe das Seil dabei, das ist absolut reißfest! Schau mal, wie robust und schwer es ist, damit könnte man einen Bullen den Berg hochziehen. Kein anderes Seil ist so stabil wie dieses, ich habe alle miteinander verglichen!" Und was denken Sie? Sie stehen vor dem Berg und röcheln unter Ihrer schweren Last und denken: ‚Hätte ich doch bloß viel weniger eingepackt! So schwer!' Ihnen wäre wohl ein Seil wichtiger, das nicht nur besonders robust ist, sondern vor allem leicht. Und so werden Sie sich nicht besonders über das schwere und robuste Seil freuen. So ist das auch mit Ihrer Präsentation: Hier wird unter Nutzen ein Vorteil gekoppelt mit der Erfüllung eines Bedürfnisses verstanden.

▶ Unter Nutzen wird ein Vorteil gekoppelt mit der Erfüllung eines Bedürfnisses verstanden.

Das kann die Lösung eines Problems oder die Erfüllung eines Wunsches bedeuten. Die Leitfrage für den Nutzen lautet: „Welchen Vorteil habe ich durch XY?" oder „Welcher Nachteil wird durch XY aufgehoben?" Dazu ist es nötig, sich im Vorfeld in die Lebensrealität des Publikums hineinzuversetzen und es mit seiner Perspektive zu verstehen.

Solange Ihr Publikum in Ihren Angeboten und Vorschlägen keinen Nutzen erkennt, wird es Ihr Produkt oder Ihre Dienstleistung nicht kaufen oder Ihren Vorschlag desinteressiert ablehnen. So ist der Dienstleistungsmarkt voll von sehr tollen Angeboten, die aber nicht angenommen werden, weil die Kundinnen und Kunden nicht wissen, warum. Kurzgesagt: Weil man nicht den Nutzen kennt. Daher gilt auch für Ihre Präsentation: Was ist der Nutzen Ihrer Präsentation für Ihr Publikum? Aus dieser Perspektive können Sie Ihr Publikum aufmerksam machen und es animieren, Ihnen interessiert zuzuhören. Erzählen Sie gleich am Anfang Ihrer Präsentation kurz, welchen Nutzen Ihr Publikum erhalten wird. Anschließend gestalten Sie im Verlauf der Argumentation den Nutzen aus und sprechen Sie immer aus Sicht Ihres Publikums.

▶ **Der Nutzen ist mehr als ein Vorteil** Nutzen = Vorteil + Erfüllung eines ermittelten Bedarfes. Der Vorteil ist die Funktion, der Nutzen ist, warum es für Ihr Publikum praktisch ist. Oder anders:
Der Vorteil ist das Seil – der Nutzen ist, dass Sie damit sicher den Gipfel erreichen.

▶ Nehmen Sie die Perspektive Ihres Publikums ein und stellen Sie die Vorteile und den Nutzen für das Publikum in Ihrer Präsentation heraus. Dadurch animieren Sie das Publikum und es wird Ihnen interessiert folgen.

Nachdem Sie sich diese ganzen Vorüberlegungen zu Ihrem Publikum gemacht haben und wissen, welche Ihrer Argumente besonders interessant für Ihr Publikum sind, arbeiten Sie als nächstes an der Kompatibilität zwischen Ihrem Ziel und den Nutzen des Publikums. Ihr Ziel soll also mit dem Nutzen für Ihr Publikum verbunden werden, damit eine Win-Win-Situation entstehen kann. Dazu folgendes Beispiel:

> **Beispiel**
>
> Das Ziel von Frau Fischer ist es heute zwölf Waschmaschinen zu verkaufen. Zu den ausgestellten Modellen gibt es eine Reihe von Fakten, z. B. dass Waschmaschine XY eines Herstellers 3000 Umdrehungen/Minute leistet, 8 kg Fassungsvolumen und Energieeffizienzklasse C hat. Diese bloßen Fakten verkaufen aber keine einzige Waschmaschine. Sondern Frau Fischer muss im Gespräch mit Ihren Kundinnen und Kunden herausfinden, welchen Bedarf sie haben. Das kann bedeuten, eine sehr leistungsstarke Waschmaschine zu wollen oder eine, die besonders energiesparend ist. Wenn Frau Fischer nun im Gespräch feststellt, dass Ihre Kunden nach einer Waschmaschine mit viel Fassungsvermögen suchen, kann Frau Fischer daraufhin sagen: „Sie suchen nach einer Waschmaschine, die für große Mengen geeignet ist. Daher empfehle ich Ihnen das Modell XY. Dieses Modell fasst 8 kg und dadurch werden Sie viel Wäsche auf einmal in die Trommel laden können, das bedeutet, dass Sie weniger häufig waschen müssen und das ist praktisch, stimmt's?" ◄

Frau Fischer hat Ihr Ziel mit dem Nutzen für ihre Kunden und Kundinnen miteinander in Einklang gebracht, indem Sie den Nutzen herausgefunden und entsprechend argumentiert hat. Damit hat sie zwei Fliegen mit einer Klappe geschlagen: Ihr Kunde oder Ihre Kundin läuft mit einer passenden Waschmaschine nach Hause und Frau Fischer ist nur noch elf Waschmaschinen von Ihrem Verkaufsziel entfernt.

Für die Nutzen-Argumentation gibt es konkrete Formulierungen, die Ihnen dabei helfen können, den Nutzen für Ihr Publikum konkret und überzeugend zu formulieren.

5.3.2 Die Nutzen-Argumentation

Wie also stellen Sie den Nutzen für Ihre Zielgruppe heraus? Abb. 5.2 veranschaulicht das Schema, das Sie für eine gute Formulierung verwenden können. Es gibt vier Elemente:

1. Das Produkt bzw. die Lösung
2. die Brückenformulierung

Abb. 5.2 Die Nutzen-Argumentation in vier Schritten

3. der Vorteil und der daraus resultierende Nutzen und schließlich
4. der Festnagler.

Zuerst beginnt man bei der Sache selbst. Das ist in der Regel das Produkt oder eine Dienstleistung, die Lösung, eine Eigenschaft oder ein Merkmal. Um von der Sache zum Nutzen elegant überzuleiten, nutzen Sie eine **Brückenformulierung**. Die Brückenformulierungen sind in der Regel Satzkonstruktionen mit „Sie", „Ihnen", „Du" oder „Euch". Dadurch werden Sie motiviert sich in die Perspektive Ihrer Gesprächspartner oder Ihres Publikums zu denken und gleichzeitig das Publikum direkt anzusprechen.

> **Beispiel**
>
> Geeignete Brückenformulierungen sind:
>
> - … dies bedeutet für Sie, …
> - … das fördert Ihre …
> - … damit können Sie …
> - … das heißt für Sie …
> - … dies erlaubt Ihnen …
> - … dadurch erhöhen/steigern Sie …
> - … damit minimieren/maximieren Sie …
> - … dies bringt Ihnen …
> - … dies vereinfacht …
> - … wir gewährleisten/garantieren Ihnen damit …
> - … so sichern Sie …
> - … somit wird Ihnen ermöglicht …
> - … das schützt Sie …
> - … das erleichtert Ihnen
> - … damit bestätigen Sie … ◄

Nun sind Sie beim Vorteil und Nutzen angekommen und möchten sichergehen, dass Ihr Argument „gekauft" wird: Über den **Festnagler** holen Sie eine direkte Rückmeldung und holen Ihren Kunden oder Kundin ins Boot: Sie holen ein gesagtes oder zumindest gedachtes „Ja!" Sollten Sie feststellen, dass es keine Zustimmung gibt, heißt es für Sie, dass es noch mehr Überzeugungsarbeit zu leisten gilt.

> **Beispiel**
>
> - …, meinen Sie nicht auch?
> - …, ist es nicht so?
> - …, nicht wahr?
> - …, stimmt's?
> - …, oder?

- …, stimmen Sie mir zu?
- …, richtig?
- …, oder nicht?
- …, sind Sie auch meiner Meinung?
- …, ist das was für Sie?
- …, könnten Sie sich das vorstellen? ◄

Der Nutzen in Ihrer Präsentation

Zeigen Sie einen **Vorteil** und den sich hieraus ergebenen **Nutzen** für Ihr Publikum. Was erhält Ihr Publikum durch Ihre Präsentation, welchen Bedarf hat es? Verbinden Sie Vorteil und Nutzen jeweils mit einer **Brücken-Formulierung**. Suchen Sie weitere Beispiele.

Beispiel

Produkt, Lösung, Eigenschaft:	*„Der Zaun „Modell 3000" ist aus Aluminium und pulverbeschichtet einbrennlackiert;*
Brückenformulierung:	**das bedeutet für Sie**,
Vorteil:	*dass er nicht rostet und*
Nutzen:	*deshalb nie mehr gestrichen werden muss.*
Festnagler:	*Nie mehr streichen zu müssen erspart Ihnen eine Menge Mühe,* **nicht wahr?**" ◄

Über Fesseln und Haken: Aufmerksamkeit, Aufnahme und Aktivierung

6

Für einen Bergsteiger ist nichts so fesselnd, wie die Spitze eines imposanten Berges. Stellen Sie sich vor, Sie haben wochen- vielleicht sogar monatelang daraufhin trainiert. Unzählige Stunden wurden damit zugebracht, das richtige Equipment auszusuchen. Schließlich haben Sie sich mit ebenso Bergbegeisterten über Vereine oder Social-Media Plattformen vernetzt und sich stetig ausgetauscht. Mit Flugzeug und Zug haben Sie eine lange Reise auf sich genommen und jetzt ist es endlich soweit: Sie stehen direkt vorm Berg und sehen die schneeweiße Spitze im Sonnenlicht glänzen. Und jetzt? Drehen Sie sich aufgeregt um und sagen zu Ihrem Nachbarn: „Ich kann es kaum erwarten die Aussicht von oben zu sehen!" Oder schnauben Sie gelangweilt: „Bin ich froh, wenn ich wieder daheim bin!" Natürlich wird Ihre Antwort freudig und motiviert ausfallen. Ziele, Hoffnungen und sogar Visionen – das alles schafft konkrete Vorstellungen, über die sich Motivation entwickelt. Es ist klar, dass Sie die Zugspitze oder den Mont Blanc erklimmen möchten und kein Bergsteiger würde sagen: „Ach, ich würde gerne auf irgendeinen Hügel!" Dieses Prinzip gilt insbesondere dann, wenn Sie andere mitreißen und begeistern möchten, vor allem in Präsentationen. Wie hört es sich für Sie an? So: „Vielleicht schaffen wir es, bis Ende des Quartals, die Umsätze ein bisschen zu stabilisieren. Ich hab' mal ein paar Vorschläge mitgebracht, über die wir reden könnten." Oder so: „Wir werden unsere Umsätze um 5 % im nächsten Quartal steigern! Heute zeige ich euch drei Wege, wie wir das gemeinsam schaffen." Die Wirkung ist eine deutlich andere. Oder nicht?

Unter dem Stichwort „*Attentum Parare*" wird in der Rhetorik das Prinzip der Aufmerksamkeitserregung verstanden. Im Grunde geht es um die Frage: Wie wecke ich die Aufmerksamkeit meiner Zuhörerinnen und Zuhörer? Wie erhalte ich die Aufmerksamkeit meines Publikums aufrecht? Und wie kann ich meine Präsentation so spannend gestalten, dass mir alle gebannt an den Lippen hängen? Wie Sie Aufmerksamkeit, Aufnahme und Aktivierung des Publikums realisieren, um dieses Thema geht es in den folgenden Kapiteln. Einiges dazu finden Sie auch bei den Eisbrechern in Abschn. 2.1.1.1.

6.1 Die Grundlagen einer spannenden Präsentation

Mit der „Kopfstandmethode" können kreative und zahlreiche Lösungen für eine Fragestellung gefunden werden. Sie erfordert von uns die Fähigkeit Probleme, Fehler und Herausforderungen zu benennen. Damit werden Aspekte klarer, welche über Erfolg und Misserfolg entscheiden. Für die meisten ist es ein Leichtes, Probleme und Schwierigkeiten zu erkennen und zu benennen; vielleicht kennen auch Sie so einen Meister oder Meisterin dieses Faches. Diese Gedankenübung machen wir uns an dieser Stelle zu Nutze und stellen die Frage „auf den Kopf": Wie kann die nur denkbar langweiligste und unerträglichste Präsentation gestaltet werden. Was müssten Sie dafür beachten?

> **Die spannende Präsentation „auf dem Kopf"?**
>
> Stellen Sie sich vor, Sie sitzen während einer Präsentation im Publikum. Die Präsentation ist schlecht. So schlecht sogar, dass Sie sagen würden: „Das ist die schlimmste Präsentation, die ich je gesehen habe!" Überlegen Sie nun, was genau an der Präsentation nicht gut ist, machen Sie Ihre Punkte möglichst konkret. Was müsste eine Person tun, die die langweiligste und unausstehlichste Präsentation der Welt halten wollte? Sammeln Sie alle Punkte, die Ihnen in den Sinn kommen. Anschließend überlegen Sie sich für jeden Punkt, wie er ins Gegenteil – in den Kopfstand – gebracht werden kann, und Sie erhalten eine tolle, spannende und überzeugende Präsentation.

Was als „schlechte Präsentation" gilt, hängt verständlicherweise auch mit persönlichen Präferenzen zusammen. Manche reagieren mehr auf visuelle Reize, andere sind richtige „Faktenliebhaber" und „Faktenliebhaberinnen" und können gar nicht genug Detailinformationen bekommen. Einige Punkte sind jedoch übergreifend und stellen für eine Vielzahl der Menschen eine schlechte Präsentation dar. Eine kurze Auswahl:

> **Wann ist eine Präsentation schlecht?**
>
> Eine schlechte Präsentation beinhaltet folgende Punkte:
>
> - Körpersprache: Keine Gestik (oder derart viel Gestik, dass sie ablenkt, z. B. mit den Händen rudern); unsicherer Stand, Hände hinter dem Rücken halten, vom Publikum abgewandt stehen etc.
> - Mimik: Niemals lächeln, kein Blickkontakt und auf den Boden schauen, unzufriedener oder unglücklicher Gesichtsausdruck.
> - Stimme: Monotones Sprechen, zu leises Sprechen, Stimme viel zu hoch oder zu tief, Stottern und Stocken oder sehr schnelles, sehr leises Sprechen; auf jeden Fall so, dass der Inhalt dabei unverständlich wird.
> - Inhalt: Wichtige Informationen und Kernpunkte werden nicht genannt, sondern nur implizit mitgedacht, unwichtige Details werden in großer Ausführlichkeit behandelt,

keine Orientierung an der Zielgruppe und der Themen der Zielgruppe, Inhalt ist unverständlich oder irrelevant.
- Viele „Ähms"; darüber hinaus ständige Verwendung von „Weichmachern" in der Sprache wie „vielleicht", „eigentlich", „möglicherweise" oder die häufige Verwendung des Konjunktivs, z. B.: „würde, könnte, dürfte, sollte". Diese schwächen die Aussagen, wirken unsicher und unverbindlich.
- Verzweifelter Medieneinsatz: Von der überladenen PowerPoint-Folie bis hin zu unübersichtlichen Tafelbildern: Hier zählt nur eins, nämlich Unverständlichkeit. Gerne kommen hier auch viel zu viele Farben, Bilder und lange Texte auf Folien zum Einsatz. Natürlich gehört hier auch die Anzahl der Folien erwähnt. Ein Teilnehmer von mir berichtete von einer Schulung mit 800 (!) Folien. Wer soll sich dies merken?
- Keine Struktur des Vortrags, kaum Vorbereitung und daher auch keine Vorüberlegungen zu kritischen Fragen, welche im Anschluss zur Präsentation aufkommen könnten
- Unangemessene Kleidung
- Überziehen der Zeit, schlechte Zeitplanung
- Der Sprecher bzw. die Sprecherin geht von einem allwissenden, wohlwollenden und dauer-aufmerksamen Publikum aus und gestaltet die Präsentation daher sehr ineffizient und mühsam für das Auditorium. ◄

Sie sehen, eine schlechte Präsentation folgt drei wichtigen Prinzipien, siehe Abb. 6.1. Diese lauten: **Unverständlichkeit, Spannungslosigkeit** und **Irrelevanz**. Doch hier hört Ihre gedankliche Exkursion nicht einfach auf.

Nehmen Sie nun alle Punkte und drehen sie um. Aus „monoton sprechen" wird „abwechslungsreich sprechen", aus „auf den Boden schauen" wird „ins Publikum blicken" usw. Et voilà: Sie haben Ihre ganz persönliche Liste zur interessantesten und angenehmsten Präsentation überhaupt. Die drei Prinzipien lassen sich ins Positive wenden, dies ist in Abb. 6.2 veranschaulicht.

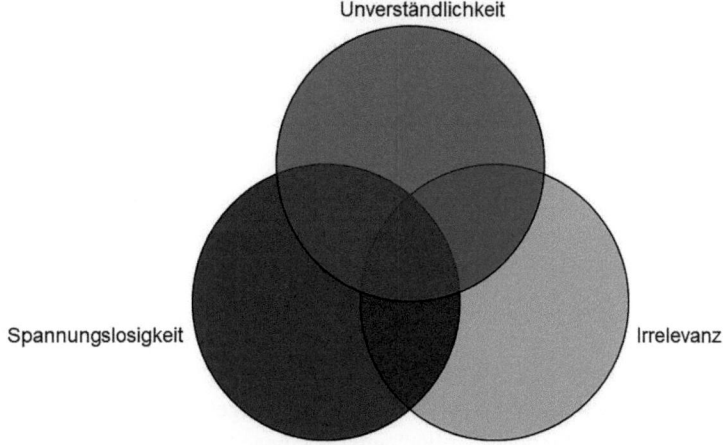

Abb. 6.1 Die drei Prinzipen einer schlechten Präsentation

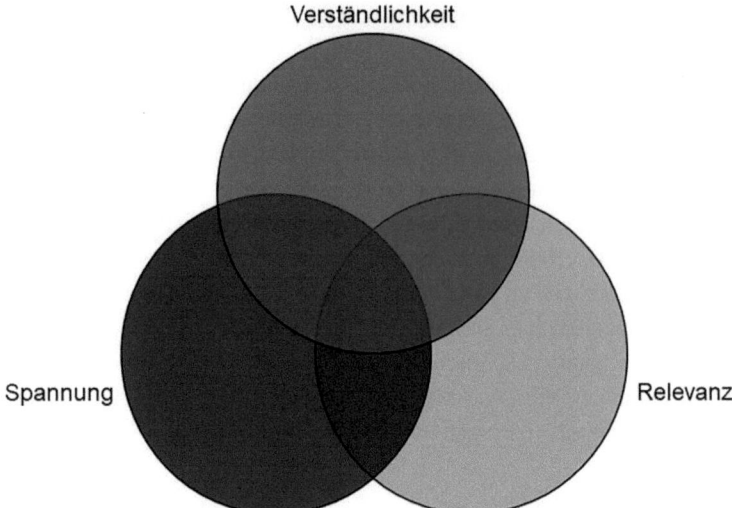

Abb. 6.2 Die drei Prinzipien einer spannenden Präsentation

Um Ihre Liste zu ergänzen und durch wissenschaftlich geprüfte Methoden aus der Rhetorik zu erweitern, können die drei Merkmale einer guten Präsentation wie folgt umgesetzt werden:

Wann ist eine Präsentation spannend und gut?

Eine gute und spannende Präsentation beinhaltet folgende Punkte:

- Körpersprache: Gerade Körperhaltung, gezielte eingesetzte Gestik, Füße im hüftbreiten Abstand zueinander, Fußspitzen leicht nach außen, Hände sind „offen", d. h. nicht durch Zettel oder Stifte blockiert und Handflächen sind sichtbar
- Mimik: Leichtes Lächeln, regelmäßiger Blickkontakt zu allen „Ecken" des Publikums
- Stimme: Abwechslungsreiches Sprechen, Betonung der wichtigsten Inhalte. Aussagen, Fragen und Ausrufe wechseln sich ab. Am Ende jedes Gedankens wird die Stimme tiefer.
- Inhalt: Wichtige Informationen und Kernpunkte werden genannt zu den Zeitpunkten genannt, an denen die Aufmerksamkeit am höchsten ist, also vor allem zu Beginn und zu Schluss der Präsentation. Unwichtige Details werden ausgelassen, der Inhalt wird stark an den Interessen und Zielen des Publikums ausgerichtet. Leitfrage ist: „Was ist für meine Zielgruppe wichtig?" Der Inhalt wird so weit vereinfacht, wie nötig.
- Statt vieler „Ähms" werden Pausen gesetzt. Sprachliche Weichmacher wie „vielleicht", „eigentlich", „möglicherweise" werden weggelassen, ebenso der Konjunktiv, z. B.: „würde, könnte, dürfte, sollte", um die eigene Verbindlichkeit zu erhöhen.

- Gezielter Medieneinsatz: Es lohnt sich, mindestens ein anderes Medium zusätzlich zum freien Vortrag zu verwenden. Das kann eine PowerPoint sein, eine Pinnwand, Anschauungsmaterial, Flipchart, Tafel etc. Auch Experimente unter Einbezug des Publikums sind sinnvoll.
- Klare Struktur des Vortrags, ausreichend Vorbereitung und Vorüberlegungen zu kritischen Fragen, welche im Anschluss zur Präsentation aufkommen könnten.
- Professionelle bzw. angemessene Kleidung. Als Sprecher bzw. Sprecherin Sind Sie die am besten angezogene Person im Raum!
- Gute Zeitplanung, die Präsentation wurde im Vorhinein geprobt, auch um den zeitlichen Rahmen nicht zu sprengen. Während der Präsentation kann ein Timer gut sichtbar für Sie aufgestellt werden. Es ist besser die Präsentation zu kürzen, als alle Details mitunterbringen zu wollen. Gerne können Sie sich auch Diskussionsfragen für den Anschluss überlegen.
- Der Sprecher bzw. die Sprecherin geht von einem „menschlichem" Publikum aus. Unaufmerksamkeit und Ablenkung werden in die Präsentation miteinkalkuliert. Daher werden zum Beginn und zum Schluss der Präsentation die wichtigsten Informationen kompakt und prägnant wiederholt. ◄

Diese Eckpunkte stellen das Gerüst für Spannung in der Präsentation dar. Wenn Sie darauf achten eine gute körpersprachliche Präsenz zu zeigen, zu lächeln, die Präsentation kurzweilig zu halten sowie einen stringenten Faden klar erkennbar zu machen, dann sind 80 % des Publikums bereits zufrieden. Versetzen Sie sich in die Position Ihres Publikums: Wenn Ihrem Publikum erst sehr spät in der Präsentation klar wird, worum es geht und den Eindruck hat, es handelt sich um eine Zeitverschwendung (und dieselben Informationen könnten in wenigen Sätzen gegeben werden), dann werden Sie sich ärgern. Genau darum geht es auch bei Spannung in der Präsentation: Indem Aufmerksamkeit als begrenzte Ressource verstanden wird und Sie klar und konzise Ihre wichtigsten Punkte vorbringen, umso glücklicher sind am Ende Sie selbst sowie das Auditorium. Schauen Sie hierzu auch in unser Kapitel zu den Präsentationsstrukturen Kap. 2.

Grundsätzlich gilt also: Eine gute, kurzweilige Präsentation ist die Grundlage. Erst dann sollten Sie weitere Spannungseffekte in Ihre Präsentation einbauen.

Geschichten fördern die Spannung

„Vor zwei Monaten habe ich es endlich gewagt: Ich reiste zum Aconcagua in Argentinien um ihn zu besteigen. Der Aconcagua ist einer der höchsten Berge der Welt und mit knapp 7000 m gehört die Aussicht zu den beeindruckendsten. Wie ich und meine zusammengeschweißte Bergsteigergruppe uns an diesen Berg herangewagt haben, davon möchte ich euch heute erzählen. Dazu müsst ihr wissen, dass ich seit etwa fünf Jahren in meiner Freizeit wandere und klettere und schon andere kleinere Berge mit meiner Gruppe bestiegen hatte. Trotzdem sollte man so einen Aufstieg nicht auf die leichte Schulter nehmen – Schließlich verringert sich der atmosphärische Druck am Gipfel auf

40 % im Vergleich zum Druck auf Höhe des Meeresspiegels. Daher braucht es einen medizinischen Check-up und ausreichend Zeit zur Akklimatisation. Und das ist nur ein wichtiger Faktor von vielen, denn man braucht auch etwas Glück. Ist das Wetter gut? Wenn die Sicht zu schlecht ist oder Stürme aufziehen, dann kann das sehr schnell sehr gefährlich werden. Immer wieder hört man von Bergsteigern, die bei zu schlechter Sicht vom Weg abkommen und unglücklich stürzen oder in einen Schneesturm geraten und erfrieren. Auch das Equipment muss sorgfältig geprüft sein. Zwei Wochen haben wir – meine Bergsteiggruppe und ich – eingeplant, auch um uns sich zuerst an kleineren Touren zu versuchen. Vom Basislager probten wir immer wieder kleinere Aufstiege, bis wir es endlich wagten: Die Ausrüstung ist geprüft, das Wetter stabil und die Sicht klar. Also geht es endlich los. Von unserem sicheren Basislager entfernen wir uns schnell und es dauert nicht lange, bis es außer Sichtweite liegt. Einige Zeit gehen wir Stück für Stück weiter, die Luft wird dünner und der Weg anspruchsvoller. Mit Klettersteigset und Karabinerhaken bahnen wir uns den Weg auch durch schwierige Stellen. Dabei sichern wir uns auch gegenseitig. Wenn eine Stelle rutschig ist, dann werden alle gewarnt und wenn jemand schwächelt, werden Pausen eingelegt. Tatsächlich sind wir an diesem Tag besonders schnell und kommen gut voran und ab und an schaue ich zurück und bewundere die Strecke, die schon hinter uns liegt.

Plötzlich höre ich einen Schrei, meine Freundin hängt in ihrem Klettergurt. Ihr Gesicht ist schmerzverzerrt. Was ist passiert?" ◀

Das Gehirn liebt Geschichten. Geschichten wecken die Neugier und erhöhen die Spannung während Ihrer Präsentation. Selbst wenn Sie bisher keine Berge bestiegen haben: Ihr Fundus, aus welchem Sie erzählen können, ist größer, als Sie vielleicht meinen.

Eine der einfachsten Formeln für eine gute Geschichte lautet: **Geschichte = Figur + Zwangslage + angestrebte Befreiung**. Das können Sie als Grundlage für jegliche Geschichte verwenden und abwandeln. Eine Figur, das können Sie selbst oder eine andere Person sein, befindet sich in einer Zwangslage. Aus dieser versucht sie sich zu befreien. Selbstverständlich gibt es Hürden. Diese Art, Geschichten zu erzählen, ist für Ihr Publikum besser, weil Menschen immer dazu neigen, sinnvolle Verknüpfungen zu suchen. Zum Beispiel sind die Sätze: „Der König starb. Drei Monate später starb die Königin." unzusammenhängend und bleiben nicht so lange im Gedächtnis hängen. Besser: „Die Königin starb, weil der König drei Monate zuvor gestorben ist." Allein die Verbindung zwischen Ursache und Wirkung lässt die Verknüpfung „weil" zu: Die Königin starb an Trauer um ihren Gatten.

Eine ähnliche Abwandlung ist die Geschichtsformel zur Heldenreise. Diese läuft für gewöhnlich in fünf Schritten ab 1. Held bzw. Heldin in ihrer Welt, 2. Ruf und Aufbruch 3. Begegnung Mentoren und Widersacher 4. Kampf 5. Erkenntnis, Elixier, oder Lösung. Denken Sie an die größten Kinofilme oder das letzte Theater oder Musical, das Sie besucht haben: Viele dieser Stücke folgen der Heldenformel als Grundschema. Denken Sie an das

Kasperle-Theater. Hier rettet Kasper die Prinzessin vor dem Krokodil. Dazu kommt noch ein Wachtmeister. Auch für Ihre Präsentation dürfen Sie eine Geschichte nach dieser Formel anwenden oder gar Ihre ganze Präsentation nach der Heldenreise strukturieren, wenn es für Ihr Thema sinnvoll ist. Besonders effektiv wird eine Geschichte, wenn die Lösung den **direkten Nutzen** für Ihr Publikum darstellt.

6.2 Spannungsbögen gestalten

Welche Dinge sind in einer Präsentation spannend? Spannende Präsentationen möchten die meisten Personen halten. Doch was erzeugt wirklich Spannung? Denken Sie wieder an den Bergaufstieg: Der Blutdruck steigt, das Adrenalin wird ausgeschüttet und die Atmung wird schneller. Sieht eine Bergsteigerin nach unten in die Tiefe, so entsteht häufig Angst, die diese biologischen Mechanismen erzeugt. So ist es mit allen Emotionen, die tief verwurzelt mit den körperlich-biologischen Reaktionen sind: Angst, Wut, Trauer, Verachtung, Überraschung, Freude, Ekel. Diese Basisemotionen anzusprechen wirkt immer spannend und erregt Aufmerksamkeit bei Ihrem Publikum; sei es ein überraschender Moment, eine traurige Geschichte, ein lustiger Witz. Ob Verachtung und Ekel in einer Präsentation angemessen sind oder nicht, ist dabei letztendlich immer Ihnen überlassen und auch vom Thema abhängig. Ekel könnte gezielt in einem Vortrag über Lebensmittelsicherheit hervorgerufen werden, wenn der Sprecher das Ziel hat, dass das Publikum korrekt die Küche reinigt, bevor gekocht wird. Sie können sich dabei sicher sein, dass ein Vortrag, der in diesem Rahmen Ekel hervorruft dem Publikum auch länger in Erinnerung bleibt als ein Vortrag über antibakterielle Küchen, welcher ausnahmslos hochglanzpolierte Ablagen zeigt und daher schnell langweilig wird. Auch wenn Ekel auf den ersten Blick für viele Präsentationen ungeeignet scheint, so kann er dennoch sehr lehrreich eingesetzt werden. Über Prof. Sauerbruch wird folgende Anekdote berichtet: In der ersten Vorlesung der Medizinstudenten stellte er sich mit einem Glas ekliger, stinkender Flüssigkeit vor die Studenten und sagte: „Als Arzt brauchen Sie zwei Eigenschaften. Erstens dürfen Sie sich vor nichts ekeln", tauchte dann einen Finger ein und schleckte einen Finger ab. Danach ließ er das Glas durch die Reihen gehen und bat die Studenten, es ihm gleichzutun. Viele sahen und rochen die Flüssigkeit und musste sich sehr überwinden, den Finger einzutauchen und abzuschlecken. „Zweitens", sagte er dann, „müssen Sie eine gute Beobachtungsgabe haben. Ich habe nämlich einen Finger in die eklige Flüssigkeit getaucht, aber einen anderen abgeschleckt!"

Unkomplizierter ist es bei positiven Emotionen wie Freude, Liebe, Glück. Gefühle anzusprechen ist grundsätzlich wichtig, weil so die sachliche Argumentation länger erinnert wird und die Aufmerksamkeit des Publikums geweckt wird.

Methoden um Gefühle in der Präsentation zu bewegen
Hier eine Übersicht über die sieben Grundemotionen nach Paul Ekman:
Freude:

- Witze, Anekdoten, angemessene Ironie
- Während der Präsentation selbst lächeln, Lachen
- Situationskomik, Inszenierungen auf der Bühne

Trauer:

- Geschichten, Anekdoten
- Schlagzeilen, schlechte Nachrichten
- Traurige, stimmliche Betonung, trauriger Gesichtsausdruck

Wut:

- Direkte, einfache Sprache
- Erhöhte Lautstärke, wütende Mimik
- Raum einnehmen, größere Gestik

Ekel:

- Häufig deskriptive oder bildliche Sprache
- Höhere Stimmlage
- Besonders über Mimik

Überraschung

- Meist plötzlicher Wechsel in Mimik und Gestik, Zusammenzucken
- Aufschrei, aufgerissene Augen und offener Mund
- Plötzlicher Situationswechsel

Neben der Heldenreise bzw. der Grundform einer einfachen Geschichte kann Spannung über weitere Dinge hergestellt werden. Zum Beispiel eignen sich Rätsel sehr gut oder auch Überraschungseffekte, wie sie beispielsweise bei Zaubertricks bestehen. Auch Anwendungsbeispiele, Umsetzungen bzw. Best Practices sind spannend, weil sie nützlich sind. Und zuletzt kann Spannung über eine überraschende Wendung wie z. B. in Witzen erreicht werden. Spannung ist im Grunde nichts anderes als eine Art Druck, die entsteht.

6.2 Spannungsbögen gestalten

Die Art und Weise wie Sie Ihre Präsentation vortragen, ist ein wichtiges Spannungselement. Körpersprache und Stimme können durch Betonung großen Einfluss auf die Spannung nehmen. Es macht beispielsweise einen großen Unterschied, ob Sie die Arme schlaff neben dem Körper herunterhängen lassen, tief seufzen und monoton sagen: „Wir haben unser Quartalsziel übertroffen." Oder, ob Sie Ihr Publikum anlächeln, die Arme nach oben nehmen und sagen: „**Wir** haben unser Quartalsziel übertroffen!" Die Art, wie Sie sich präsentieren und darstellen hat große Bedeutung für die Gestaltung der Spannung in Ihrer Präsentation. Sie ist deshalb nicht zuletzt auch eine zentrale Aufgabe der Rede, die erfüllt werden muss.

▶ Bei allen rhetorischen Techniken und Hilfsmitteln: Das wichtigste Spannungselement für Ihre Präsentation ist **Abwechslung.** Nutzen Sie unterschiedliche Methoden und variieren Sie Ihre Präsentation: Beginnen Sie beispielsweise mit einem Vortrag, stellen dann eine Publikumsfrage, zeigen anschließend ein kurzes Video und machen dann mit Ihrer Präsentation weiter.

Abwechslungsreich zu präsentieren ist die wichtigste Regel für Spannung. Als „variatio delectat" ist dieses Prinzip in der Rhetorik benannt und beschreibt den methodisch-didaktischen Wechsel. Wie kann dieser Wechsel gut gestaltet werden?

> **Abwechslungsreich präsentieren**
> Eine Auswahl an Präsentationsmethoden:
>
> - Vortrag: Sie sprechen, Ihr Publikum hört zu. Mit oder ohne Folien.
> - Unterrichtsgespräch: Sie sprechen, Ihr Publikum hört zu und Ihr Publikum spricht und Sie hören zu. Wichtig: Sie nehmen zudem eine moderierende Haltung ein und streuen Ihr Fachwissen bzw. den Inhalt Ihrer Präsentation ein. Häufig eng verbunden mit Fragen.
> - Fragen: Sie stellen offene Fragen (W-Fragen), Alternativfragen (Option 1 oder Option 2) oder auch rhetorische Fragen an Ihr Publikum. Variation: Digitale Abfragen, die direkt an die Leinwand projiziert werden können.
> - Pinnwandarbeit: Sie lassen Ihr Publikum Begriffe auf Moderationskarten schreiben und pinnen diese an. Das Schaubild kann ungeordnet sein, z. B. bei einer freien Assoziation oder geclustert nach Themengebieten oder im Mindmap-Format.
> - Bilder, Videos, Musik: Sie präsentieren den Inhalt über ein anderes Medium, z. B. über ein Bild. Dann beginnen Sie mit Ihrem Vortrag und beginnen mit einer Geschichte oder Sie stellen eine Frage an Ihr Publikum zum gezeigten Bild, Video oder Musikstück.
> - Gedankenentwicklung am Flipchart: Sie zeichnen ein Schaubild auf und vervollständigen es nach und nach. Das Flipchart dient der Visualisierung Ihrer Gedanken und Ausführungen.

Gestalten Sie Ihre Präsentation abwechslungsreich und wechseln Sie Ihren Präsentationsmodus mindestens ein Mal.

Unser Gehirn liebt Bilder und Geschichten, das wurde auch wissenschaftlich z. B. in der Dual Coding Theory nach Pavio dargelegt.[1] Nach dieser Ansicht fällt es leichter Inhalte zu merken, wenn sie nicht nur über einen reinen Text vermittelt werden, sondern zusätzlich über ein anderes Medium präsentiert werden, beispielsweise über ein Bild.

Spannung entsteht jedoch nicht nur durch emotionale Reize oder mediale Abwechslung – auch der dramaturgische Aufbau einer Präsentation trägt entscheidend dazu bei, ob Ihr Publikum „dranbleibt" oder innerlich abschaltet. Überlegen Sie: Wann fühlt sich ein Film oder Roman spannend an? Meist dann, wenn es eine zentrale Frage gibt, die lange unbeantwortet bleibt. Oder ein Konflikt, dessen Ausgang ungewiss ist. Dasselbe Prinzip lässt sich auf Präsentationen übertragen: Wenn Sie zu Beginn eine Frage aufwerfen, ein Rätsel stellen oder eine These in den Raum stellen, erzeugen Sie Neugier. Das Publikum möchte wissen, wie es weitergeht.

Spannung braucht Richtung. Deshalb ist es hilfreich, die Präsentation nicht nur in einzelne Elemente zu gliedern, sondern als Bogen zu denken. Der Anfang setzt einen Impuls, der Mittelteil entwickelt das Thema, der Schluss liefert Auflösung, Pointe oder Ausblick. Ein starker Schluss rundet nicht nur ab, sondern belohnt das Publikum – durch Erkenntnis, Emotion oder Motivation. So entsteht das, was man in der Dramaturgie einen Spannungsbogen nennt: ein Bogen, der sich von der ersten Sekunde bis zur letzten über die gesamte Präsentation spannt und den roten Faden trägt.

Der klassische Spannungsbogen Ein bewährtes Mittel, um Präsentationen lebendig zu gestalten, ist der Aufbau nach einem klassischen Spannungsbogen. Er stammt ursprünglich aus der Erzähltheorie und geht auf Gustav Freytag[2] zurück. Muten Sie Ihrer Präsentation ruhig eine große Portion Spannung zu (Tab. 6.1).

Tab. 6.1 Der klassische Spannungsbogen

Phase	Funktion
1. Exposition	Einführung ins Thema, Ausgangslage klären, Relevanz schaffen
2. Steigende Handlung	Interesse wecken, Problem benennen, Erwartung auf Lösung aufbauen
3. Höhepunkt	Dramatischster Moment: zentrale These, Wendepunkt oder überraschende Erkenntnis
4. Fallende Handlung	Auflösung: Argumente oder Lösungsvorschläge entfalten
5. Schluss/Pointe	Resümee, Handlungsempfehlung, emotionale Zuspitzung oder Ausblick geben
[Darstellung der Phasen im klassischen Spannungsbogen]	

---

[1] Paivio, A. (1986). *Mental Representations:* A Dual Coding Approach. New York: Oxford University Press.; Mayer, R. E. (2021). *Cognitive Theory of Multimedia Learning.* In: Mayer RE, Fiorella L, eds. The Cambridge Handbook of Multimedia Learning. Cambridge Handbooks in Psychology. Cambridge University Press; S. 57–72.

[2] Vgl. Freytag, Gustav (1983): *Die Technik des Dramas.* Hrsg.: Klaus Jeziorkowski. Stuttgart: Reclam; Pfister, Manfred (2001): *Das Drama: Theorie und Analyse.* 11. erw. u. bibl. akt. Aufl. 1988. München: Wilhelm Fink, S. 122 ff.

Wie kann sich das in die Praxis übertragen lassen? Insbesondere wenn es um schwierige, technische Sachverhalte geht? Lassen Sie uns das an einem Beispiel veranschaulichen, das auf den ersten Blick sehr trocken klingt: Lithium-Ionen. Bereit?

> **Der Spannungsbogen in der Präsentation**
>
> Thema: „Warum unser Unternehmen auf Lithium-Eisenphosphat statt Lithium-Ionen setzen sollte."
>
> 1. Exposition: Einstieg mit einem Bild, abgebranntes Elektroauto. Frage: „Was kostet uns eine falsche Entscheidung?"
> 2. Steigende Handlung: Erklärung der aktuellen Batterieprobleme, Brandgefahr, Kosten, Recyclingprobleme.
> 3. Höhepunkt, Plötzliche Wendung: „Doch es gibt eine Alternative, die sicherer, langlebiger und nachhaltiger ist."
> 4. Fallende Handlung: Vorstellung der Lithium-Eisenphosphat-Technologie, Vorteile mit Zahlen, Daten und Fakten sowie Best-Practice-Beispielen.
> 5. Schluss, emotionale Verstärkung: „Stellen Sie sich vor, unsere Fahrzeuge würden nie wieder brennen – und dabei 20 % länger halten." Aufruf zur Handlung oder Diskussion. ◄

Natürlich bedeutet das nicht, dass Ihre Präsentation ein Theaterstück sein muss. Aber sie darf Elemente davon übernehmen: Dramaturgie, Überraschung, Rhythmus, Variation. Ihre Präsentation lebt davon, dass Sie sie lebendig gestalten – und das bedeutet auch: Pausen setzen, Tempo wechseln, Spannung aufbauen und auflösen.

▶ Spannung entsteht, wenn etwas auf dem Spiel steht.

Zeigen Sie Ihrem Publikum also, was auf dem Spiel steht; für die Branche, für das Unternehmen, für den Alltag der Zuhörenden. Wer weiß, was er verlieren oder gewinnen kann, hört genauer hin.

Spannung in Präsentationen ist keine Zauberei. Sie entsteht durch emotionale Ansprache, abwechslungsreiche Methoden, gezielte mediale Unterstützung und vor allem durch eine durchdachte Dramaturgie. Wer es schafft, sein Publikum emotional zu berühren, intellektuell zu fordern und didaktisch zu führen, gestaltet eine Präsentation, die mehr ist als ein Vortrag: Sie wird zum Erlebnis.

6.3 Spannende Sprache

6.3.1 Geschichten erzählen

In diesem Kapitel geht es um die sprachliche Ausgestaltung der Präsentation. Wortwahl, Betonung und Körpersprache haben einen großen Einfluss auf die Aufmerksamkeit der Zuhörerinnen und Zuhörer. Daher gilt der Leitsatz „Malen Sie mit Wörtern Ihre Welt bunt!

Lassen Sie vor dem geistigen Auge Ihres Publikums einen Film ablaufen!" Ziel ist, zusammenhängende Geschichten zu erzählen und nicht bloße Aneinanderreihungen von Geschehnissen.

Das können Sie durch sprachliche Marker vollbringen. Praktisch bedeutet das Folgendes:

Beispiel:

„Wir sollten unser Angebot nachhaltiger gestalten und das Produkt CO_2 sparend herstellen. Dazu brauchen wir das grüne Siegel, das in unserer Produktsparte für gewöhnlich vergeben wird. Dann haben wir ein umweltfreundlicheres Produkt und mehr potenzielle Kunden."

Oder:

„Wir sollten unser Angebot nachhaltiger gestalten, **weil** wir uns von der Konkurrenz abheben möchten. **Aus diesem Grund** brauchen wir das grüne Siegel, **denn** es verleiht uns Glaubwürdigkeit. **Wenn** wir es erhalten, **dann** erschließen wir neue Kundengruppen – insbesondere jene mit ökologischem Anspruch."

Solche Marker („weil", „deshalb", „wenn … dann") machen Ihre Argumentationsstruktur sichtbar und genau das hilft ihrem Publikum, Ihren Gedanken zu folgen. Wichtig ist: Sprachliche Marker ersetzen keine Inhalte aber sie sorgen dafür, dass Ihre Inhalte deutlich besser verstanden und erinnert werden.

6.3.2 Stilmittel nutzen

Sprachliche Marker helfen, Gedanken zu strukturieren – doch sie allein machen aus einem Inhalt noch keine mitreißende Geschichte. Um Sprache wirklich spannend, erinnerbar und lebendig zu gestalten, braucht es mehr: Stilmittel. Bereits in der Antike war klar: Wer andere bewegen will, muss die Sprache selbst zum Ereignis machen. Stilmittel sind gezielte sprachliche Mittel zur Verstärkung von Wirkung, Anschaulichkeit oder Überzeugungskraft: Sie verleihen einer Präsentation nicht nur den „letzten Schliff". Vielmehr: Sie machen aus einem nüchternen Vortrag eine sprachlich durchdachte Inszenierung.

> **Die Wirkung der Stilmittel**
>
> Die Liebe zu den Stilmitteln ist für viele erstmal etwas abstrakt. In der Schule verhasst und verkommen, sehen viele nicht ihre Wirkung. Noch im Studium änderte sich das: In einem Präsentationstraining wurden alle Teilnehmerinnen und Teilnehmer dazu angehalten, fünfzehn – wirklich **fünfzehn** Stilmittel in Ihre Präsentation einzubauen. 45 Minuten Zeit und einige zun#chst verzweifelte Gesichter gab es.
>
> Haben Sie eine Vermutung, was mit den Präsentationen geschah? Schauen Sie einmal in diesen Ausschnitt einer Präsentation!
>
> Ohne Stilmittel: *„Unsere Quartalszahlen sind leicht gestiegen. Die Produktlinie X hat sich dabei besonders gut entwickelt. Wir haben neue Marktanteile in Süddeutschland gewonnen. Im nächsten Quartal wollen wir den Vertrieb stärken. Dazu bauen wir unseren Außendienst aus."*

Mit Stilmitteln:
"Unsere Quartalszahlen steigen – langsam, aber stetig. (Klimax) Und Produktlinie X? Sie hat geliefert. Sie hat überzeugt. Sie hat begeistert. (Anapher + Klimax) In Süddeutschland haben wir erstmals den Fuß in die Tür bekommen – und das ist erst der Anfang. (Metapher) Wir wissen: Unser Vertrieb war bislang unsere Schwachstelle. Doch jetzt heißt es nicht jammern – sondern handeln. (Konzession + Correctio) Darum verdoppeln wir unseren Außendienst. Verdoppeln! (Geminatio)"

Sie sehen selbst – aus einer einfachen, langweiligen Präsentation wird eine spannende, **emotional bewegende** Rede! ◄

Ob bildhafte Sprache, Reim, Wortwiederholungen oder rhetorische Fragen – jedes Stilmittel erfüllt einen bestimmten Zweck. Es lohnt sich, diese bewusst auszuwählen und gezielt in die eigene Präsentation zu integrieren. Denn: Gut gesetzte Stilmittel steigern nicht nur die Aufmerksamkeit, sondern auch die Erinnerbarkeit Ihrer Aussagen. Bereits in der antiken Rhetorik wusste man, dass die Wirkung einer Rede durch stilistische Mittel gesteigert werden kann. Dementsprechend wurde der „Redeschmuck" (*ornatus*) eingesetzt. Ein wesentliches Element des Redeschmucks sind im weiteren Sinne die rhetorischen „Figuren". Unter einer Figur versteht man eine Abweichung vom „normalen" Sprachgebrauch, den es so in der Realität natürlich nicht gibt und ein theoretisches Konstrukt ist, z. B. wenn man statt des „normalen" Wortes: „Anführer" das Wort: „Hirte" verwendet. Durch diese Veränderung ergibt sich in der Sprache mehr Abwechslung und Spannung und zeigt Kreativität. Es gibt unterschiedliche Einteilungen der Figuren. Wir wählen hier eine Einteilung in drei große Kategorien. Jede von ihnen verfolgt einen anderen Zweck und erzielt eine besondere Wirkung. Die erste Kategorie der Figuren sind die *Tropen*. Sie beruhen darauf, dass ein Wort durch ein anderes ersetzt wird. Damit kann man die Betonung auf einen Sachverhalt legen, Negatives durch Positives ersetzen oder stilistische Kreativität zeigen. Die zweite Kategorie sind die *Wortfiguren*. Wortfiguren entstehen durch das Hinzufügen, Weglassen oder Umstellen von Wörtern. Sie betonen daher innerhalb des Satzes Details und können wichtige Fakten hervorheben. Die dritte Kategorie sind *Gedankenfiguren*, sie werden auch als Sinnfiguren bezeichnet. Diese betonen Gedankengänge und können geschickt beispielsweise zur Einwandbehandlung aus dem Publikum verwendet werden.

Schließlich gilt: Rhetorische Mittel verleihen – richtig eingesetzt – jeder Präsentation den „letzten Schliff".

6.3.2.1 Die Tropen
Nachfolgend werden die Tropen dargestellt. Sie erzeugen ihre Wirkung durch das Ersetzen eines Wortes durch ein anderes.

- **Metapher:** (griech. metaphorá von metà phérein = ‚anderswohin tragen' bzw. Übertragung). Mit einer Metapher wird ein Wort, beruhend auf Ähnlichkeit, durch ein anderes ersetzt. Beispiele für Metaphern sind: *„Ich bin mit meiner Nussschale über das Meer gesegelt"* – um auszudrücken, dass es sich um ein kleines Boot handelt. Oder: *„Licht am Ende des Tunnels":* Hier sind es gleich zwei Metaphern und das Licht steht für die

Hoffnung, den Ausweg in einer zunächst ausweglosen Situation und der Tunnel für einen langen, dunklen Weg. Mit einer Metapher werden zwei Bereiche miteinander verbunden, die sonst nichts miteinander zu tun haben, um das Verständnis zu erhöhen. Ein weiteres Beispiel: „Die Servicetechniker und Inbetriebnehmer im Außendienst sind die *Speerspitze* unseres Unternehmens, denn sie stehen im direkten Kundenkontakt und haben die meisten Berührungspunkte mit unseren Kundinnen und Kunden." Selbstverständlich ist der Service im reinen Wortsinn keine Speerspitze.

- **Metonymie:** Ähnlich funktioniert die Metonymie. Hier wird ein Wort, beruhend auf der Nachbarschaft (Kontiguität), durch ein anderes ersetzt. Zum Beispiel: „die Bundestagsabgeordneten beschlossen" wird durch „Berlin beschloss" ersetzt. Selbstverständlich kann eine Stadt nichts beschließen, da aber das Parlament in Berlin sitzt, weiß jeder, was gemeint ist und die Formulierung ist viel griffiger. Zeitungsüberschriften arbeiten sehr gern damit; so können auch Sie griffige Titel für Ihren Vortrag formulieren.
- **Synekdoche:** Bei der Synekdoche wird ein Wort, beruhend auf dem Verhältnis von: Teil-Ganzes (pars pro toto), früher-später und jeweils umgekehrt ersetzt. Zum Beispiel, wenn von „zehn Köpfen" statt von „zehn Personen" die Rede ist. Hier steht ein Körperteil – der Kopf – für den gesamten Menschen.
- **Emphase:** Es wird etwas mit Nachdruck ausgesagt, was aber nicht expressis verbis formuliert wurde, beispielsweise um nicht den tatsächlichen Sachverhalt zu schildern. Hier bei Friedrich von Schiller: „Menschen! – Menschen! Falsche heuchlerische Krokodilsbrut!" Damit können Sie die Bedeutung einer Aussage hervorheben, z. B. „unser neues Produkt – was für eine Revolution!"
- **Hyperbel:** Hier handelt es sich um eine Übertreibung, beispielsweise wenn wir sagen, dass man jemanden einen *unschätzbaren* Dienst erwiesen hat.
- **Periphrase:** Die Periphrase ist geeignet, um bestimmte Begriffe zu umschreiben. Ursprünglich wurde sie häufig eingesetzt, um Obszönitäten zu vermeiden. Beispielsweise wurde vom Büstenhalter (BH) statt von Busen oder Brüsten zu sprechen.
- **Euphemismus:** Eine ähnliche Funktion hat der Euphemismus. Hier werden Begriffe, die von dem meisten Menschen als negativ wahrgenommen werden, durch positivere Worte ersetzt. Beispielweise wenn von „Gesundheitszentrum" statt von „Krankenhaus" oder von „Schillerlocke" statt von „Bauchlappen des Dornhais" die Rede ist. Euphemismen können Sie sehr gut verwenden, wenn es darum geht in der Kundenansprache positive Wirkungen bei schlechten Nachrichten zu erzielen. Es hört sich schöner an, anstatt von: „Leider müssen wir Ihnen einen Lieferverzug mitteilen" und besser von: „Heute informieren wir Sie über Ihren aktuellen Lieferstatus" zu schreiben. Die Worte *leider, müssen, Lieferverzug* hören sich nicht positiv an.
- **Ironie:** Hier wird das Gegenteil des Gesagten gemeint. Beispielsweise will man sagen: „Er stellt sich *ungeschickt* an", formuliert jedoch: „Er stellt sich sehr *geschickt* an." Die Ironie kann dabei sehr witzig oder geistreich wirken. Allerdings besteht bei dieser Figur die große Gefahr, dass es vom Publikum nicht als Ironie erkannt und damit nicht verstanden wird. Deshalb empfehlen wir die Ironie nur sehr sparsam einzusetzen oder sie entsprechend klar im Vortrag zu kennzeichnen. Dabei können die Körpersprache und Stimme sehr gut unterstützen.

6.3.2.2 Wortfiguren

Wortfiguren konzentrieren sich auf die Steigerung der Wirkung durch Veränderung oder Wiederholung einzelner Worte innerhalb des Satzes. Damit werden bestimmte Aussagen betont und sie eignen sich besonders um Zahlen, Daten und Fakten eingängiger zu machen.

- **Anapher:** Die Wörter zu Beginn werden wiederholt. Beispiele: „*Ich danke* meinen Eltern und Unterstützern. *Ich danke* meiner Betreuerin Frau Seiten. Und – *ich danke* Ihnen allen, die heute zu meinem Vortrag meines Forschungsprojekts gekommen sind." „*Kommt* Zeit, *Kommt* Rat.", „*Ich fordere* Zuverlässigkeit, *ich fordere* Vertrauen, *ich fordere* Mut!"[3] „*Zu oft* wurden die nötigen Kompromisse übertönt durch öffentlich inszenierten Streit und laute ideologische Forderungen. *Zu oft* hat Bundesminister Lindner Gesetze sachfremd blockiert. *Zu oft* hat er kleinkariert parteipolitisch taktiert. *Zu oft* hat er mein Vertrauen gebrochen." (Olaf Scholz am 6. November 2024)
- **Epipher:** Umgekehrt zur Anapher wird bei der Epipher das Ende eines Satzes oder Satzteils wiederholt: „Um zu regieren *brauchen wir Vertrauen*, damit wir uns von unserer Vergangenheit befreien, *brauchen wir Vertrauen*, um die Wirtschaft aus der Krise zu führen, *brauchen wir **Vertrauen**.*" „Tore *werden wir heute gewinnen*, das Spiel *werden wir heute gewinnen* und den Pokal *werden wir heute gewinnen*!"
- **Symploke:** Hier werden Anapher und Epipher miteinander kombiniert. Das heißt, es wiederholen sich Satzanfang und Satzende.
- **Paronomasie:** Durch minimale lautliche Veränderung, z. B. durch den Austausch eines Buchstabens, wird ein neuer Sinn erzeugt. „Wer r*a*stet, der r*o*stet!", oder aus „Ver*l*egenheit wurde Ver*l*ogenheit", „Eigenlob sti*mm*t, nicht Eigenlob sti*nk*t!", oder der Spruch eines Fahrlehrers: „Erst *d*enken, dann *l*enken!"
- **Polyptoton:** Hier erfolgt die Wiederholung eines Wortes mit der Veränderung des Kasus, z. B. „das Buch der Bücher" um die Besonderheit hervorzuheben. Die Formulierung wird dadurch auch sehr einprägsam.
- **Synonymie:** Die Synonymie entfaltet ihre Wirkung durch die Wiederholung mehrerer Wörter, die etwas Ähnliches ausdrücken. Dadurch werden die Aussagen nachdrücklicher, wie z. B.: „Herzlich willkommen liebe Kundinnen und Kunden, liebe Konsumenten und Freunde unserer Produkte!"
- **Ellipse:** Durch die gezielte Auslassung eines Wortes, so dass der Satz jedoch verständlich bleibt, wird Spannung erzeugt: „Was, Tell, Ihr wolltet -? Nimmermehr -!" (Friedrich Schiller) Wichtig ist dabei der Einsatz von Betonung und Stimme, damit die Wirkung erzielt und nicht der Eindruck mangelnder Formulierungsfähigkeit vermittelt wird.
- **Parallelismus:** Die Figur beruht auf der parallelen Konstruktion von Satzgliedern, beispielsweise: „Den Umsatz zu steigern! Den Gewinn zu maximieren! Den Wohlstand zu sichern!" Dabei sind alle Sätze gleich aufgebaut.
- **Chiasmus:** Ähnlich wie beim Parallelismus beruht diese Figur auf der kreuzweisen Konstruktion von Satzgliedern, z. B. „Ich *esse* um zu *leben* – ich *lebe* um zu *essen*!"

---

[3] Siehe Rede von Martin Luther King: I have a dream.

oder der Werbeslogan von Douglas: „Come *in* and find *out*". Hier entsteht die Kreuzstellung durch den inhaltlichen Gegensatz. Der Chiasmus erzeugt auf einfache Art und Weise Spannung und lässt interessante Wendungen zu. Nicht zuletzt wird er deshalb gern in der Werbung eingesetzt.

- **Anadiplose:** Das zuletzt gebrauchte Wort oder Wortpaar wird an den Anfang des folgenden Satzes gestellt. „Durch eine enorme Anstrengung konnten wir *Umsatz und Gewinn steigern. Umsatz und Gewinn steigern* wir durch eine konsequente Kundenorientierung." Durch den Einsatz der Anadiplose lassen sich schöne Verbindungen und Überleitungen gestalten.
- **Alliteration:** Wenn die Anfangsbuchstaben der Wörter gleich sind, handelt es sich um eine Alliteration. „Bei Wind und Wetter."; „*W*er *w*irkt *w*ird *W*esentliches vollbringen"; „Kind & Karriere"; „Freie Fahrt für freie Bürger"; „Alle Achtung!"; „… links liegen lassen."; „Männer mag man eben." und auch: „Der frühe Vogel fängt den Wurm!" sind Alliterationen, weil die Anfangsbuchstaben sehr ähnlich klingen („F, V, W"). Die Wirkung ist etwas subtiler als bei der Anapher oder Epipher, weil nur die Anfangsbuchstaben wiederholt werden. Dadurch entsteht ein sprachlich schöner Ausdruck, der rund und durchdacht klingt. Nutzen Sie daher Alliterationen z. B. bei einer 1-Satz-Zusammenfassung oder für ein Zwischenfazit. Auch dieses Stilmittel will im Vorfeld sorgfältig vorbereitet werden.
- **Reim:** „Ohne Fleiß kein Preis!"; „Willst du viel, setz' dir ein Ziel!" Dieses rhetorische Mittel wird leider viel zu oft ob der Wirkung unterschätzt. Nicht zuletzt gibt es im Schul- und Pädagogikbereich viele Eselsbrücken und Merksätze und so manches Diktum aus dem Studium, z. B. „Ironie – nie!" oder „333, bei Issos Keilerei" hat sich so fest eingeprägt. Damit wird dem Gehirn das Merken erleichtert. Und tatsächlich erweckt eine in Reimform verfasste Aussage mehr Glaubwürdigkeit und Vertrauen als eine nicht in Reimen formulierte Aussage.[4] Zentrale Aussagen Ihrer Präsentation können Sie ebenfalls mit in Reimform gegossene Merksätze formulieren. Tipp: Mit KI lassen sich schnell einfache Reime und Gedichte erstellen. Sie brauchen also nicht unter die Dichter und Dichterinnen zu gehen.
- **Geminatio:** Die Geminatio (lat. „Verdopplung") verleiht der Rede Nachdruck und Dringlichkeit: „Vier Augen, *vier Augen* sehen mehr als zwei!"; „Fünf Schritte, *fünf Schritte* sollen am Abend erledigt sein, bevor man den Arbeitsplatz verlässt." „Was, *was* sollen wir tun?"; „*98 %, 98 %* aller Informationen landen im Müll." Besonders in technischen Gebieten eignet sich die Geminatio für die Vorstellung von relevanten Zahlen, Daten und Fakten. Besonders vorteilhaft wirkt sie also, wenn Sie die wichtigste Zahl mit diesem rhetorischen Mittel einführen. Durch die Doppelung schaffen Sie gleichzeitig eine Wiederholung, die das Erinnern erleichtert.

---

[4] Vgl. McGlone; Togfighbakhsh: Birds of a Feather Flock Conjointly: Rhyme as Reason in Aphorisms(2000) und Bacon F.T. (1979). Credibility of repeated statements: Memory for trivia. Journal of Experimental Psychology: Human Learning and Memory, 5, 241–252.

- **Akkumulation:** Die Akkumulation (lat. Häufung) eignet sich ähnlich wie die Geminatio zur Gestaltung von wichtigen Informationen. Die (unterschiedlichen) Informationen werden dabei in kurzer Zeit nacheinander genannt: „*Teamfähigkeit, Ausdauer* und *Disziplin* haben wir unter Beweis stellen müssen." „*Die Kraft, das optimale Gewicht, die Ausdauer:* Das ist es, was Jan Ulrich noch fehlt, um in diesem Jahr die Tour zu gewinnen."
- **Klimax:** Hier werden mehrere Begriffe in ansteigender Reihenfolge genannt. „Ich kam, sah und siegte!" (Gaius, Julius Caesar: „veni, vidi, vici"). „Heute arbeiten wir, morgen expandieren wir und übermorgen sind wir Marktführer!", „Erst handelten wir *wie Affen*, dann *wie Menschen* und heute, heute handeln wir *wie Götter.*" Die Klimax bringt Struktur in die aufgezählten Begriffe. Nutzen Sie sie daher, wenn Sie beispielsweise Ziele, Lösungen oder Visionen teilen möchten.
- **Antiklimax:** Im Gegensatz zur Klimax werden bei der Antiklimax Begriffe in absteigender Reihenfolge genannt. „Wer bremst sie, *die Terroristen, die Mörder, die Ladendiebe?*"; „*Es sind die Rezession, die Insolvenz, die Werkschließung, der Stellenabbau, die unsere Wirtschaft bedrohen.*" Der Vorteil ist, dass Sie in Ihrer Rede von einem großen Thema auf ein kleines umlenken können und in einen Zusammenhang (z. B. zwischen Rezession und Stellenabbau) stellen. Das ist Ihre Steilvorlage, um Ihre konkreten Pläne für das kleinste Glied in der Kette vorzustellen und implizieren damit gleichzeitig, dass Sie damit etwas gegen das Größte bewirken. Beispielsweise sind in diesem Kontext Ihre Pläne gegen einen konkreten Stellenabbau auch gleichzeitig als Maßnahme gegen die übergeordnete Rezession zu verstehen.
- **Redditio:** Auch die Redditio (lat. „Wieder- oder Rückgabe") gehört zu den Wortfiguren. Erkennen kann man Sie daran, dass ein Wort oder eine Wortfolge sowohl zu Beginn als auch am Schluss eines Satzes wiederholt wird: „*Entbehren* sollst du! Sollst *entbehren*!"[5] „*Eier* brauchen wir, *Eier!*"
- **Preparatio:** „Und dann kamen – ihr werdet es nicht glauben – die Kollegen von der Konkurrenz." Die Preparatio ist ein besonders schönes sprachliches Element um Spannung und Neugier aufzubauen. Anstatt einen Satz ohne Umschweife zu erzählen, entsteht zunächst eine Pause. Als Einschub eignen sich beispielsweise folgende Satzteile:
  – „Ihr werdet es nicht glauben"
  – „das glaubt ihr mir nie"
  – „ich konnte meinen eigenen Augen nicht trauen"
  – „ich hätte es nicht geglaubt, wenn ich es selbst nicht mit eigenen Augen gesehen hätte"
  – „Achtung"
- **Correctio:** Es erfolgt eine scheinbare Selbstkorrektur um die Wirkung zu steigern: „Die Umsetzung unserer Verkaufsstrategie ist ein *notwendiger* – was sage ich, *der entscheidende* Schritt für unseren unternehmerischen Erfolg!"

---

[5] Goethe, Faust I, V. 1549.

6.3.2.3 Gedankenfiguren

Gedankenfiguren beziehen sich nicht nur auf ein Wort, sondern auf einen Gedanken und damit auf einen größeren Teil des Textes. Sie können sehr gut für die bildliche Sprache eingesetzt werden.

- **Lizenz:** Die Rednerin oder der Redner nimmt sich die Freiheit zur offenen Rede, obwohl dies der Angemessenheit widerspricht. „Lassen Sie mich offen mit Ihnen reden. Ich halte Sie für ein …!"
- **Apostrophe:** Das ist die Abwendung vom eigentlichen Publikum zu einem anderen. Beispielsweise wenn sich ein Politiker im Bundestag vom Publikum der Parlamentarierinnen und Parlamentarier abwendet und sich direkt an die Bevölkerung richtet.
- **Rhetorische Frage:** Bei der rhetorischen Frage wird eine Frage gestellt, auf die man keine Antwort erwartet oder auf die jeder die Antwort weiß. Wenn man im Bierzelt fragt: „Wollt ihr Freibier?!", dann ist die Antwort mehr als vorhersehbar. Weshalb wird diese Frage gestellt? Hier geht es um die Erzeugung von Emotionen und Übereinstimmung. Ferner sind rhetorische Fragen auch sehr gut geeignet, um das Publikum zum Nachdenken anzuregen.
- **Konzession:** Hier wird im Voraus ein möglicher Einwand eingeräumt und zugegeben, um anschließend zum Gegenschlag auszuholen. „Wir wissen, eine große Schwäche unserer Lösung ist xy. Und glauben Sie mir, dies schmerzt uns selbst am allermeisten. Allerdings haben wir es trotz dieser Schwäche geschafft, das unser Produkt das auf dem Markt führende ist!"
- **Personifikation:** Pflanzen, Tiere oder Objekte werden vermenschlicht. Dadurch verleiht man ihnen eine Seele und kann sie zum Sprechen bringen. Dies erzeugt einen neuen Impuls in der Präsentation. Beispielsweise können Sie beim Verkauf einer Immobilie das Haus selbst die Geschichte des Hauses erzählen lassen: „In mir hat einmal ein Arzt gewohnt, der eine Vorliebe für Reisen und Pflanzen hatte. Darum habe ich im Garten viele exotische Gewächse." Damit bekommen Sie ebenfalls mehr Lebendigkeit.
- **Allegorie:** Von einer Allegorie wird gesprochen, wenn es sich um eine besonders große oder etwas länger andauernde Metapher handelt oder wenn man ein vergleichendes Bild verwendet: *„Wir befinden uns alle im selben Boot. Panik wird uns jetzt nicht weiterbringen. Was wir brauchen, ist Mut, Tatendrang und der Wille, um gemeinsam die Segeln Richtung Wachstum zu setzen. Denn der sichere Hafen liegt hinter uns und vor uns die neuen Ufer."* Oder: *„Ein Unternehmen zu führen, ist wie das Fallschirmspringen. Man bereitet sich vor, packt alles sorgfältig ein und trainiert eine lange Zeit. Man spricht sich im Team ab und steigt in das Flugzeug ein und muss einiges an Geduld aufbringen, bis man die richtige Flughöhe erreicht. Doch irgendwann kommt der Punkt, an dem man mutig sein muss: Man springt in das Ungewisse und zieht im richtigen Zeitpunkt den Fallschirm. Und glauben Sie mir: Das ist einer der schönsten Momente im ganzen Leben, mit einem Fallschirm in der Luft zu segeln."* Mit einer Allegorie wie in diesem Beispiel verknüpfen Sie die relevanten Zusammenhänge zwischen dem Unternehmertum mit zentralen Elementen des Fallschirmspringens.

- **Sermocinatio:** Diese rhetorische Figur stellt eine nicht anwesende Person als anwesend vor und dieser wird eine bestimmte Rede in den Mund gelegt bzw. eine bestimmte Handlung unterstellt. „Letzte Woche habe ich Herrn Fischer auf der Messe getroffen. Er ist einer unserer wichtigsten Kunden. Und ich stelle mir vor was er sagen würde, wenn er von unserer Produktneuheit wüsste. Bestimmt würde er sie in die Hand nehmen und sagen …"

In der Rhetorik werden über 400 dieser Stilmittel unterschieden. Selbstverständlich sind die Grenzen manchmal fließend und auch die Einteilung wird manchmal in drei oder vier oder mehr Kategorien vorgenommen. Darauf kommt es uns aber nicht an. Wir haben Ihnen eine Auswahl der gängigsten und wirkungsvollsten Figuren zusammengestellt. Die Stilmittel geben Ihnen vielfältige Möglichkeiten, Ihre Präsentationen aufzuwerten. Wenn Sie große Reden der Weltgeschichte analysieren, werden Sie sehen, dass sehr viele davon zum Einsatz kamen. Nutzen auch Sie sie.

6.4 Aktivierungsstrategien

Auch Abwechslung ist spannend für Ihr Publikum: Präsentationen, die immer wieder mit den Methoden wechseln und nach längeren Input-Phasen das Publikum ins Tun bringen, sind erfolgreicher. Das bedeutet, bei der Planung der Präsentation darauf zu achten, wer wann aktiv ist: Wann sprechen Sie? Wann sind die Teilnehmer und Teilnehmerinnen in Übungen, Gruppenarbeiten oder Reflexionen dran? Mal sprechen Sie, mal zeigen Sie einen Film, mal arbeiten Sie mit dem Flipchart. Diese Phasen sollten ausgewogen sein und sinnvoll aufeinander aufbauen, das bedeutet: Nicht zwei Stunden reden und dann eine Gruppenaufgabe, zwei Diskussionsfragen und drei Übungen hinterherschieben. Besser ist, intensive Vortragsphasen durch kurze Unterbrechungen und Publikumsaktivierungen unterhaltsam zu gestalten. Irgendwann macht der Kopf nämlich schlapp und selbst sehr Interessierte müssen gedanklich „aussteigen". Dem können Sie vorbeugen und bevor die Konzentration und Aufmerksamkeit nachlässt, gezielte Aktivierungsübungen und -phasen einleiten.

▶ Aktivierungsphasen sind gezielte Einheiten, in denen Ihr Publikum selbst etwas tut und ins Handeln kommt. Die Aktivierungsphasen sollten im Wechsel zu reinen Vortragsphasen erfolgen.

Aktivierungsübungen sollten immer zu Ihrem Thema, zu Ihrem Publikum und natürlich auch zur verfügbaren Zeit passen. Wie Sie Ihr Publikum aktivieren, ist Ihnen überlassen, jedoch haben sich einige gängige Aktivierungsstrategien bewährt.

Beispiele für Aktivierungsstrategien

- Offene Fragen ins Publikum
- Abstimmungen
- „Murmelrunden" zu zweit oder zu dritt
- Anschauungsmaterial
- Partnerübungen
- Rollenspiele
- Diskussionsfragen
- Körperliche Aktivierungen: aufstehen, Körper ausschütteln, gehen, etwas mitmachen
- Lückentexte, Tests, Fragebögen
- Übungen und Experimente ◄

Nutzen Sie diese Aktivierungsstrategien, um Ihr Publikum wieder wach zu bekommen. Jeder fachliche Input, den Sie danach gestalten, wird danach deutlich besser aufgenommen und behalten.

Mediale Unterstützung während der Präsentation

7.1 Foliendramaturgie

Bevor Sie sich nun an Ihre Folien für Ihre Präsentation machen, sprechen wir zuerst über den grundsätzlichen Einsatz von Folien. Hier gilt ein wichtiger Grundsatz: **Sie** halten Ihre Präsentation, nicht Ihre Folien! Das bedeutet, dass Sie gleich in der Konzeption darauf achten müssen, nicht hinter Ihrem Medium unterzugehen. Sie überlegen sich also welcher Dramaturgie Sie folgen wollen – was ist ihr Ziel? Als nächstes überlegen Sie sich, wann Sie Ihre Präsentation mit Folien unterstützen und wann Sie die Folienpräsentation ggf. auch unterbrechen. Sonst passiert es nämlich viel zu schnell, dass die Präsentation „nur" die Foliengestaltung ist und das verschenkt Spannungselemente und damit die Aufmerksamkeit Ihres Publikums.

Eine mögliche Foliendramaturgie sehen Sie in Abb. 7.1.

Jede Präsentation ist zunächst in Einleitung, Hauptteil und Schluss gegliedert. Vor Ihrer Präsentation zeigen Sie zuerst Ihre **Titelfolie**, auch Justierfolie genannt. Der Sinn und Zweck einer Justierfolie ist, in Räumen mit mobilen Beamer die Bildgröße richtig einzustellen, bei Smartboards und mit neuerer Raumausstattung ist das aber meistens nicht mehr nötig. Die Titelfolie erfüllt darüber hinaus noch eine weitere Funktion: Wenn Personen in Ihren Raum kommen, dann sehen sie gleich, ob sie beim richtigen Vortrag sind oder nicht. Diese Orientierung ist gerade zu Beginn sehr wichtig! Außerdem verhindert eine Titelfolie, dass eventuell Dinge, die nicht für das Publikum bestimmt sind, z. B. ein privater Desktophintergrund oder Ihre Folie mit dem Eisbrecher, gesehen werden können.

Wie geht es also weiter? Was kommt nach der Titelfolie? Wenn Sie mit Ihrem Vortrag beginnen, dann blenden Sie eine **Schwarzfolie** ein. Durch eine Schwarzfolie wird kein Licht mehr vom Beamer gesendet bzw. ein Monitor wird schwarz und sieht ausgeschaltet aus – das Publikum schaut ganz auf Sie! Einen besseren Effekt für den Beginn der Präsentation kann man sich nicht wünschen! Was machen Sie also an dieser Stelle? Sie gehen auf das Publikum

Struktur, Phase	Folie		Sonstiges
Einleitung		Titel, Datum, ...	Eisbrecher + Medienwechsel
Hauptteil	Bildfolie		Eisbrecher + Medienwechsel
	Textfolie		
	Bild- und Textfolie		
Schluss			Nach vorne kommen + Schluss frei vortragen
	Optional: Fazitfolie		
Diskussion (nur vorbereitet)	FAQ		

Abb. 7.1 Beispiel einer Foliendramaturgie

zu, damit Sie im Mittelpunkt stehen und erläutern Ihre Einleitung, machen Ihre Begrüßung, die Anrede, die Selbstvorstellung, den Eisbrecher und erläutern ggf. noch organisatorische Hinweise sowie Ihre Agenda. Die Schwarzfolie hilft besonders bei Ihrem Eisbrecher, weil keine Aufmerksamkeit an Ihnen vorbei zur Folie geht. Sie können einen Test machen: Projizieren Sie eine nichtssagende Folie und Sie werden sehen, dass dennoch die meisten auf die Folie schauen. Dann schalten Sie auf die Schwarzfolie und sofort richten sich die meisten Pupillen auf Sie! Das Publikum hat nämlich die Tendenz, sich auch von Bildern und Überschriften ablenken zu lassen. Daher ist es besser, keine Ablenkungsmöglichkeiten zu bieten. Jetzt können Sie Ihren Eisbrecher seine volle Wirkung entfalten lassen.

Nach der Einleitung geht es weiter zum Hauptteil. Das Ziel Ihres Hauptteils ist, den Sachverhalt zu schildern und Ihre Argumente darzulegen. Für Ihre Argumentation bedeutet das, dass Sie hier den Großteil der Folien zeigen werden. Es gibt vier verschiedene Arten von Folien: Reine Textfolien, Bildfolien, Bild- und Textfolien sowie Grafiken.

Damit sind wir auch bei dem Thema der Foliengestaltung. Die Gestaltungsregeln hierfür entnehmen Sie bitte Abschn. 7.1.1. Komplexe und komplizierte Sachverhalte präsentieren Sie am verständlichsten, wenn Sie Ihre Folien nicht überladen. Viele missbrauchen Ihre Folien gleichzeitig als Skript oder Protokoll. Selbstverständlich ist dies bequem und spart Zeit; doch dafür sind sie eigentlich nicht gemacht. Ziel der Foliengestaltung ist, dass die Folien Ihre Präsentation unterstützen, sie sind also Begleitmaterial für Sie und nicht andersherum!

▶ Folien sollen **Sie** in Ihrer Präsentation **unterstützen**, sie sind also Begleitmaterial. Beachten Sie also, dass Sie nicht auf einmal im Hintergrund stehen!

Nachdem Sie also die Gestaltungsregeln für klare, verständliche Foliengestaltung genutzt haben, dann folgt nun der Schluss Ihrer Präsentation. Hier gestalten Sie erneut eine Schwarzfolie und gehen auf Ihr Publikum zu. Dort ist die Aufmerksamkeit wieder ganz bei Ihnen und nicht auf einer Schlussfolie, die inhaltlich meist doch nicht viel aussagt. Verzichten Sie also auf eine Folie auf welcher z. B. steht: „Vielen Dank für Ihre Aufmerksamkeit." Dies ist kein professioneller Schlusssatz. Falls Sie unbedingt eine Schlussfolie einbauen wollen, so machen Sie das nach der Schwarzfolie, damit die Wirkung bei Ihrem Fazit ganz auf Ihnen liegt, nicht auf Ihrem verwendeten Medium.

Hier noch ein Hinweis: Der Einsatz einer Schwarzfolie gilt selbstverständlich nur bei Präsentationen, die in Präsenz stattfinden. Bei virtuellen Präsentationen ergibt dies keinen Sinn. Hier würde das Publikum denken, dass eine Störung vorläge. Darum lassen Sie den Bildschirm nicht schwarz werden, sondern heben an diesen Stellen die Bildschirmteilung auf. Der Sinn der Schwarzfolie ist, dass Sie im Mittelpunkt stehen. Genau diesen Effekt erzielen Sie, wenn man Sie bei einer virtuellen Präsentation sieht – und nicht Ihre Folien.

7.1.1 Gestaltungsregeln

Die meisten Unternehmen besitzen ein vorgegebenes Design für Folien. Hier wollen wir nicht eingreifen. Dennoch gibt es einiges, was man bei der Gestaltung von Folien beachten kann. Eine Übersicht sehen Sie in Abb. 7.2. Beherzigen Sie also folgende Tipps, gegliedert nach Kategorien.

Text
- keine ganzen Sätze auf Folien
- maximal sieben Stichpunkte á sieben Wörter
- mindestens 16 pt für Schriftgrößen
- vorrangig Gegenwartsform nutzen
- Nur ein Gedanke je Folie

 Animationen
- Folien Zug um Zug entwickeln lassen
- Animationen, Bilder und Videos unterstützen bei Verständnis
- Besondere Vorsicht bei "wilden" Animationen wie "drehen", "hüpfen" etc.

 Farben
- Farben mit Funktion einsetzen, z.B. rot = schlecht, grün = gut
- Gleiche Farben für gleiche Bedeutung
- maximal vier Farben, Außnahme: Bilder

 Bilder, Grafiken, Diagramme
- Besser Bilder, Grafiken, Diagramme, Statistiken statt reiner Textfolien
- Bilder erhöhen die Veranschaulichung

Abb. 7.2 Übersicht: Text, Farben, Animationen und Bilder für die Foliengestaltung

Text und Typografie
- „Ein Bild sagt mehr als 1000 Worte!" Zeigen Sie lieber Bilder, Grafiken, Diagramme, Statistiken statt reiner Textfolien.
- Die 7 × 7-Regel: Schon Folien mit mehr als sieben Zeilen, die jeweils mehr als sieben Wörter haben, haben gute Chancen von niemandem im Publikum gelesen zu werden.
- Achten Sie auf eine ausreichende Schriftgröße. Sie sollte mindestens 16pt groß sein.
- Setzen Sie Schriften mit Serifen, Schwüngen oder Schnörkeln sparsam ein, da diese schlechter lesbar sind.
- Nur ein Gedanke je Folie.

Farbe, Kontrast und visuelle Führung
- Setzen Sie Farben mit Funktion ein, also z. B. schlechte Ergebnisse immer in Rot. Dabei gilt: eine Farbe, eine Bedeutung. Allerdings sollten nicht mehr als vier Farben eingesetzt werden, da viele sich die Bedeutung nicht mehr merken. Ausnahme sind Grafiken oder Bildern; diese können gerne mehr Farben enthalten.
- Achten Sie bei den Farben auf gute Kontraste. Gelbe Schrift auf weißem Grund ist keine gute Idee. Seien Sie auch behutsam mit dem Einsatz der Farben Rot und Grün. Je nach Studie haben 5–9 % der Männer eine Rot-Grün-Sehschwäche, bei Frauen kommt dies kaum vor. Deshalb sind grüne Punkte auf rotem Grund ebenfalls keine gute Idee.

▶ Arbeiten Sie darum nicht mit Laserpointern. Die meisten sind rot oder grün und werden deshalb von Teilen Ihres Publikums je nach Hintergrund schlecht gesehen. Außerdem wird bei Lampenfieber eine unruhige Hand mehr als deutlich sichtbar. Machen Sie lieber mit Pfeilen, Kreisen, Lupen, Zoom oder anderen Techniken auf die wichtigen Stellen Ihrer Präsentation aufmerksam.

- Verzichten Sie auch auf Zeigestäbe. Dies wirkt altertümlich. Zeigen Sie lieber mit der offenen Hand.

Publikumsinteraktion, Gedankenführung und Foliendramaturgie
- Folien Zug um Zug entwickeln lassen, d. h. nicht alle Inhalte auf einmal einblenden. In der Rhetorik spricht man von „Gedankenführung", das meint einen bewussten Aufbau einer Argumentation in nachvollziehbaren Schritten. Genau deshalb sollten Folieninhalte nicht auf einmal eingeblendet werden. Entwickeln Sie Ihre Inhalte Zug um Zug, so dass Ihr Publikum Schritt für Schritt folgen kann.
- Animationen, Bilder und Videos unterstützen die Verständlichkeit der Sachverhalte. Allerdings gilt dies nur für Animationen, die einen Sinn haben. Beispielsweise können Sie animiert in einem Motor die Bewegung der Kolben darstellen. Lassen Sie sinnlose Animationen wie reinfliegende Texte, drehende Überschriften, blinkende Rahmen etc. Diese lenken nur unnötig ab.
- Schön ist es, wenn auf einer Folie eine Nummer eingeblendet ist. So kann man bei der anschließenden Diskussion direkt Fragen dazu stellen. Blenden Sie allerdings nicht die Gesamtfolienzahl mit ein. Das weckt bei so manchem ungute Gefühle, wenn man liest: Folie 5 von 93!
- Bauen Sie die Folien unterschiedlich auf; also nicht jede Folie nach dem Prinzip: oben Überschrift, links Bild, rechts Text gestalten.
- Daraus resultiert, dass Sie die Folien unterschiedlich lange stehen lassen. Das Publikum darf sich nicht auf eine Dauer eintakten, also z. B. alle zwei Minuten folgt eine neue Folie. Das heißt auch: Berechnen Sie nicht anhand der Folienzahl die Dauer des Vortrages und umgekehrt. Es ist für das Publikum sehr ermüdend, wenn man anhand der Foliengesamtzahl sieht, dass noch 20 Folien kommen und man weiß, dass je Folie ca. zwei Minuten, also insgesamt noch ca. 40 min, gesprochen wird.
- Setzen Sie Schwarzfolien ein. So wird immer wieder die Aufmerksamkeit auf Sie gerichtet. Während einer Schwarzfolie gehen Sie dann auf das Publikum zu. Anschließend können Sie eine andere Position einnehmen, sodass Sie einmal links und einmal rechts neben der Projektionsfläche stehen können, ohne dass Sie durchs Bild gehen müssen.
- Unterbrechen Sie regelmäßig den Folienvortrag und gehen Sie in Interaktion mit dem Publikum. Die Abwechslung ist gut für die Aufmerksamkeit.
- Enden Sie mit einer Schwarzfolie. Sie können einen Anhang mit Folien vorbereiten, welche Antworten auf mögliche kritische Fragen beinhalten. Da Sie mit einer Schwarzfolie enden und keine Gesamtfolienzahl eingeblendet haben, weiß niemand, was Sie noch in petto haben. Dies ist die optimale Vorbereitung auf kritische Diskussionsrunden.
- Präsentieren Sie mit der Referentenansicht. So sehen Sie die nächste Folie und können schöne Überleitungen formulieren, Sie sehen außerdem die Zeit und mögliche Notizen.

▶ Nicht Ihre Folien sind die Präsentation. Sie sind es!

7.1.2 Folien, die Sie besser weglassen

Es gibt Folien, über deren Sinn und Zweck sich streiten lässt. Doch manche sind inhaltlich so nichtssagend, dass sie getrost weggelassen werden können.

Hierzu zählen:

- Dankesfolien, vor allem solche mit Floskeln: „Vielen Dank für die Aufmerksamkeit" etc.
- Folien, die inhaltlich wenig oder nichts aussagen, z. B. nur einen Stichpunkt haben oder auf der Metaebene kommunizieren „Einleitung, Hauptteil …". Ausnahme: Bildfolien, die der Anschaulichkeit dienen.
- Unleserliche, weil zu klein geschriebene Folien. Ausnahme: Folien, die als Beleg, z. B. für eine Untersuchung, dienen.
- Folien, die als Beispiel nur kurz gezeigt, aber nicht besprochen werden. Häufig verbal begleitet mit einem: „… und hier sehen Sie ein Beispiel, aber darauf gehe ich nicht weiter ein." Grundregel: Alles was gezeigt wird, muss auch besprochen werden, aber alles was besprochen wird, muss nicht gezeigt werden. Ihr Publikum hat weder die Aufmerksamkeit noch wird ihm die Zeit gegeben, die Folien auch wirklich zu lesen und zu verstehen, die Sie zeigen. Daher lassen Sie sie am besten weg.
- Folien, die zu voll sind und sich nicht an den Gestaltungsregeln orientieren und beispielsweise mehr als sieben Wörter pro Stichpunkt zeigen. Denn Sie wissen nun: Danach liest das Publikum nicht mehr mit!

▶ Alles, was gezeigt wird, muss auch besprochen werden, aber alles was besprochen wird, muss nicht gezeigt werden.

7.1.3 Anschauungsmaterial und Folieneinsatz

Setzen Sie auch Anschauungsmaterialien ein; dies können Bauteile eines technischen Gerätes, neue Materialen, Stoffe etc. sein und zeigen diese nicht nur, sondern lassen Sie sie durch das Publikum gehen. Damit werden viele Sinne angesprochen; nicht nur das Sehen und Hören, sondern auch Fühlen und vielleicht auch Riechen und Schmecken. Wenn dann Ihre Teilnehmerinnen und Teilnehmer noch die Möglichkeit erhalten, damit etwas zu bauen, zu zerstören, daran zu schrauben, drehen usw., dann erhalten Sie einen nachhaltigen Eindruck, der auch komplexe Themen leicht verstehen lässt. „Begreifen kommt von greifen!"

Für Anschauungsmaterial gilt eine wichtige Einschränkung. Sobald etwas in den Händen der Teilnehmerinnen und Teilnehmer durchgegeben wird, sind mindestens drei Personen abgelenkt: Natürlich zunächst die Person, die das Objekt gerade in den Händen hält. Aber auch die Person, die den Gegenstand gerade abgegeben hat und die Person, die darauf wartet, sind in ihrer Aufmerksamkeit eingeschränkt und hören Ihnen nicht voll zu. Achten Sie also darauf, während Sie Anschauungsmaterial durchgeben, dass Sie dies an weniger wichtigen Stellen Ihrer Präsentation machen oder parallel etwas „Selbstverständliches" sagen. Typische Situationen, die sich hierfür eignen, sind zum Beispiel: Sie erzählen eine längere Anekdote zu einem Argument oder Sie führen weniger relevante Details zu einem Punkt aus. Wichtig ist, dass zentrale Argumente von allen im Raum gehört und verstanden werden.

> **Übungsmaterial gezielt einsetzen**
>
> Stellen Sie sich vor, Sie wären bei der Feuerwehr oder machen einen Segelbootführerschein. In beiden Fällen ist das Beherrschen unterschiedlicher Knoten wichtig. Und nun sehen Sie eine PowerPoint-Präsentation mit Knoten und sollen anhand dieser Folien die Knoten lernen. Einfacher wäre es schon mit einem Video. Am besten allerdings mit einem Seil in der Hand, mit dem man es selbst üben kann. Dies können Sie auch bei virtuellen Präsentationen umsetzen: Bitten Sie schon in der Einladung, dass jeder ein Seil zur Präsentation mitbringt oder schicken Sie ein Päckchen. Dann ist die Überraschung noch größer! ◄

7.1.4 Experimente, Übungen

Bestimmt erinnern Sie sich noch an so manches Experiment Ihres Physik-, Bio- oder Chemieunterrichts. Selbst wenn das Experiment nicht immer glückte, war es doch wichtig für das Verständnis – und blieb im Gedächtnis. Genau darum geht es: Experimente oder kleine Übungen können auch in Präsentationen einen Aha-Effekt erzeugen. Denn wer selbst etwas ausprobiert, ist aktiver beteiligt und versteht dadurch mehr. Das kann eine chemische Reaktion sein, eine technische Veranschaulichung, ein Live-Test oder auch eine ganz einfache Mitmachübung. Wichtig ist: Der Effekt sollte nicht nur unterhaltsam, sondern sinnvoll eingebettet sein.

Überlegen Sie sich daher vorab:

- Was soll das Experiment veranschaulichen?
- Welche These, welches Prinzip, welches Argument wird dadurch greifbar?
- Was braucht das Publikum, um es nachvollziehen zu können (und zwar auch dann, wenn etwas schiefläuft)?

Denn Experimente bergen immer ein kleines Risiko: Wenn sie misslingen, kann das den gewünschten Effekt ins Gegenteil verkehren. Umso wichtiger ist es, das Experiment sprachlich gut zu rahmen. Geben Sie Ihrem Publikum einen klaren Hinweis, worauf es achten soll und fassen Sie anschließend das Ergebnis (oder auch das Scheitern) gemeinsam aus inhaltlicher Perspektive zusammen. Auch interaktive Übungen, wie beispielsweise eine kurze Schätzaufgabe, ein gemeinsames Brainstorming, ein Rollenspiel oder ein Experiment zum Mitmachen können in technischen Präsentationen hervorragend eingesetzt werden. Der Vorteil: Statt bloßer Informationsvermittlung wird ein gemeinsames Erlebnis geschaffen, das die Botschaft emotional auflädt und besser verankert.

Beachten Sie jedoch: Immer Pufferzeit für solche Elemente einplanen! Experimente dauern oft länger als gedacht. Und: Überfordern Sie Ihr Publikum nicht mit zu vielen Mitmachelementen.

▶ Wer mitdenkt, behält mehr. Wer mitmacht, begreift es.

7.1.5 Motivation schaffen

Apropos Schule: Um überhaupt verständlich präsentieren zu können, muss das Publikum auch verstehen wollen. Wenn mangelndes Interesse vorliegt – wie leider allzu oft in der Schule – wird es schwer. Wir sind schon an diversen Stellen des Buches darauf eingegangen, wie man Interesse beim Publikum weckt. Wichtig scheint mir hier das Stellen von (rhetorischen) Fragen. Vielleicht kennen Sie die Frage des Physik-Lehrers Bömmel aus dem Film „Die Feuerzangenbowle": „Also, wat is en Dampfmaschin?" Im Anschluss erfolgt in sehr einfacher Sprache seine Erklärung. Schon lange ist bekannt, dass mit guten Fragen das Interesse geweckt werden kann.

Gleiches gilt für den Nutzen. Beantworten Sie die Frage, wofür das Publikum das Wissen benötigt, welche Bedeutung das Thema für das Unternehmen hat, so erhöht sich die Motivation zuzuhören und zu verstehen. Auch das kennt man von der Schule: Sagt die Lehrerin: „Jetzt kommt ein spannendes Thema, das aber nicht in der Prüfung drankommt", sinkt sofort die Aufmerksamkeit. Den gleichen Effekt hat es, sich vor der Präsentation beim Publikum zu entschuldigen: „Ja also, meine Kollegin ist heute verhindert, ich soll jetzt übernehmen, bin aber gar nicht so tief im Thema …"

Doch Präsentationen leben nicht nur von kluger sprachlicher Einführung sondern auch davon, wie aktiv Ihr Publikum eingebunden wird. Auch Aktivierung sorgt also für Motivation. Wenn Sie das Publikum beschäftigen, beteiligen, selbst etwas entwickeln oder bauen lassen, dann steigt die Motivation.

Ein weiteres sehr probates Mittel ist Spaß! Erzählen Sie lustige Geschichten, machen Sie Witze, setzen Sie Situationskomik ein. Wenn alle lachen und nur ein paar, die nicht aufpassten und den Witz nicht hörten, nicht mitlachen können – was wird passieren? Spätestens beim dritten Gelächter sind sie auch dabei, weil sie keinen Witz mehr verpassen wollen.

Häufig fällt bereits nach 15 min Redezeit die Motivation und Konzentration beim Publikum massiv ab. Dies kann verhindert werden, wenn Sie Abwechslung in den Vortrag bringen und die oben genannten Möglichkeiten kombinieren. Das heißt, hier ein Experiment, dort ein Anschauungsmaterial, dann eine Folie, dann eine Skizze auf dem Flipchart und zur Unterhaltung dazwischen einen Witz, der gleich zu einer Frage ans Publikum überleitet. So fesseln Sie ihr Publikum und die Leute werden begeistert an Ihren Lippen hängen …

Sie sehen: Mit Fragen, Nutzen, Aktivierung und Spaß lässt sich viel bewegen. Darum sagen wir in der Rhetorik: **Es gibt keine trockenen Themen, es gibt nur trocken vorgetragene Themen!**

Die Präsentation erinnern 8

Das Produktionsstadium, welches sich mit dem Erinnern und Merken der Präsentation beschäftigt, heißt *Memoria*. Es ist jedoch mehr als nur Auswendiglernen: Es geht darum, innere, gedankliche Strukturen zu schaffen, um auch in Stresssituationen sicher zu bleiben und sich orientieren zu können.

Gleichzeitig fragt Memoria auch: Wie erschaffe ich Inhalte, die sich andere merken? Denn Gedächtnisarbeit ist keine Einbahnstraße, sie betrifft die Sprecherin oder den Sprecher ebenso wie das Publikum.

8.1 So merken Sie sich Ihre eigene Präsentation

Eine Präsentation frei zu halten wirkt souverän, keine Frage. Doch was tun, wenn die eigene Aufregung oder die Fülle an Informationen einem einen Strich durch die Rechnung machen? Die gute Nachricht: Sie müssen nicht alles auswendig lernen. Aber Sie sollten sich gut genug vorbereiten, um sicher durch Ihre Inhalte navigieren zu können. Dafür lohnt sich der Blick auf altbewährte Techniken der Gedächtniskunst – sogenannte *Mnemotechniken*. Diese stammen aus der antiken Rhetorik und wurden über Jahrhunderte weiterentwickelt. Ziel ist es, Inhalte leichter abrufbar zu machen, indem sie mit bildhaften, ungewöhnlichen oder emotional aufgeladenen Vorstellungen verknüpft werden. Unser Gehirn erinnert sich nämlich deutlich besser an das Merkwürdige, im wahrsten Sinne des Wortes: etwas, das „würdig ist, gemerkt zu werden".

Hier sind einige Methoden, mit denen Sie Ihre Präsentation strukturiert und einprägsam verinnerlichen können:

8.1.1 Die Loci-Methode

Die Loci-Methode (lateinisch *locus* = Ort) zählt zu den ältesten und wirksamsten Mnemotechniken. Und dazu ist sie auch noch sehr einfach! Sie geht auf antike Redner wie Cicero zurück und wurde ursprünglich genutzt, um stundenlange Reden ohne Manuskript zu halten. Die Grundidee: Unser Gehirn ist besonders gut darin, sich Orte und Räume zu merken und das viel besser als abstrakte Informationen.

Doch wie funktioniert diese Methode? Es ist ganz einfach. Denken Sie an einen Weg, den Sie sehr gut kennen, beispielsweise den Weg morgens in die Arbeit oder abends von der Küche aufs Sofa. Diese Wege vergessen Sie (hoffentlich) so schnell nicht. Auf diesem gut bekannten Weg gibt es Zwischenpunkte oder Stationen, die Sie nun mit den Inhalten Ihrer Präsentation verknüpfen. Der Weg kann real oder fiktiv sein, entscheidend ist, dass Sie sich darin gut zurechtfinden.

Schritt-für-Schritt-Anleitung:

1. **Wählen Sie einen bekannten Ort:** Das kann Ihre Wohnung sein, Ihr täglicher Arbeitsweg, das Firmengebäude oder sogar ein Weg durch ein fiktives Museum. Wichtig ist: Sie kennen diesen Ort im Detail.
2. **Legen Sie eine feste Route fest**: Bewegen Sie sich durch diesen Ort immer in der gleichen Reihenfolge. Zum Beispiel: Schlafzimmer → Kleiderschrank → Haustür → Bahnstation Einstieg → Bahnstation Ausstieg → Eingangstür Arbeit.
3. **Verknüpfen Sie Inhalte mit Orten:** Jeder Gedanke, jedes Argument oder jede Folie bekommt einen „Parkplatz". Platzieren Sie dort eine bildhafte Vorstellung, die den Inhalt repräsentiert. Es ist wichtig, dass Sie die Orte gedanklich spüren.

Die Loci-Methode mit Ihrem Arbeitsweg morgens

Ein Beispiel für die Loci-Methode könnte wie folgt aussehen:

- Schlafzimmer: Ein Wecker mit Megafon, Einstieg mit einer provokanten Frage.
- Kleiderschrank: Ein Blazer mit einer PowerPoint-Folie auf der Brust, Überblick über die Gliederung.
- Haustür: Ein Aktenordner, der klemmt. Erstes Argument mit Zahlen.
- Bahnstation Einstieg: Ein Mini-Modell Ihrer Technik steht auf der Sitzbank und Praxisbezug.
- Bahnstation Ausstieg: Ein Kollege mit erhobenem Daumen, der Nutzen fürs Publikum.
- Eingang Arbeit: Ein Pokal über der Tür, Fazit und Handlungsempfehlung.

Wenn Sie sich diesen Plan gemacht haben, gehen Sie in der Vorbereitung mehrmals den Weg mental ab. Sie werden staunen, wie leicht es Ihnen nun fällt, sich zu erinnern! ◄

Warum die Methode so wirkungsvoll ist? Sie nutzt unser räumliches Vorstellungsvermögen, also eine Fähigkeit, die eng mit dem Langzeitgedächtnis verknüpft ist. Inhalte, die wir mit Orten verbinden, bleiben besser haften. Das gilt insbesondere dann, wenn wir sie zusätzlich mit übertriebenen, absurden oder emotional gefärbten Bildern aufladen. So entsteht ein innerer roter Faden, an dem Sie sich auch in stressigen Situationen orientieren können. Ganz gleich, ob der Beamer streikt oder eine unerwartete Zwischenfrage kommt: Sie erinnern sich immer, wo sie im wahrsten Sinne des Wortes „stehen geblieben" sind.

▶ **Tipps für den Einsatz der Loci-Methode** Für eine erfolgreiche Anwendung der Methode beachten Sie bitte folgende Tipps:

- Je verrückter oder bildhafter Ihre Vorstellungen sind, desto besser bleiben sie im Kopf.
- Wiederholen Sie den Weg einige Male vor der Präsentation. Schon 2–3 Durchgänge reichen oft.
- Verwenden Sie keine wechselnden Routen – je fester die Orte, desto stabiler die Erinnerung.
- Jeder Ort ein Gedanke – jeder Gedanke ein Bild.

8.1.2 Weitere Techniken

Geschichten und Bilder nutzen Wenn Sie sich Inhalte über bildhafte Geschichten oder Anekdoten merken, bleiben diese deutlich besser haften. Unser Gehirn liebt Bilder – besonders dann, wenn sie ungewöhnlich oder emotional sind. Statt sich zu merken: „Der neue Werkstoff hat eine höhere Zugfestigkeit bei gleicher Dichte", merken Sie sich: „Wie Spiderman – stark, aber leicht!" Solche Assoziationen helfen nicht nur beim Behalten, sondern machen technische Inhalte auch anschaulicher und lebendiger für Ihr Publikum.

Körpertechnik Bei dieser Methode verknüpfen Sie die wichtigsten Punkte Ihrer Präsentation mit Körperteilen – vom Kopf bis zu den Füßen. Der erste Punkt liegt im Kopf (z. B. Definition oder Problem), der zweite auf der Schulter (z. B. Lösung A), der dritte auf der Brust (z. B. Nutzen), der vierte auf der Hüfte (z. B. mögliche Einwände), der fünfte am Fuß (z. B. Ausblick oder Handlungsschritt).

Diese Methode eignet sich besonders gut, wenn Sie frei sprechen möchten und Ihren „Gedankenanker" im wahrsten Sinne des Wortes bei sich tragen wollen – unauffällig, aber wirkungsvoll.

Akronyme und Eselsbrücken Insbesondere für Reihenfolgen, Listen oder komplexe Begriffe helfen Abkürzungen oder Merksätze. Aus „Analyse, Planung, Umsetzung, Kontrolle" wird beispielsweise APUK. Oder Sie bauen einen leicht merkbaren Satz aus den Anfangsbuchstaben: „Alle Planen Unseren Kaffee". Entscheidend ist nicht, ob er sprachlich elegant ist – sondern, dass er für Sie funktioniert.

> **Die Körpertechnik in der Präsentation**
>
> Herr Neumann soll in einer Präsentation die fünf Vorteile eines neuen Werkstoffs erläutern. Er möchte frei sprechen, ohne auf Stichwortkarten angewiesen zu sein. Er entscheidet sich, die Körpertechnik zu nutzen:
>
> - **Kopf:** „Intelligenter Werkstoff" – der Werkstoff passt sich flexibel an Temperatur an. Herr Neumann stellt sich einen kleinen Thermometer-Chip vor, der in seinem Kopf steckt.
> - **Schultern:** „Tragfähig bei geringem Gewicht" – er stellt sich Spiderman auf seiner Schulter vor: stark, aber leicht. Hier kombiniert er die bildhafte Assoziation mit der Körpertechnik.
> - **Brust:** „Umweltfreundliche Herstellung" – er visualisiert ein grünes Herz mit einem Recyclingzeichen darauf.
> - **Hüfte:** „Geringe Produktionskosten" – ein Geldbeutel am Gürtel, der sich von selbst füllt.
> - **Fuß:** „Einfach in bestehende Prozesse integrierbar" – ein Bauklotz, der sich wie ein Puzzlestück in seinen Schuh einfügt.
>
> Mit dieser Methode kann Herr Neumann die fünf Punkte nicht nur sicher abrufen, sondern auch ansprechend erzählen – die Bilder helfen sowohl ihm als auch seinem Publikum, die Inhalte leichter zu behalten. ◄

8.2 Ihre Präsentation „merk-würdig" für Ihr Publikum gestalten

Doch es geht nicht nur darum, dass Sie sich Ihre Präsentation gut merken: Entscheidend ist vor allem auch, wie gut sie beim Publikum in Erinnerung bleibt. Wie also gelingt es, Inhalte so zu gestalten, dass sie langfristig verankert, also „merk-würdig" werden? Wie schaffen Sie es, dass Ihre Präsentation möglichst lange erinnert wird? Dass Sie nicht nur eine kurze Momentaufnahme in Ihrem Berufsleben ist, die verblasst, wenn man nicht die Unterlagen zur Hand hat? Bestimmt kennen Sie es auch aus Ihrem eigenen Leben: Schulwissen geht verloren, Namen werden vergessen, wichtige Daten werden nicht gemerkt, sondern in den Kalender geschrieben.

Die Rhetorik stellt sich mutig auch dieser Frage: Wie kann ich meine Inhalte möglichst langfristig bei meinem Publikum verankern? Warum merken wir uns manche Präsentationen, wohingegen andere innerhalb weniger Minuten bereits vergessen werden? Oder schlimmer noch: Wenn am Ende der Präsentation schon große Teile nicht mehr erinnert werden?

In diesem Fall ist es sinnvoll, die Frage in die entgegengesetzte Richtung zu stellen: An welche Dinge erinnern Sie sich aus der Schulzeit noch heute? Welche Präsentation Ihrer Kollegen und Kolleginnen haben Sie noch mental vor Augen? Welche Namen konnten Sie sich sofort einprägen?

Es gibt verschiedene Faktoren, die das Behalten und Verstehen von Präsentation beeinflussen. Eine sehr zentrale ist **Motivation** – Motivieren Sie Ihr Publikum, Ihnen zuzuhören. Wie kann motiviert werden?

Eine ausgezeichnete Frage! Motivation ist der heilige Gral der Überzeugung. Nur wenn Ihr Publikum motiviert ist, Ihnen zuzuhören, wird es das auch tun. Motiviert wird über den persönlichen Nutzen. Warum sollte Ihnen Ihr Publikum zuhören? Dazu gehören die Argumentfilter aus Abschn. 5.3. Hierzu zählt auch, dass nicht nur die Faktenlage präsentiert wird, also beispielsweise erklärt wird, dass ein bestimmter Drucker deutlich mehr druckt als ein anderer, sondern auch, warum das Ihrem Kunden oder Ihrer Kundin nutzt. In diesem Fall könnte das bedeuten, dass dadurch die Arbeit im Büro kürzer unterbrochen werden muss, um Druckaufträge fertigzustellen.

Auch jenseits des konkreten Nutzens kann Motivation entstehen. Beispiele hierfür sind: Emotionen, Sympathie, Überraschung oder auch das geschickte Brechen von Erwartungen. Bei technischen Sachverhalten muss in besonderer Weise auf diese Möglichkeiten eingegangen werden. Schwierige und komplexe Hinweise sollten nicht nur „erzählt" werden. Sie brauchen eine Fassung, einen Rahmen und Spannung, um gut begriffen werden zu können.

Neben der Motivation ist auch die persönliche Betroffenheit relevant. Hatte die Präsentation klar und deutlich mit Ihnen und Ihrem Leben zu tun? Sind neue Personen besonders sympathisch, teilt man Gemeinsamkeiten mit Ihnen? Haben Sie gerne im Geschichtsunterricht gesessen, weil sie so Ihre eigene Familiengeschichte besser verstehen konnten? Das Prinzip der eigenen Betroffenheit können Sie sich auch für Ihre Präsentation zu Nutze machen. In Abschn. 5.3 wurden bereits Argumentfilter eingeführt. Darauf aufbauend folgt, dass Sie Ihrem Publikum immer zeigen sollten, warum Ihr Thema, die Informationen oder die Präsentation relevant ist. Wenn es keine direkte Betroffenheit gibt, stellen Sie sie her! Auch über die persönliche Verantwortung kann eine Betroffenheit ausgelöst werden. Wenn Fertigungsmitarbeiter und -mitarbeiterinnen von einem neuen Kunststoffverfahren hören, welches sie in Zukunft umsetzen sollen, dann betrifft es diese direkt in ihrem Arbeitsalltag. Was denken Sie, wird dieses Publikum Ihnen eher mehr oder weniger zuhören? Stellen Sie sich zudem noch vor, dass der Fertigungsprozess deutlich angenehmer wird. Es werden andere Materialien verwendet, dadurch entsteht weniger Dreck und der Geruch ist deutlich schwächer und angenehmer. Die Mitarbeiterinnen und Mitarbeiter haben dadurch eine angenehmere Arbeit. Für die Geschäftsleitung liegt der Nutzen in den gesenkten Kosten, weil die Materialien günstiger sind und weniger Abfall bei der Fertigung entsteht. Dadurch wird auch Zeit gespart, weil die Abfallbehälter nicht mehr so häufig geleert werden müssen.

Stellen Sie sich vor, Sie behalten diese ganzen Punkte aber für sich. In Ihrer Präsentation gehen Sie im Detail auf das Fertigungsverfahren ein, auf die verwendeten Materialien und die Maschinen. Ganz zum Schluss kommt eine Folie mit den drei Punkten: 45 % weniger Produktionsabfall, reduzierter Geruch und 15 % weniger Kosten. Und auf einmal: Alle sind hellwach, die Fragen stehen Ihrem Publikum ins Gesicht geschrieben: „Öööh, könnten Sie vielleicht nochmal darauf zurückkommen, warum das Fertigungsverfahren so wenig Abfall produziert?" Und ab diesem Punkt wiederholen Sie Ihre Präsentation zu großen Teilen, weil sich Ihr Publikum nicht mehr an den Inhalt erinnert. Das liegt daran, dass Zahlen, Daten und Fakten allein noch nicht für die **persönliche Betroffenheit** Ihres Publikums ausreichen. Erst durch den angewendeten Nutzen wird dieses verdeutlicht. Nicht nur über den persönlichen Nutzen kann Betroffenheit ausgelöst werden: Es „reicht" schon, Ihr Publikum zu fesseln und zu erreichen. Das kann über den Nutzen geschehen (und ist häufig auch Teil von Verkaufsgesprächen), kann aber auch über andere Wege erreicht werden.

Methoden um die „Merk-würdigkeit" für Ihr Publikum zu erhöhen
Auf diese Arten können Sie in Ihrer Präsentation persönliche Betroffenheit auslösen:

1. Den Nutzen für das Publikum herausstellen
2. Spannende Geschichten erzählen
3. Gefühle bewegen, z. B. über Geschichten, aber auch über Bilder, Witze und über die gesamte Vortragsart, wie z. B. Stimme, Körpersprache, Mimik
4. Bedürfnisse des Publikums abdecken, z. B. das Bedürfnis nach Unterhaltung, Anerkennung, Organisation und Struktur, aber auch Bedürfnisse wie Klarheit
5. Sympathie wecken: Wenn das Publikum positive Gefühle Ihnen gegenüber hat, dann wird es auch Ihrer Präsentation gegenüber aufgeschlossener und positiver gegenüberstehen.

Sie werden feststellen, dass jede noch so fachliche Präsentation einem Publikum schmackhaft gemacht werden kann, wenn Sie die persönliche Betroffenheit herausstellen. Sehen wir uns hierzu ein Beispiel an:

Beispiel

Frau Lagens hält eine Präsentation über ein neues Verfahren in der Kunststoffverarbeitung. Das Publikum besteht aus Mitarbeiterinnen und Mitarbeitern aus allen Abteilungen und der Geschäftsleitung. Zur Vorbereitung Ihrer Präsentation stellt sie sich die Frage, wie ihre Präsentation möglichst lange erinnert wird. Für jede ihrer Zielgruppen, insbesondere für Geschäftsleitung und Entwicklung, erstellt sie Argumentfilter und überlegt sich relevante Argumente. Darauf aufbauend stellt sich Frau Lagens die Frage, was sie tun muss, damit ihre Präsentation möglichst lange erinnert wird. „Was muss ich tun, damit die Geschäftsleitung und alle Mitarbeiterinnen und Mitarbeiter sich noch in einem halben Jahr an das neue Kunststoffverfahren erinnern?"

Sie überlegt und überlegt und kommt schließlich auf die Antwort: „Also wenn ich mich so in mein Publikum hineinversetze, ich glaube, da würde es mir helfen, zu verstehen, warum das neue Kunststoffverfahren so sinnvoll ist. Und natürlich, wenn ich Geschäftsführerin wäre, dann möchte ich selbstverständlich wissen, warum das Verfahren besser bzw. günstiger ist im Vergleich zu dem, was wir gerade anwenden." Aber auch zum Kontext und Umfang der Präsentation macht sich Frau Lagens Gedanken: „Natürlich muss ich gleich am Anfang erfahren, warum das Thema wichtig ist. Wenn mir jemand erst lang und breit erklären würde, wie ein Kunststoffverfahren funktioniert und am Ende kommt raus, dass es aber viel zu teuer und aufwendig ist, ja da würde ich mich ärgern. Aber auch, wenn am Ende die Gründe für das Verfahren erklärt werden und ich dann feststelle: Oh, das ist aber sinnvoll, vielleicht setzen wir das um – dann muss ich ja erst wieder nachfragen, wie es eigentlich funktioniert. Auch wichtig ist, dass die ganze Präsentation einfach und klar ist, damit jeder versteht, wie das Verfahren im Großen und Ganzen abläuft. Details sind nur für unsere Techniker und Ingenieurinnen wichtig und dazu haben wir ja noch ein Meeting im Laufe der Woche." ◄

Sprechen Sie in Bildern! Nutzen Sie Metaphern, Analogien und Vergleiche, um ein Bild im Kopf der Hörerinnen und Hörer entstehen zu lassen. Die Vorteile sind klar: Das Publikum kann Ihnen in der Präsentation besser folgen, sich danach den Inhalt besser merken und Sie verknüpfen durch Bilder und Analogien „harte Fakten" mit emotionalen Ankern. Das bedeutet, die sachliche Ebene, also die Zahlen, Daten und Fakten Ihrer Präsentation mit Bildern, Beispielen, Farben und Geschichten auszuschmücken, damit sie besser verständlich sind und besser erinnert werden.

Der professionelle Auftritt

9.1 Körpersprache

„Die unterhaltendste Fläche auf der Erde für uns ist die vom menschlichen Gesicht" – So urteilte Ende des 18. Jahrhunderts der Inhaber des ersten deutschen Lehrstuhls für Experimentalphysik, Georg Christoph Lichtenberg, und lag damit erstaunlich nah an heutigen Erkenntnissen zur nonverbalen Wirkung. In Präsentationen entscheidet oft nicht nur *was* gesagt wird, sondern *wie*. Körpersprache, Mimik und Stimme sind zentrale Wirkfaktoren – ob auf der Bühne oder im Online-Meeting.

▶ Das wichtigste Medium während der Präsentation sind Sie! Achten Sie daher unbedingt auf Ihre Körpersprache.

Daher ist Ihre Präsenz, also Körpersprache, Mimik und Gestik sehr wichtig für die Gesamtwirkung Ihrer Präsentation. In welcher Position soll der Kopf gehalten werden, wo befinden sich die Arme, wie bewegt man sich durch den Raum? Immer wenn es um das Thema Körpersprache geht, gelten dieselben Regeln für die Wirkung, die bereits in der „Steinzeit" galten und auch im Tierreich zu beobachten sind. Es gibt nämlich körpersprachliche Regeln, nach denen die nonverbale Kommunikation interpretiert werden kann. Eine davon ist: Immer wenn Tiere (auch Menschen) sich groß machen, die Haare aufstellen, sich auf die Hinterbeine stellen, handelt es sich um Droh- und Dominanzgebärden, ein Tier versucht einen Fressfeind abzuwehren oder ein konkurrierendes Tier einzuschüchtern. Umgekehrt gilt, dass eine verkleinernde oder schiefe Körperhaltung unterwürfig wirkt. Katzen ziehen den Schwanz ein, Hunde werfen sich auf den Rücken und zeigen die empfindlichsten Körperstellen, ganz grundsätzlich gilt das Kleinmachen und Kopf einziehen als Unterwerfungsgeste. Das gilt auch für Menschen, denn, dass eine große, aufrechte Körperhaltung souveräner, bei übertriebenem Einsatz dominant und arrogant wirkt, lässt sich leicht nachvollziehen. Das drücken wir gleichermaßen sprachlich aus: „hochnäsig sein", „**Rückgrat** zeigen", „**aufrecht** stehen" usw. Daher ist es sinnvoll, die Körpersprache von Kopf bis Fuß zu betrachten.

9.1.1 Die Kopfhaltung

Für den Kopf gilt: Eine aufrechte Kopfhaltung ist die optimale Ausgangsvoraussetzung. Den Kopf nicht schieflegen, denn das ist ein Unterwerfungsgestus und vermittelt Unsicherheit. Das hat einen biologischen Hintergrund: Durch den geneigten Kopf wird Ihre Halsschlagader gezeigt und das schutzlose Präsentieren von besonders verletzlichen Körperstellen ist im Tierreich besonders gefährlich, da man sich sehr angreifbar macht. Hunde rollen sich auf den Rücken, Katzen ziehen den Schwanz ein und machen sich klein – diese Unterwerfungsgesten sollen das Überleben durch Unterwerfung sicherstellen. Und das wollen Sie als kompetente Rednerin oder Redner nicht auf der Bühne zeigen.

Aber auch den Kopf hochzuhalten, ist kontraproduktiv, denn dadurch erhöhen Sie sich und stellen sich über das Publikum. Die Wirkung ist arrogant und dominant. Dies passiert sehr schnell bei Videokonferenzen. Das Notebook steht auf dem Tisch, am Bildschirm ist eine Kamera verbaut, in die wir meist von oben herab hineinblicken. Darum unser Tipp: Positionieren Sie die Kamera auf Augenhöhe!

9.1.2 Körperhaltung und Bewegung

Für die den restlichen Körper gilt: Stehen Sie gerade und halten Sie Ihren Körperschwerpunkt auf beiden Füßen. Lehnen Sie sich nicht zu sehr auf eine Seite oder verlagern das Gewicht nur auf ein Bein, auch das strahlt Unsicherheit aus und wirkt nach einiger Zeit eigenartig. Die Füße stellen Sie hüftbreit und die Fußspitzen zeigen leicht nach außen, aber noch in Richtung Publikum. Grundsätzlich gilt: Stehen Sie nicht wie angewurzelt und stocksteif da und behalten Sie auch eine gewisse Dynamik in Ihrer Körperhaltung. Das kann zum Beispiel bedeuten, dass Sie sich ab und zu nach vorne bewegen. Bei der Bewegung gelten zwei Grundprinzipien:

1. Bei der Begrüßung, bei der Betonung wichtiger Inhalte und bei der Verabschiedung: gehen Sie auf das Publikum zu. So zeigen Sie nonverbal, dass Sie eine Brücke aufbauen wollen und was wichtig ist. Bei Überleitungen, Pausen oder weniger relevanten Passagen gehen Sie wieder an die Ausgangsposition zurück.
2. Neues Thema – neue Position: Die Begrüßung gestalten Sie mittig, nahe beim Publikum, die ersten fünf Folien präsentieren Sie von links, dann schalten Sie eine Schwarzfolie ein und gehen wieder in die Mitte, anschließend präsentieren Sie die nächsten Folien von rechts. Zum Schluss gehen Sie wieder auf das Publikum zu. So zeigen Sie nonverbal, dass es ein neues Thema gibt. Schauen Sie sich einmal an, wie es die Profis im Fernsehen machen. Beim Wetterbericht, bei einer Samstagabend-Show: Wenn es ein neues Thema oder einen neuen Studiogast gibt, wird ein neuer Platz eingenommen.

9.1.3 Gestik

▶ In der Präsentation zählt nicht in erster Linie, wie Sie sich *fühlen*, sondern wie Sie *wirken*. Und genau diese Wirkung lässt sich durch Körpersprache bewusst gestalten.

Doch wohin mit den Händen? Eine Antwort hält das Gestikulierfenster bereit: Ausgangsposition ist ungefähr Ihr Nabel. Lassen Sie Ihre Hände locker nebeneinander, aber halten Sie sich nicht selbst fest, das bedeutet auch, die Hände nicht die ganze Zeit zu falten. Auf Dauer geschlossene Hände wirken unbeholfen und unsicher. Dann denken Sie sich ein Quadrat, die untere Grenze beginnt auf Gürtelhöhe, die obere Grenze ist auf Kopfhöhe. Innerhalb dieses Fensters sollten sich Ihre Hände die meiste Zeit Ihres Vortrags befinden, denn alles, was über dem Gestikulierfenster geschieht, ist für große Emotionen reserviert und alles was unter dem Gestikulierfenster geschieht, verpufft und wird nicht wahrgenommen. Beginnen Sie also auf Gürtellinie, zur Begrüßung nehmen Sie die Hände nach oben und vorne, bleiben aber unter Kinnhöhe. Anschließend kehren Sie zur Gürtellinie zurück und wechseln dann die Arme: mal einen Arm auf Gürtelhöhe, den anderen locker neben der Hüfte hängen lassen. Keine Gestik mit hängenden Armen unter der Gürtellinie! Dies wirkt auf die meisten Menschen lächerlich. Dann nehmen Sie den Arm wieder auf Gürtelhöhe und gehen in die Ausgangsposition, dann lassen Sie die andere Hand fallen und lassen den anderen Arm auf Gürtelhöhe. Schließlich lassen Sie Ihre beiden Arme locker fallen und nehmen beide Arme wieder nach oben. Dieses Wechselspiel können Sie für Ihren Inhalt anpassen und variieren.

Die Gestik lassen Sie am besten frei entwickeln nach dem Motto: zeigen, was man sagt, und sagen, was man zeigt. Nehmen Sie dazu nichts in die Hände. Dies verleitet schnell damit zu spielen, was sehr nervös aussieht, oder zu gestikulieren, was sehr fuchtelnd wirkt. Hier gilt die Regel: was Sie länger als 60 s voraussichtlich nicht brauchen werden, legen Sie aus der Hand. Wenn Sie etwas in Händen halten müssen, z. B. Manuskript, Laserpointer oder Presenter, dann nehmen Sie dies als Rechtshänder in die linke Hand. Der erste Impuls ist, es in die rechte Hand zu nehmen. Mit der rechten Hand machen Sie aber auch die meiste Gestik. Und nun haben Sie die Wahl, ob Sie weniger Gestik einsetzen oder mit dem Gegenstand gestikulieren. Beides ist rhetorisch keine Option. Für Linkshänder gilt es entsprechend umgekehrt.

Übrigens meinen viele, dass Sie sich mit etwas in den Händen sicherer fühlen und sich nicht fragen müssen, wohin mit den Händen. Das mag schon sein. In der Rhetorik zählt aber nicht so sehr, wie Sie sich fühlen, sondern viel mehr, wie Sie wirken!

Und Sie wirken ungleich souveräner, wenn Sie sich an nichts in den Händen klammern, offen zu Ihrem Publikum sprechen, sich nicht hinter Tischen, Pulten und Ähnlichem verstecken (Abb. 9.1).

Abb. 9.1 Gestikulierfenster nutzen

Gestikulierfenster:
Ab dem Mund bis zur Gürtellinie

9.2 Stimme und die fünf Kardinalfehler des Stimmeinsatzes

Für Ihre Präsentation ist ein guter stimmlicher Einsatz ebenfalls nicht zu vernachlässigen. Nicht zu monoton, aber auch nicht zu dramatisch sollten Sie Ihre Stimme nutzen. Dabei gilt es die drei häufigsten Fehler in Bezug auf den Stimmeinsatz zu vermeiden.

▶ **Die fünf häufigsten Fehler mit der Stimme**

- „Äh, ähm, also, genau …" und andere Sprachfüller.
- Zu monton: Die Sätze werden immer auf die gleiche Weise betont, z. B. indem am Satzende die Stimme höher wird. Dadurch klingen die Sätze wie Fragen.
- Zu leise: Es wird im normalen Gesprächston oder leicht darunter gesprochen und das Publikum nicht erreicht. Bedenken Sie: bei doppelter Entfernung zum Publikum, müssen Sie nicht doppelt, sondern dreifach so laut sprechen, damit die gleiche Intensität ankommt.
- Zu undeutlich: Die Präsentation wird genuschelt gesprochen
- Fehlende Pausen: Es werden kaum oder keine Atempausen gemacht.

Wenn Sie diese fünf Fehler vermeiden, haben Sie bereits eine gute Grundlage. Mit diesen fünf Fehlern hat man aber meistens alle Hände voll zu tun – nicht selten benötigt es einige Zeit, bis das ständige „Ähm"-sagen abtrainiert ist. Nachfolgend soll es also um einen guten Stimmeinsatz gehen und wie diese Fehler vermieden werden können und man sich vor einer Präsentation mit der eigenen Stimme vertraut macht.

9.2.1 „Äh, Ähm, also, genau …" und andere Sprachfüller

Grundsätzlich sollten Sprachfüller ganz weggelassen werden, doch das ist häufiger leichter gesagt als getan. Besonders hartnäckig hält sich der Gebrauch von „Ähm". Um sich Sprachfüller abzutrainieren, lohnt es sich zu schauen, weshalb Sprachfüller überhaupt verwendet werden. Häufig geschieht das aus zwei Gründen: Nervosität und Unsicherheit. Die Angst, dass jemand einem ins Wort fallen könnte, lässt einen Sprachfüller verwenden. Es ist ein Signal, dass „man noch dran ist" und noch nicht fertig mit dem Redebeitrag. In Gesprächen ist das vielleicht noch verständlich, aber spätestens in Präsentationen kommt der Ball ins Rollen und das Gesprochene ist von „ähms" durchsetzt. Die Unsicherheit und Nervosität legt sich in der Regel durch Übung und häufiges Präsentieren. Konkret sollten Sie statt Sprachfüllern lieber eine Pause machen, wenn Sie nicht konkret wissen, was Sie sagen wollen. Diese Gedankenpausen werden vom Publikum als sehr angenehm erlebt und schaffen Abwechslung. Machen Sie sich bewusst: Pausen wirken für den Sprecher oder die Sprecherin deutlich länger. Ferner hilft es die Rede vorab zu „versprachlichen", d. h. üben Sie die Präsentation und sprechen dabei laut. Wenn Sie einige Durchgänge geübt haben, dann wissen Sie was kommt und die Formulierungen fallen Ihnen leichter ein. Viele wissen überhaupt nicht, dass Sie ständig „ähm" oder einen anderen Lückenfüller verwenden. Hier hilft nur die Rückmeldung – entweder durch andere oder durch eine Aufnahme Ihrer Präsentation, die Sie sich in Ruhe ansehen. Besonders wirksam ist, wenn Sie von Freunden oder Kollegen direkt bei der Verwendung aufmerksam gemacht werden. Das ist zwar etwas nervig, hilft aber ungemein. Sie können andere dazu motivieren, in dem Sie für jedes gehörte „ähm" € 0,50 in ein Kässchen werfen und sagen: „Wenn es voll ist, lade ich dich zum Essen ein." Sie glauben gar nicht, wie schnell die „ähms" weg sein werden.

9.2.2 Monotone Sprechweise

Manche Menschen neigen dazu, ihre Sätze immer auf die gleiche Weise zu betonen. Häufig kommt es vor, dass am Satzende die Stimme höher wird oder es wird alles auf der selben Tonhöhe gesprochen. Im ersteren Fall laufen die Sprecherinnen und Sprecher Gefahr, dass sich jeder Satz nach einer Frage anhört: *„Es ist wichtig, dass die alltäglichen Lebensmittel aus der Region kommen (?), weil dadurch Wege eingespart werden und sich das gut auf die Abgasbilanz auswirkt (?)."* Durch diese Art der Betonung wird das Gesprochene hinterfragt und dadurch kann man andere nicht so effektiv überzeugen, als wenn am Satzende die Stimme tiefer wird: *„Es ist wichtig, dass die alltäglichen Lebensmittel aus der Region kommen (.), weil dadurch Wege eingespart werden und sich das gut auf die Abgasbilanz auswirkt (.)."* Wenn Ihre Stimme am Satzende tiefer wird, dann klingen die Sätze auch nach richtigen Aussagesätzen und nicht wie offene Fragen oder Vorschläge.

9.2.3 Zu leise sprechen

Der beste Inhalt kommt nicht an, wenn nur die erste Reihe die Präsentation hört. Bei einer Präsentation sollten Sie bis in die letzte Reihe gut verständlich und vor allem laut genug zu hören sein. Sonst ist alle Mühe vergebens! Aus Angst oder Unsicherheit sprechen viele auf der Bühne viel zu leise und besonders schwierig wird es, wenn dann auch noch der Blickkontakt zum Publikum fehlt. Der erste Tipp kommt auch aus dem Bereich der Körpersprache: Achten Sie auf Ihren Blickkontakt! Wenn der Blickkontant zum Publikum gut gehalten wird, dann hat die Stimme auch einen Grund laut zu sein und alle Personen im Raum zu erreichen. Wenn stattdessen auf den Boden geschaut wird, dann ist es sehr wahrscheinlich, dass auch die Stimme leise ist und ihr Publikum nicht erreicht. Ihre Stimme braucht nämlich einen Grund, um laut zu sein und das verstärken Sie, wenn Sie den Blickkontakt zum Publikum halten und dadurch die Distanz auch überbrücken wollen.

9.2.4 Zu undeutlich

Artikulationsübungen helfen bei diesem Problem schon sehr weit. Beginnen Sie damit, Ihre Zunge aufzuwärmen: Fahren Sie Ihre Lippen ab, strecken Sie die Zunge weit heraus und schlagen Sie sie in die Mundecken oder probieren Sie es mit der Übung „Daumensprechen". Hierzu nehmen Sie Ihren Daumenknöchel zwischen die Zähne und versuchen, so deutlich wie möglich zu sprechen. Aber Vorsicht! Falls Sie Probleme im Hals-Nackenbereich oder Kieferbeschwerden haben, sollten Sie diese Übung nicht durchführen.

Das Daumensprechen zwingt Sie dazu, die Zunge sehr aktiv zu bewegen und den Mund weiter aufzumachen als sonst – Dinge, die beim undeutlichen Sprechen vernachlässigt werden. Als nächstes probieren Sie es mit Zungenbrechern! Drei Mal hintereinander und so deutlich, so laut und so schnell wie möglich!

Beispiele für wirksame Zungenbrecher

- Wenn der Benz bremst, brennt das Benz-Bremslicht.
- Es liegt ein Klötzchen Blei gleich bei Blaubeuren, gleich bei Blaubeuren liegt ein Klötzchen Blei.
- Zwischen zwei spitzen Steinen sitzen zwei zischende Schlangen lauernd auf zwei zwitschernde Spätzchen.
- Blaukraut bleibt Blaukraut und Brautkleid bleibt Brautkleid.
- Wer karrt den klappernden Ratterkarren durch das knarrende Karrengatter? Zwanzig Zwerge zeigen Handstand, zehn am Sandstrand, zehn im Wandschrank. ◄

9.2.5 Fehlende Pausen

„Noch schnell die Präsentation durchbekommen …", das denken sich viele, wenn sie schnell sprechen und sich großen Druck machen. Dann wird auch noch keine Luft geholt und weder eine Atem- noch sonst irgendeine Art von Pause gemacht. Die Folge: Sie selbst sind außer Atem und auch Ihr Publikum kann die Aufmerksamkeit kaum mehr aufrecht halten. Das liegt daran, dass keine Abwechslung entstehen kann: Laut – leise, schnell – langsam, hoch – tief und besonders Pausen sind wichtig, damit der Vortrag nicht monoton wird. Die fehlende Konzentration ist nämlich eine direkte Folge von fehlenden Pausen.

Eine wichtige Regel sollten Sie immer im Hinterkopf haben, wenn Sie Schwierigkeiten mit Pausen haben:

▶ Pausen kommen Ihnen selbst immer deutlich länger vor, als Ihrem Publikum!

Das liegt daran, weil Sie in einer Präsentation unter Stress stehen. Der Puls steigt, die Pupillen weiten sich, der Blutdruck ist hoch. Das ist unter biologischen Aspekten sehr sinnvoll, weil Sie dadurch auf Gefahren besser reagieren können, weil Sie deutlich achtsamer und aufmerksamer sind. Die Zeit vergeht gefühlt für Sie also langsamer. Für Ihr Publikum hingegen ist es nur ein normaler Dienstag, es ist nicht aufgeregt, hat keinen erhöhten Puls oder erhöhten Blutdruck. Die Zeit vergeht also für das Publikum nicht schneller, sondern normal. Wenn Sie nun also eine Atempause machen, dann akkumulieren sich diese Effekte und eine Atempause fühlt sich für Sie ungewöhnlich lang an, aber für Ihr Publikum ist es sehr angenehm.

Für gute Pausen können Sie sich die 3-S-P Regel zur Hilfe nehmen.

▶ **3-S-P Regel** Die 3-S-P Regel bedeutet, dass Sie mindestens **drei Sekunden eine Pause** halten, damit Ihre Pause auch wahrgenommen wird. Sagen Sie dafür z. B. drei Mal „einundzwanzig" im Kopf auf, denn so lange dauert in der Regel eine Sekunde.

Als Fazit für Ihren Einsatz bezüglich Körpersprache, Stimme und Gestik orientieren Sie sich an folgenden Leitsätzen:

Leitsätze für einen gekonnten Auftritt
1. Kopf aufrecht – nicht geneigt, nicht erhoben
2. Füße hüftbreit, Gewicht gleichmäßig verteilt
3. Gestik im Gestikulierfenster und Hände nicht verkrampfen oder festhalten
4. Stimme am Satzende senken – deutlich, rhythmisch, Pausen setzen
5. Bei Nervosität: lieber atmen und schweigen, als füllen und fuchteln

Die technische Präsentation – Online! 10

10.1 Die Grundlagen: Technische Präsentationen im Online Kontext

10.1.1 Welche Besonderheiten gibt es?

Online-Präsentationen, Video-Konferenzen, Blended Learning Formate – das Arbeitsumfeld vieler Menschen wird immer komplexer und somit auch die Umgebungen für Präsentationen. Online-Präsentationen folgen dabei anderen Regeln als Vorträge im Präsenzraum, auch wenn viele das zunächst unterschätzen. Der Ton entscheidet stärker als der Inhalt, das Bild ersetzt den Raum, und die Aufmerksamkeitsspanne sinkt drastisch. Dieses Kapitel zeigt, wie Sie diese Bedingungen nicht nur kompensieren, sondern gezielt für Ihre Wirkung nutzen können.

Die Probleme sind dabei aktuell, nicht nur durch Pandemien werden und wurden die Menschen von einem Tag auf den anderen ins Home-Office geschickt. Häufig zu beobachten war, dass nur die Kamera angeschaltet wurde – sonst gab es keine weiteren Überlegungen zur Gestaltung der Online-Umgebung oder gar zur Präsentation im Online-Kontext. Doch mit der Zeit wurde mehr in diesem Bereich wissenschaftlich geforscht. Was ist bei Online-Präsentationen besonders zu berücksichtigen? Welche psychologischen Phänomene wirken sich im Online-Format aus, die Ihre Wirkung als Sprecherin oder Sprecher beeinflussen?

Fangen wir bei den wichtigsten Veränderungen im Online-Kontext an:

1. In der virtuellen Umgebung sind Sie als Sprecher oder Sprecherin nur eingeschränkt oder verzerrt zu sehen und zu hören. Ihre Stimme wird aufgenommen und übertragen, dadurch klingt sie leicht anders, als wenn Sie direkt vor Ihrem Publikum stehen. Das

betrifft auch die Laustärke. Sie sind nur als Bildausschnitt für Ihr Publikum zu sehen, meistens sind die Beine in den Präsentationen abgeschnitten, manchmal sogar ist die Kamera so eingestellt, dass nur der Kopf bis zum Hals zu sehen ist. Das bedeutet eine starke Einschränkung Ihrer Körpersprache bei gleichzeitiger Überbetonung der Mimik.
2. Veränderte Aufmerksamkeit: Es gibt mehrere Studien darüber, dass ein Publikum im Online-Kontext nicht dieselbe Aufmerksamkeitsspanne hat, wie im Offline-Kontext.[1] Ein Grund ist, dass das längere Sitzen vor dem Computer und die geringe Abwechslung im Home-Office träge macht. Im Büro werden verschiedene Meetings zu verschiedenen Zeiten in verschiedenen Räumen anberaumt und man hat zumindest eine räumliche Veränderung. Im heimischen Büro kämpft also Ihr Publikum mit einer ständig gleichen Umgebung – nur das flackernde Bild auf dem Computer verändert sich leicht.
3. Erhöhte Selbstwahrnehmung erzeugt Stress: Wenn nun noch die eigene Kamera eingeschaltet wird, dann entsteht ein psychologischer Teufelskreis. Jede Person schaut nämlich unweigerlich zuerst auf das eigene Bild und der Blick wandert immer wieder auf die eigene Kachel. Das ist nicht ungewöhnlich, ganz im Gegenteil: Menschen schauen sich selbst sehr gerne an, weil sie damit Ihrer Selbstaktualisierungstendenz nachkommen. Das bedeutet, dass ein ständiger Abgleich zwischen dem Bild im Kopf besteht, wie sich jeder selbst wahrnimmt und sein möchte und zwischen dem, was einem aus der Umwelt zurückgespiegelt wird. Eine eigene Kachel im Online-Meeting ist hierfür ein wahrer Katalysator. Gedanken wie: „Wie sitze ich gerade da?", „Schaue ich gerade ernst?", „Grinse ich zu viel?", „Wie hört sich meine Stimme an?" gehen allen Teilnehmern und Teilnehmerinnen durch den Kopf. Sie gleichen damit das innere Bild von sich mit dem der Umwelt ab und versuchen das in Einklang zueinander zu bringen. Das ist großer psychischer Stress, der nach kurzer Zeit für viele entsteht. Die Folge: Die Kamera wird ausgeschaltet und nach einer Weile ist nur noch Ihre eigene an. Was Sie dagegen tun können, darauf wird in Abschn. 10.1.2 eingegangen.
4. Und die vierte Besonderheit im Online-Kontext: Verringerter Informationsfluss. Im Online-Setting ist es anderen Teilenehmern und Teilnehmerinnen möglich, den eigenen Raum zu verlassen und sich ein Glas Wasser zu holen oder auf die Toilette zu gehen, ohne dass Sie etwas mitbekommen. In einer Präsenzveranstaltung wäre das unmöglich. Im Grunde stehen dem menschlichen Gehirn im Online-Setting nur sehr wenige Reize zur Verfügung, um die räumliche Situation zu verstehen. Auch das ist kognitiv sehr anstrengend. Das Gehirn verarbeitet das Online-Setting also so, als ob man in Präsenz wäre und das führt zu einer Überlastung.

---

[1] Vgl. Peter J. Guo u. a.: How Video Production Affects Student Engagement: An Empirical Study of MOOC Videos. In: Proceedings of the First ACM Conference on Learning@ Scale. New York: ACM, 2014, S. 41–50; Dan Zhang u. a.: Instructional Video in E-learning: Assessing the Impact of Interactive Video on Learning Effectiveness. In: Information & Management 43 (2006), S. 15–27;
  Jeremy N. Bailenson: Nonverbal Overload: A Theoretical Argument for the Causes of Zoom Fatigue. In: Technology, Mind, and Behavior 2.1 (2021).

10.1.2 Wie können Sie die Besonderheiten für sich nutzen?

Online-Präsentationen halten einige Herausforderungen für Sie parat. Allein sich während der Präsentation noch auf die Technik zu konzentrieren, den Bildschirm zu teilen, den Chat im Blick zu behalten etc., ist für viele herausfordernd genug. Hinzu kommt, dass viele Möglichkeiten, die in einer Präsenzveranstaltung einfach sind, online nicht möglich sind, beispielsweise können nicht einfach Gegenstände in die Hand gegeben oder Prospekte überreicht werden.

Sie müssen sich also auf mehreren Ebenen anders verhalten als im Präsenzsetting. Das betrifft vor allem zwei Aufgaben: Die erste Aufgabe ist es, die negativen Effekte in Online-Veranstaltungen abzumildern oder zu verhindern. Die zweite Aufgabe ist, die Chancen und Möglichkeiten des Online-Rahmens zu nutzen. Das bedeutet für Sie, dass Sie nicht einfach eine Präsentation offline konzipieren und dann die Kamera einschalten und dieselbe Präsentation nun online halten. Es bedeutet, dass Sie sich mit den Möglichkeiten wie Break-Out Sessions, Bildschirmteilung, Abstimmungsmöglichkeiten etc. auseinandersetzen und diese nutzen.

Als erstes schauen wir auf die negativen Aspekte von Online-Situationen. Zentral sind die eingeschränkte Körpersprache, verringerte Aufmerksamkeit, erhöhte Selbstwahrnehmung und verringerter Informationsfluss.

10.1.2.1 Nutzen Sie Ihre Körpersprache auch im Online-Setting

Zu den technischen Besonderheiten lesen Sie bitte Abschn. 10.4. Grundlage ist nämlich, dass Ihr Körper mindestens bis zur Gürtellinie sichtbar ist. Für Ihre Präsentation gelten zudem alle Tipps, die im Kapitel zur Körpersprache Abschn. 9.1 formuliert sind. Nutzen Sie darüber hinaus eine gute Beleuchtung und achten Sie darauf, etwas lauter zu sprechen. Zwar kann man über das Mikro und die Toneinstellungen die Lautstärke erhöhen, jedoch wirkt Ihre Stimme deutlich professioneller, wenn Sie lauter sprechen.

10.1.2.2 Umgang mit kurzen Aufmerksamkeitsspannen im Online-Setting

Der Home-Office Tag ist lang, es wurden kaum Pausen gemacht und bereits in drei Meetings diskutiert und der Abschluss bildet Ihre Präsentation. Kein Wunder, dass viele an dieser Stelle Probleme mit der Konzentration und Aufmerksamkeit bekommen. Dadurch, dass Personen den ganzen Tag in der selben Umgebung sitzen und schlimmstenfalls nicht einmal zu Mittag den Platz wechseln, werden neue Reize als solche kaum mehr wahrgenommen. In Präsenz steigert allein die Anwesenheit einer unbekannten Person oder ein Raumwechsel schon die Neugier und das fällt online leider weg. Was also tun? Zur Steigerung der Aufmerksamkeit bzw. Motivation der Teilnehmerinnen und Teilnehmer nutzen Sie Eisbrecher. Welche Eisbrecher es gibt, erfahren Sie in Abschn. 2.1.1.1. Besonders zu Beginn ist ein Eisbrecher wichtig, aber auch während Ihrer Online-Präsentation können Sie diese gut einfließen lassen.

> **Aktivierungsübung im Online-Setting**
>
> Viele denken, eine Aktivierung des Publikums ist nur in Präsenz-Formaten möglich. Diese Annahme ist falsch. Wir selbst führen virtuelle Seminare zur Präsentationstechnik durch und dabei kommt häufig das Thema auf: Wie kann ich mich in kritischen Situationen, bei Fragen, die ich nicht beantworten kann, darf oder will, oder bei verbalen Angriffen verhalten? Hierzu bitten wir die Teilnehmerinnen und Teilnehmer nach der nächsten Pause einen Ball, am besten in Tennisballgröße, einen Schlüsselbund und eine Zeitung oder einen Prospekt mitzubringen. Je nach Seminarthema schreiben wir dies auch bereits in die Seminareinladung. Allein dies weckt schon Neugier. Nach der Pause machen wir dann eine Übung mit dem Ball, die mit dem Thema zusammenhängt – welche, wird an dieser Stelle selbstverständlich nicht verraten. Auf jeden Fall bringt es viel Spaß, alle sind wach und haben einen Aha-Effekt. Dann folgen Tipps zum Umgang mit verbalen Angriffen, Formulierungsbeispiele und eine Übung in Gruppenarbeit. Das geht alles virtuell wie in einer Präsenzveranstaltung. ◄

Diese Art von Eisbrechern kann vorab sehr gut geplant und dann eingesetzt werden, wenn man merkt, dass die Aufmerksamkeit im Publikum abnimmt.

10.1.3 „Kamera an!": So motivieren Sie Ihre Teilnehmerinnen und Teilnehmer zur Kameranutzung

Was einem zusätzlich das Leben schwer machen kann, ist, dass viele auf der Zuhörerseite nicht ihre Kameras freigeben und damit körpersprachliche Reaktionen nicht zu sehen sind; man hat das Gefühl in einen leeren Raum zu sprechen, weiß nicht, ob einem zugehört wird, ein Witz angekommen ist, ob Fragen aufgetaucht sind. Darum folgen an dieser Stelle nun einige Tipps, die diese Herausforderungen abmildern können.

Beginnen wir mit der Freischaltung der Kameras.

1. Schreiben Sie gleich bei der Einladung, dass Sie die Präsentation wie im „wahren" Leben gestalten wollen und bitten Kameras und Mikrofone freizugeben, damit eine lebendige Diskussion stattfinden kann. So können sich die Teilnehmerinnen und Teilnehmer im Vorfeld bereits darauf einstellen, ihre Technik checken oder ihr Büro aufräumen, damit nichts gegen ein Anschalten der Kamera spricht.
2. Zeigen Sie selbst Gesicht. Viele fragen sich, was man machen kann, um die Motivation die Kamera einzuschalten zu erhöhen. Selbst allerdings ist man bei der Präsentation nicht zu sehen, da man seinen Bildschirm geteilt hat. Warum sollen dann die andere ihre Kamera einschalten? Darum ist es wichtig, möglichst oft und lange selbst gesehen zu werden und die Bildschirmteilung regelmäßig zu unterbrechen.
3. Führen Sie gleich zu Beginn der Präsentation eine Interaktion mit dem Publikum durch, starten Sie eine Diskussion, stellen Sie Fragen oder machen eine Umfrage, sprechen Sie die Personen direkt und einzeln an. Wenn Ihre Gesprächspartnerinnen und -partner

10.1 Die Grundlagen: Technische Präsentationen im Online Kontext

mit ausgeschalteter Kamera antworten, bitten Sie sie direkt die Kamera anzuschalten und sagen Sie ihnen, dass dies Ihnen wichtig ist, damit Sie ein Feedback auf Ihre Präsentation erhalten und die Präsentation damit möglichst passgenau auf die Bedürfnisse Ihres Publikums gestaltet werden kann. Führen Sie dies immer wieder durch, wenn Sie merken, dass einige wieder ihre Kameras deaktiviert haben.
4. Führen Sie bei längeren Präsentationen oder Präsentationen vor größerem Publikum Diskussionen in Kleingruppen (Break-Out-Rooms) durch. Dies erhöht die Motivation die Kamera zu aktivieren.

▶ **Veranschaulichungen in Online-Präsentationen** Sie können Ihrer Präsentation noch mehr Lebendigkeit verleihen und gleichzeitig das Verstehen komplizierter Sachverhalte erhöhen, in dem Sie auf eine gezielte Interaktion mit dem Publikum setzen. Senden Sie im Vorfeld Ihren Kunden Anschauungsmaterial zu, beispielsweise als Unternehmen für Kabelsysteme einen Musterkoffer mit den unterschiedlichen Systemen. Diese können Sie durchnummerieren und während Ihrer online-Präsentation dem Kunden gezielt bitten das Objekt Nr. 5 in die Hand zu nehmen. Oder Sie präsentieren Abdichtungssysteme für Kanalsanierung alter Rohre. Hierzu können die zum Einsatz kommenden Materialien vorab gesendet werden. Nun können Sie ihre Erläuterungen dazu vornehmen. Wenn Sie für diesen Fall noch eine weitere Kamera installiert haben, die das Objekt in Groß zeigt, sieht Ihr Kunde genau, was Sie ihm erläutern und kann es selber in der Hand spüren, untersuchen, begutachten …. Dies erhöht die Wahrscheinlichkeit für eine erfolgreiche Präsentation um ein Vielfaches.

Es gibt auch noch weitere Möglichkeiten der aktiven Beteiligung Ihrer Zuschauerinnen und Zuschauer. Wenn Sie um Kommentare oder Fragen über den Chat bitten, Abstimmungen oder Umfragen durchführen, dann wird Ihr Publikum keine Gelegenheit haben, nebenher E-Mails zu bearbeiten oder anderes zu tun. Außerdem können Sie dies auch auf eine lockere und witzige Art gestalten. Zu einer online-Besprechung, zu der ich eingeladen war, erhielt ich im Vorfeld ein Päckchen, das mit diversen Utensilien bestückt war. Es enthielt Abstimmungskarten (rot und grün), Karten für Kommentare, Dank, Lob, Pause etc. Damit konnte auch mit einer größeren Gruppe sofort in die direkte Interaktion getreten werden. Darüber hinaus enthielt das Päckchen einen Lolli, Energy-Drinks und anderes, was einem die Teilnahme an der Besprechung versüßen sollte. Dem Päckchen war ein Dankesschreiben mit einer Beschreibung, wann welche Karte wie einzusetzen sei, beigefügt. So macht die Teilnahme an einer Besprechung Spaß und man freut sich auf den Termin. Der Fantasie sind hier keine Grenzen gesetzt: So weiß ich von Weinhändlern und Brauereien, die Ihren Kunden ein Paket für die Wein- bzw. Bierprobe senden, von Ingenieurbüros die Abdichtungsfolien für alte Mülldeponien zum Schutz des Grundwassers verschicken, um deren Aufbau und Funktion besser erklären zu können usw. Selbst wenn Ihnen der Aufwand im Vorfeld etwas zu Versenden zu groß ist oder die Materialen zu wertvoll sind, um sie einfach zu versenden, brauchen Sie nicht auf Aktivierung und Interaktion zu verzichten. Bei einer Präsentation zu „BIM" (Building Information Modeling, deutsch: Bauwerksdatenmodellierung, ein System zu digitalen Planung, Bau und Bewirtschaftung von Gebäuden, das in der Architektur und Bauingenieurbüros Anwendung findet) hat der Referent die Vorteile erläutert, indem er alle im Vorfeld bat, einen Ball zur Präsentation bereitzulegen. Während der Präsentation ließ er dann mit dem Ball Experimente nachmachen, die Bezug zu seinem Thema hatten. Der Leiter der Jugendfeuerwehr in unserem Ort hat Knotenkunde online präsentiert und zuvor gebeten, dass alle ein Seil oder dickere Schnur „mitbringen". Angenehmer Nebeneffekt ist bei allen Beispielen, dass damit auch die Kameras Ihres Publikums aktiviert werden und Sie somit die wertvolle Rückmeldung erhalten, ob alle der Präsentation folgen (können). Durch die Interaktion haben Sie weit mehr Möglichkeiten als nur mit einer PowerPoint-Präsentation. Nutzen Sie sie!

10.2 Der Einsatz von Folien bei Videopräsentationen

Zu einer guten Präsentation gehören auch Folien, die die wichtigsten Kernaussagen des Vortrages beinhalten. Gerade bei virtuellen Präsentationen sind Folien, die nur Text beinhalten sehr schnell ermüdend. Setzen Sie darum Bilder, Animationen, Filme ein. Achten Sie bei den Animationen darauf, dass diese sinnvoll sind, also z. B. eine Animation zur Funktionsweise eines Motors ist sinnvoll, nicht sinnvoll, da von der Kernaussage ablenkend, den Text der Folie wirbeln einfliegen zu lassen. Was vielen auch beim Einsatz von Filmen zum Verhängnis wird, ist, dass dazu der Ton des PC gesondert bei der Bildschirmteilung freigegeben werden muss. Geschieht dies nicht, hören Sie den Ton, aber nicht ihr Publikum.

Hinterfragen Sie auch Ihre Folienvorlagen, da diese meistens nicht auf Bildschirmpräsentationen, sondern auf Beamerpräsentationen ausgelegt sind, z. B. ist dann die Schriftgröße meist zu groß. Grundsätzlich gilt: Passen Sie die Folien auf das virtuelle Format an, reduzieren Sie die Zahl der Folien und beschränken Sie sich auf jeder Folie auf das Wesentliche und prüfen Sie die Folien in der Vorbereitung: manche Animationen, Effekte und Folienübergänge funktionieren bei diversen Programmen nämlich nicht mehr.

10.3 Besonderheiten bei online-Präsentationen

Video-Präsentationen sind weit mehr, als nur den Monitor des Notebooks aufzuklappen, den Bildschirm zu teilen und zu den geteilten Folien etwas zu sagen. Noch wichtiger als bei Präsenz-Präsentationen ist hier beispielsweise der Einsatz von Stimme und Körpersprache, da bedingt durch die Technik (Kamera, Mikrofon, Lautsprecher etc.) einiges auf der Strecke bleibt. Hier gilt es also einige Herausforderungen zu meistern, nämlich:

- die Gestik und die Mimik werden eingeschränkt
- die soziale Präsenz ist reduziert
- Stimme und Sprechmelodie werden technisch verfremdet

- „Blickkontakt" zu Teilnehmern kann nicht aufgenommen bzw. nur imitiert werden
- Teilnehmerinnen und Teilnehmer können nur bedingt aktiviert werden
- Konzentration und Aufmerksamkeit der Teilnehmer werden sehr beansprucht
- Neben den Inhalten haben Referentinnen und Referenten auch die technischen Anforderungen zu beachten und sind selbst schnell abgelenkt

Deshalb beherzigen Sie folgende Tipps:

10.4 Die richtige Technik

10.4.1 Arrangement von Kamera, Ton und Beleuchtung

Selbstverständlich gehört zu einer guten Präsentation die Technik. Grundgedanke ist, dass die Technik Ihnen dienen soll, überzeugend zu sein. Auf keinen Fall soll die Technik im Vordergrund stehen, sondern Sie als Sprecher oder Sprecherin bleiben der zentrale Punkt. Da sich die Technik ständig verändert und neue Kamera- und Tonmöglichkeiten hinzukommen, stellen wir hier die rhetorischen Aspekte des Technikeinsatzes vor, also: „Wie kann Ihnen die Technik dabei dienen, noch überzeugender zu werden?" Diesem Grundgedanken soll also der Technikeinsatz dienen und wenn in Zukunft neue technische Möglichkeiten erschlossen werden, dann können Sie sich an den hier dargelegten Maßstäben orientieren und die Regeln weiterhin anwenden. Der Fokus liegt in der Technik vor allem auf der Kamera, dem Ton sowie die Gestaltung des Hintergrunds.

1. Der gute Ton
   Bei Videokonferenzen ist der Ton wichtiger als das Bild. Es gibt nichts Nervenaufreibenderes, als ein Mikrofon, das rauscht oder das laut und deutlich die Atemgeräusche überträgt. Auch die in den Notebooks verbauten Mikrofone können die Lüftergeräusche des Gerätes mit übertragen und sind nur bedingt geeignet. Headsets mit Kopfhörer und Mikrofon helfen zwar Hintergrundgeräusche auszublenden und haben meist einen guten Ton, sind aber optisch nicht ideal. Einziger Vorteil hierbei ist, wenn Sie im Großraumbüro an einer Besprechung teilnehmen, bekommen andere nicht mit, was in der Videokonferenz besprochen wird und Sie sind von Hintergrundgeräuschen abgeschirmt. Am besten arbeiten Sie mit einem Ansteckmikrofon (sog. Lavaliermikrofon). Insbesondere wenn Sie weiter von der Kamera entfernt stehen, wird der Ton schlechter. Denn dafür sind die meisten Mikrofone nicht ausgelegt. Ein Ansteckmikrofon befindet sich im idealen Abstand zu Ihrem Mund und auch wenn Sie sich bewegen, bleibt die Tonqualität immer gleichbleibend gut. Wenn Sie sich im Raum bewegen, z. B. um Gegenstände zu demonstrieren, überbrücken Sie die Distanz zwischen Mikrofon und Computer mit einer Funkstrecke. Den Sender können Sie hinter dem Rücken verbergen, indem Sie ihn in Hemd oder Hose (ein-)stecken. Damit haben Sie einen optimalen Ton, können sich frei bewegen und sehen professionell aus. Perfekt!

2. Positionierung vor der Kamera
Für einen stimmigen, kongruenten, souveränen Auftritt geben Sie sich vor der Kamera so natürlich wie bei einer Präsentation im Alltag, am besten also im Stehen. So strahlen Sie Souveränität und Kompetenz aus. Gleichzeitig verbessert sich Ihr Ton, da Sie mehr Volumen in der Lunge haben.

Je näher Sie vor der Kamera sind, desto ausschweifender wirkt die Gestik. Gestik ist allerdings wichtig für den überzeugenden Auftritt. Wenn es die Räumlichkeiten ermöglichen, positionieren Sie sich deshalb am besten so vor der Kamera, dass Sie ab der Gürtellinie zu sehen sind. So können Sie Gestik einsetzen und diese wirkt nicht übertrieben. Nutzen Sie das Gestikulierfenster wie in Abb. 9.1.

3. Blickkontakt
Um Ihrem Publikum das Gefühl einer direkten Kommunikation zu geben, blicken Sie in die Kamera und nicht in den Monitor. Kamera und Monitor sind dabei so zu positionieren, dass Sie beide gleichzeitig sehen können, ein möglicher Aufbau ist dargestellt in Abb. 10.1. Die Kamera ist dabei so aufzustellen, dass Sie sich auf Ihrer Augenhöhe befindet, das ist deutlich höher als die meisten die Kamera aufstellen. Vermeiden Sie von oben in die Kamera zu sehen, da dies schnell arrogant wirken kann. Zudem könnte es unvorteilhaft aussehen, da ein Doppelkinn entstehen kann oder in die Nasenlöcher gefilmt wird. Ähnliches gilt für den Blick von unten in die Kamera. Dies wirkt schnell

Abb. 10.1 Set-up der Kamera mit Bildschirm

klein und inkompetent. Am leichtesten tun Sie sich deshalb mit einer externen Kamera, die optimal auf ihre Körpergröße auf einem Stativ eingestellt werden kann. Grundsätzlich sollte die Mimik verstärkt werden. Wenn Sie Ihre Kamera direkt vor dem Bildschirm platzieren, dann entgehen Sie einem gefährlichen Effekt: Ihr Blickkontakt geht nicht zum Publikum. Wenn Kamera und Bildschirm nämlich an zwei verschiedenen Orten stehen, dann schauen Sie zwar zum Publikum, aber Ihre Kamera nimmt Sie von der Seite auf. Daher stellen Sie die Kamera am besten direkt vor den Bildschirm, auch wenn das die Sicht auf die Teilnehmer etwas einschränkt. So haben Ihre Teilnehmerinnen und Teilnehmer aber jederzeit das Gefühl, direkt angeschaut zu werden und Sie müssen nicht wählen zwischen „ins Publikum schauen" und „in die Kamera schauen."

4. Sich richtig in „Szene" setzen
Nachdem Sie die Kamera auf Augenhöhe positioniert haben, sorgen Sie für ausreichend Licht aus der richtigen Richtung (möglichst von oben, rechts und links). Vorhänge helfen, hartes Sonnenlicht abzudunkeln. Achten Sie darauf, dass kein Licht von hinten kommt, da dieses Sie sehr dunkel erscheinen lasst und Ihre Mimik u. U. gar nicht mehr zu erkennen ist. Die einfachste Möglichkeit ist, eine Schreibtischlampe von vorne auf Sie leuchten zu lassen. Achten Sie, insbesondere wenn Sie Brillenträger sind, auf einen Winkel von 30–45°. Somit wird verhindert, dass sich das Licht im Glas der Brille oder den Augen spiegelt und auf die Kamera projiziert wird. Besser ist es, Videoringleuchten einzusetzen, diese leuchten die Flächen unterhalb der Augen und Nase besser aus und können oftmals von der Lichttemperatur optimal eingestellt werden. Noch besser ist es, Videoleuchten auf einem Stativ einzusetzen, die Sie von vorne oben, auf Augenhöhe von links und rechts beleuchten. Somit sind Sie perfekt ins „rechte Licht" gesetzt.

5. Der richtige Hintergrund
Viele verwenden die vorgegebenen virtuellen Hintergründe oder Weichzeichner. Dies ist zwar sehr gut geeignet, um mögliches Chaos im Büro oder zuhause zu kaschieren. Allerdings wirkt dieses nicht professionell, insbesondere wenn z. B. eine Strandkulisse oder Turnhalle gewählt wird. Somit wird Ihrem Publikum die Botschaft vermittelt, jetzt lieber im Urlaub oder eine Freizeitbeschäftigung nachzugehen, statt zu präsentieren. Außerdem erkennt die Technik oftmals nicht exakt, was Ihr Gesicht und Ihre Hände sind und was nicht. Es kommt dann immer wieder zu komischen Bildern, beispielsweise wenn Sie einen Schluck aus der Tasse nehmen, ist auf einmal Ihr Gesicht zur Hälfte weg. Wenn Sie schon einen virtuellen Hintergrund nehmen, dann setzen Sie einen individuellen, professionell gestalteten Hintergrund ein, z. B. mit dem Logo oder Gebäude Ihres Unternehmens. Die meisten Programme bieten zudem noch Green-Screen-Technik an. Wenn Sie ein grünes Tuch aufhängen, können Sie dem Programm damit genau „zeigen", was weggefiltert werden soll und was nicht. Das Bild wird deutlich besser und schärfer und es kommt nicht zu den komischen Effekten, dass halbe Gesichter verschwinden. Grüne Tücher, Schirme mit und ohne Ständer gibt es günstig bei den entsprechenden Anbietern für Elektronik und Video zu kaufen. Bei den gängigen Videokonferenzplattformen kann man dann auf „Greenscreen" ein Häkchen setzen und einen professionellen Hintergrund wählen. In diesem Fall dürfen Sie dann nichts Grünes anziehen!

6. Die richtige Kleidung
Wobei wir schon bei der Kleidung wären. Selbstverständlich sollte die Kleidung zur Situation passen. Das heißt, was ist in Ihrer Branche, bei Ihrem Publikum und bei Ihnen üblich? Gerade wenn vom Homeoffice Präsentationen durchgeführt werden, kleiden sich viele Personen zu leger und machen sich wenig Gedanken um die Wirkung. Der Dresscode für Webmeetings ist: gedeckte Farben mit ausreichend Kontrast zum Hintergrund, also kein weißes Hemd oder Bluse, wenn Sie vor einer weißen Wand stehen. Verzichten Sie unbedingt auf Streifen, Gepunktetes oder Kariertes. Dies flimmert häufig. Selbst wenn es nicht auf Ihrem Monitor zu sehen ist, kann dies bei anderen Bildschirmen mit einer anderen Auflösung oder Frequenz sehr unangenehm wirken. Mit Kleidung wird immer etwas ausgedrückt, Paul Watzlawick sagte bereits: „Man kann nicht nicht kommunizieren." Hierzu zählt auch die Kleidung.
7. Die optimale Kamera
Auch seitens der Kameratechnik lässt sich mit ein paar einfachen Lösungen viel erreichen. Das Bequemste ist sicherlich die in Notebook oder PC-Monitor verbaute Kamera zu nutzen. Diese haben auch schon sehr gute Auflösungen und liefern allgemein sehr gute Bilder. Allerdings gibt es zwei Nachteile: 1. wie oben beschrieben, sollte die Kameraposition auf Augenhöhe sein, was bei integrierten Kameras nicht immer einfach umzusetzen ist und 2. wird die Bildqualität nicht nur von der Auflösung, sondern vielmehr durch den Bildsensor beeinflusst. Einfach gesprochen: je größer der Sensor, desto besser das Bild. Dies gilt insbesondere bei schwiergen Lichtverhältnissen. Naturgemäß ist der Sensor bei integrierten Kameras klein. Darum ist die Profilösung eine externe Kamera zu nehmen. Dies kann eine auf einem Stativ stehende Webcam sein oder noch besser eine „echte" Kamera, z. B. eine Videokamera oder DSLR Kamera. Wichtig ist bei DSLR-Kameras, dass sie für den Dauereinsatz geeignet sind. So ist z. B. auf eine entsprechende Akku-Laufzeit oder ggf. externe Energieversorgung zu achten. Nicht alle Kameras ermöglichen dies. Auch gibt es bei vielen DSLR-Kameras einen Überhitzungsschutz, d. h. die Kamera schaltet sich nach einiger Zeit im Videobetrieb ab, was sehr ärgerlich während einer Präsentation sein kann. Auch sollte darauf geachtet werden, dass die Kamera „Clean-HDMI" liefert. Dies bedeutet, dass Informationen zu Akkustand, Objektiv, Aufnahmedauer etc., die von der Kamera angezeigt werden, nicht übertragen werden. Anders als bei Webcams, die das Videosignal über USB liefern, kommen bei Video- und DSLR-Kameras die Signale über HDMI. Diese können entweder über eine Capture-Card oder ein Videomischpult in den PC eingespeist werden. Bei Videomischpulten haben Sie den Vorteil, dass Sie gleichzeitig mehrere Kameras einsetzen können, was bei Präsentationen zusätzlich für Abwechslung sorgt. Beispielsweise kann eine Kamera Sie als Vortragenden zeigen, eine weitere Kamera kann Anschauungsmaterialen in groß aufnehmen, eine dritte Kamera z. B. ein Whiteboard, an dem Sie Skizzen anfertigen und eine vierte Kamera z. B. ein Seitenprofil von Ihnen. Durch einfachen Tastendruck kann zwischen den Kameras gewechselt werden und Sie erhalten das Ambiente einer richtigen Fernsehsendung. Außerdem kann ein weiteres Note-

book über den HDMI-Ausgang Ihre Präsentation ablaufen lassen. Dieses HDMI-Signal speisen Sie in das Videomischpult ein und können auf diese Präsentation, wie auf eine Kamera, umschalten. Damit entfällt die lästige „Bildschirmfreigabe" auf Ihrer Videokonferenz-Plattform. Zusätzlich erleichtert es Ihnen, zwischen den Plattformen zu wechseln, da Ihre Technik immer die gleiche bleibt.

10.4.2 Weitere Tipps für die gelungene Online-Präsentation

Ergänzend nehmen Sie sich folgende Tipps zu Herzen:

1. Sollten die Kameras doch ausbleiben, so sprechen Sie die Sprache Ihrer Zielgruppe
   Sprechen Sie die Sprache ihrer Zielgruppe. Stellen Sie sich bei der Aufnahme vor, hinter der Kamera sitzen drei Personen aus Ihrer Zielgruppe auf einem Sofa oder an einem Besprechungstisch. Sprechen Sie mit ihnen, als würde es ein direktes Gespräch sein. Verhalten Sie sich natürlich und denken nicht daran, dass jetzt vielleicht ihr Witz nicht angekommen ist. Das blockiert Sie nur. Und wenn es so sein sollte – Sie können jetzt eh nichts mehr machen.
2. Achten Sie auf Ihre Stimme und in welchem Tempo Sie sprechen
   Einer warmen und klaren Stimme hören wir gern zu. Trainieren Sie Ihre Stimme vor einer Video-Aufnahme. Das optimale Sprechtempo liegt bei 140 Worten pro Minute. Setzen Sie Betonung ein und vermeiden Sie zu lange Denkpausen oder „ähs". Nehmen Sie sich selbst auf und hören Sie sich zu. Prüfen Sie, ob Sie Phrasen oder Wiederholungen haben, der Dialekt verständlich ist usw.
3. Formulieren Sie Ihre Botschaften einfach und verständlich
   Nutzen Sie Storytelling, Bilder und Vergleiche. Erzählen Sie in einfachen Sätzen. Und achten Sie darauf, aktiv zu sprechen, d. h. verzichten Sie auf „man"-Sätze („Man sagt" … besser: „ich sage") und auf Passiv-Konstruktionen („es wird gesagt …"). Konzentrieren Sie sich auf die **wesentlichen** Punkte: Was war bei Live-Präsentationen ein Erfolgsgarant und wie kann dies ins Virtuelle übertragen werden?
4. Achten Sie auf die Länge Ihrer Videobotschaft
   Bei Videopräsentationen lässt die Konzentration bereits nach 15 min deutlich nach. Allein dadurch, dass man immer auf die gleiche Distanz auf einen Bildschirm schaut, sich die Sitzpositionen wenig ändern, wird es für das Publikum schneller anstrengend. Machen Sie deshalb regelmäßig Pausen und setzen Sie Regeln der Kommunikation ein, z. B. eine Kaffeetasse als Pausensignal durch die Teilnehmerinnen und Teilnehmer und achten Sie auf die Interaktion.
5. Interaktion
   Auch wenn die Interaktion wichtig ist, machen Sie daraus keine Methodenschlacht. Das Publikum benötigt auch Zeit, das Gehörte zu verarbeiten.

6. Teilnehmer mit der Technik vertraut machen
   Führen Sie Übungen und Absprachen in der Einstiegsphase durch (Chat erläutern, Einstellungen für Farben, Signale, Regeln für Pausen, Fragen etc. erläutern und definieren). Dadurch werden auch Personen integriert, die nicht regelmäßig an Videopräsentationen teilnehmen oder wenig technikaffin sind.
7. Lockeren Einstieg wählen
   Wie auch bei Live-Präsentationen, ist auch bei Videoformaten ein lockerer Einstieg weichenstellend. Überlegen Sie wie Sie das Eis brechen können, Sympathie, Interesse, Wohlwollen und Aufmerksamkeit aufbauen werden.
8. Laut denken!
   Verbalisieren Sie ihre Handlungen und Schritte. Wenn eine längere Pause eintritt, weil Sie mit der Technik beschäftigt sind, irritiert dies, insbesondere, wenn Sie nicht zu sehen sind. Überbrücken Sie es darum, z. B. „Ich teile nun den Bildschirm, sehe ein Sanduhr auf meinem Monitor …" Dann braucht das Publikum nicht darüber zu rätseln, ob eine technische Störung vorliegt.
   Kommentieren Sie aber Ihre Handlungen nicht: „Warum geht das jetzt nicht?!", wirkt nicht professionell.
9. Kommunikationsregeln vereinbaren
   „Wie melde ich mich als Teilnehmer zu Wort? Wie und wo zeige ich an, dass es ein Problem oder eine Frage gibt? Wie geht man mit Zwischenfragen um?" Dies sind nur einige Fragen, die Sie mit Ihren Zuschauerinnen und Zuschauern klären sollten.
10. Wenn die Technik streikt?
    Verfallen Sie nicht in Panik! Sprechen Sie die Situation an. Wenn es eine notwendige Funktion ist und sich nicht zeitnah beheben lässt, dann fügen Sie eine Pause ein. Im Extremfall hilft nur der Abbruch und die Vereinbarung eines neuen Termins. Aber bis dahin gilt es zunächst Ruhe zu bewahren und den Fehler zu analysieren und mit dem Publikum zu kommunizieren.
11. Nutzen Sie ergänzende, schriftliche, automatische Kommunikationsformen
    Beispielsweise Icon klicken für: „Rede schneller!", „Pause" oder „Beifall". Wenn Sie dies zu Beginn der Präsentation besprechen, erhalten Sie zusätzliche Rückmeldungen und haben eine weitere Interaktionsmöglichkeit mit dem Publikum.

10.4.3 Gekonnt den Bildschirm teilen: So setzen Sie Ihre Inhalte professionell in Szene

„Moment, ich muss schauen wie ich den Bildschirm teilen kann …", „Moment, Sven ich glaub' du musst in die Bildschirmfreigabe für alle Teilnehmer aktivieren …" – Solche (und ähnliche) Kommentare schon einmal gehört? Da sind sie nicht allein: Die Bildschirmfreigabe gehört zu den zentralen Funktionen bei Online-Präsentationen und ist zugleich eine der fehleranfälligsten. Fehlender Ton bei Videos, peinliche Desktops oder technische Aussetzer lassen sich mit wenigen Maßnahmen vermeiden. Richtig eingesetzt, bietet die Bildschirmfreigabe jedoch große Chancen, Ihre Präsentation lebendig und professionell zu gestalten.

Bildschirmfreigabe für Teilnehmerinnen und Teilnehmer aktivieren Nur zeigen, was wirklich gezeigt werden soll

Vermeiden Sie es, den gesamten Bildschirm freizugeben. Wählen Sie stattdessen gezielt nur ein einzelnes Fenster aus. So schützen Sie nicht nur Ihre Privatsphäre, sondern lenken auch die Aufmerksamkeit Ihres Publikums auf das Wesentliche. Keine störende Tab-Leiste, keine Informationen, die für Ihre Präsentation nicht wichtig sind. Übrigens: So vermeiden Sie auch peinliche Situationen, etwa wenn ältere Suchmaschinenergebnisse in der Tab-Leiste sichtbar sind!

Ton- und Video-Inhalte richtig einbinden

Wenn Sie während Ihrer Präsentation ein Video oder eine Tonspur abspielen, achten Sie darauf, den Systemton mitfreizugeben. Viele Programme aktivieren dies nicht automatisch. Testen Sie die Wiedergabe unbedingt vorab; idealerweise auf dem System, mit dem Sie auch live präsentieren.

▶ Verwenden Sie eingebettete Videos in PowerPoint? Testen Sie diese unbedingt im Präsentationsmodus und mit aktivierter Bildschirmfreigabe. Legen Sie sich immer einen Plan B zurecht, etwa indem Sie das Video gleichzeitig auch im Browser bereits geöffnet haben und zur Not diesen nutzen können.

Sichtbar bleiben trotz Bildschirmfreigabe Sobald Sie Ihren Bildschirm teilen, rücken Sie als Person oft in den Hintergrund – Ihr Kamerabild wird klein oder verschwindet ganz. Unterbrechen Sie daher regelmäßig die Freigabe, um wieder persönlich sichtbar zu sein – besonders bei wichtigen Aussagen, Rückfragen oder Zusammenfassungen.

Kommentieren Sie außerdem aktiv, was Ihr Publikum sieht:

- „Ich zeige Ihnen nun eine Grafik …",
- „Hier sehen Sie die Entwicklung der letzten fünf Jahre …"
- „Dieses Schaubild verdeutlicht …"

So behalten Sie die Führung und geben dem Publikum Orientierung.

Reaktionen und Rückfragen im Blick behalten Während der Bildschirmfreigabe verlieren Sie leicht den Überblick über Chatnachrichten oder Reaktionen. Öffnen Sie, wenn möglich, ein zweites Gerät (z. B. ein Tablet), um den Chat parallel zu beobachten, oder teilen Sie sich die Bildschirmfläche so auf, dass Sie Präsentation und Kommunikation gleichzeitig sehen können.

Alternativ kann auch eine Co-Moderatorin oder ein Co-Moderator die Rückmeldungen aus dem Chat für Sie bündeln.

Interaktive Tools bewusst integrieren Nutzen Sie die Bildschirmfreigabe nicht nur für klassische Folien. Auch digitale Whiteboards, Umfragetools oder gemeinsame Dokumente lassen sich so einbinden. Planen Sie diese Elemente gezielt ein – mit klaren Übergängen, Zeitvorgaben und Ansagen. So behalten alle die Orientierung und vermeiden das Gefühl von methodischem Chaos.

Die Bildschirmfreigabe kann Ihre Präsentation enorm bereichern – oder zu einem Stolperstein werden. Indem Sie sie bewusst einsetzen, strukturiert begleiten und technische Fallstricke im Vorfeld ausschließen, sorgen Sie für einen professionellen Auftritt mit klarer Wirkung.

Zusammenfassend merken Sie sich folgende Tipps:

▶ **Tipps für Ihren Online-Auftritt**
- Kamera auf Augenhöhe & leicht frontal
- Lichtquelle von vorne und nicht von oben oder hinten
- Stimme: Pausen, Betonung, Mikro testen
- Blickkontakt: nicht nur auf Slides schauen sondern in die Kamera. Set-Up überprüfen!
- Bildschirm teilen, aber nicht dahinter verschwinden!

Wenn Sie sich an diese Tipps halten, dann steht Ihrem professionellen Online-Auftritt nichts mehr im Wege!

11 Wenn mal etwas nicht klappt: Umgang mit Pannen, emotionalem Publikum und technischen Schwierigkeiten

11.1 Die Baber'sche Störungs-Regulierungs-Matrix

Präsentationen laufen selten perfekt. Störungen gehören dazu: sei es durch Technik, Publikum oder eigene Unsicherheiten. In diesem Kapitel erfahren Sie, wie Sie typische Pannen systematisch einordnen und souverän darauf reagieren können. Dabei hilft Ihnen ein einfaches Raster: Geht es um eine technische (beispielsweise eine Panne), sachliche (wie beispielsweise eine kritische Frage) oder emotionale Störung? Und wurde sie von Ihnen selbst oder von außen ausgelöst? Natürlich gibt es auch Dinge, die außerhalb Ihres Einflussbereiches liegen, z. B. ein Unfall, der sich vor dem Vortragsgebäude ereignet, aber alle Sicht darauf haben und abgelenkt sind, verursacht sein. Als erste Orientierung, wie Sie mit der Störung umgehen, dient die von Rainer Baber entwickelte *Störungs-Regulierungs-Matrix* in Tab. 11.1. Sie unterscheidet zwischen der voraussichtlichen Dauer und der Intensität der Störung.

Die Baber'sche Störungs-Regulierungs-Matrix ermöglicht Ihnen, schnell eine Entscheidung über das weitere Vorgehen zu treffen. Je nach zu erwartender Intensität und Dauer der Störung leiten sich dann die weiteren Maßnahmen ab. Beispielsweise kann eine Störung, die kurz und nicht intensiv ist, in einem gewissen Maße ignoriert werden. So brauchen Sie keine Maßnahmen zu ergreifen, wenn ein Teilnehmer einige Male laut hustet.

Sollte eine Störung zwar nicht intensiv, aber dauerhaft sein, so sollte man prüfen, ob die Störung behoben werden kann. Beispielsweise könnte ein dauerhaftes Rauschens Ihres Mikrofons bei einer online-Präsentation die Teilnehmerinnen und Teilnehmer nerven. Hier könnte durch den einfachen Austausch des Mikrofons die Störung leicht behoben werden.

Wenn es sich um eine intensive, aber vermutlich nur kurz anhaltende Störung handelt, dann kann man diese nicht mehr ignorieren. Die Auswirkungen könnten zu sehr beeinträchtigen. Deshalb gilt es hier die Störung möglichst abzustellen, notfalls auch mit

Tab. 11.1 Die Baber'sche Störungs-Regulierungs-Matrix

		Reaktion	
Zur erwartende Intensität	stark	Möglichst bereits bei der Vorbereitung im Vorfeld dafür sorgen, dass die Störung nicht auftritt. Falls doch, hat die Beseitigung der Störung oberste Priorität, ggf. kurze Pause, um Störung zu beheben und ggf. Interaktion mit dem Publikum, um Lösung zu besprechen.	Die Präsentation kann so nicht weitergeführt werden. Unterbrechung der Präsentation für den Zeitraum, bis die Störung beseitigt werden kann oder wenn es räumlich bedingt ist, Raumwechsel vornehmen. Ggf. kompletter Abbruch der Präsentation und vertagen.
	gering	Störung übergehen und im Vortrag fortfahren. Keine Maßnahmen erforderlich. Ggf. mit einem Kommentar die Situation auflockern und überspielen.	Prüfen, ob die Störung behoben oder in einen anderen Raum ausgewichen werden kann. Falls nicht mit dem Publikum interagieren, wie weiter verfahren werden soll. Ggf. kurze Unterbrechung, um Lösung zu finden. Wenn das rhetorische Ziel nicht beeinträchtig wird, mit der Präsentation fortfahren.
Zu erwartende Dauer	kurz		lang

[Die Baber'sche Störungs-Regulierungs-Matrix]

einer kurzen Unterbrechung. Je nach Störung kann auch mit dem Publikum beratschlagt werden, welche Auswirkungen die Störung hat und wie man weiterverfahren solle. Es kann auch ein kurzer Kommentar genügen, z. B. wenn durch einen Luftzug eine Tür laut zugeschlagen wurde und sich viele erschrocken haben. Eine Formulierung, wie: „Jetzt sind wir alle wieder wach!", mit einem Lächeln auf den Lippen holt das Publikum wieder ab. Es braucht nichts weiter unternommen werden, denn die Tür ist nun zu und wird nicht mehr knallen. Entscheidend ist jedoch, dass Sie die letzte Aussage wiederholen, denn durch den Türknall würde sie vermutlich untergehen.

Ganz anders verhält es sich, wenn die Störung intensiv und ohne Intervention wahrscheinlich langanhaltend ist. Beispielsweise fällt bei einer Video-Präsentation Ihr Mikrofon gänzlich aus. Das können Sie nicht ignorieren und weiter präsentieren. Es gilt, sofort eine Lösung zu finden und das Publikum zu informieren, z. B. in dem Sie in den Chat schreiben, dass es eine Unterbrechung von 15 min gibt, um ein anderes Mikrofon zu organisieren. Je nach Störung können Sie auch den Raum wechseln, z. B. wenn der installierte Monitor nicht funktioniert. Verfallen Sie nicht in Panik, sondern besprechen Sie die Situation mit dem Publikum. Vielleicht ist auch jemand im Publikum, der Sie unterstützt oder eine Lösung weiß. Wenn keine Abhilfe geschaffen werden kann, dann ist es meist besser, die Präsentation abzubrechen und zu vertagen, als sich irgendwie durch die Präsentation zu quälen. Denn dann hat man zwar die Präsentation gehalten, entscheidend ist jedoch, ob man mit der Präsentation das rhetorische Ziel erreicht hat.

Im Idealfall bereiten Sie alles so vor, dass es zu keinen Störungen kommt. Doch nicht immer kann man alles vorbereiten. Zu den unangenehmsten Störungen, gehören Zwischenrufe, persönliche Angriffe, emotionale Gesprächspartner und technische Störungen, auf die man keinen oder nur geringen Einfluss hat. Beides kann Ihr rhetorisches Kalkül völlig ruinieren. In den folgenden Kapiteln gehen wir darum auf diese Situationen ein.

11.2 Umgang mit kritischen Fragen, persönlichen Angriffen, Zwischenrufe, Störungen und Provokationen

Was kann Ihrer Präsentation und Ihrer Botschaft im Weg stehen? Selbstverständlich gibt es Störfaktoren, wie z. B. eine eingeschränkte Kognitionsfähigkeit Ihres Publikums, die einen Widerstand darstellen kann. Dann gilt: Vereinfachen Sie Ihre Inhalte stark. Es ist nämlich das Ziel, so weit wie möglich im Voraus alle Störfaktoren in Ihrer Präsentation zu vermeiden und zu eliminieren. Ähnlich, wie Sie beim Bergsteigen auch kein marodes Seil in Kauf nehmen würden und auf optimale Bedingungen achten.

Auch kann das Publikum voreingenommen sein, beispielsweise weil es in der Zeitung, im Internet oder im Fernsehen einen Bericht über die „Machenschaften" Ihres Unternehmens gesehen hat. Dann steht jede Ihrer Aussagen unter Generalverdacht. Greifen Sie die Punkte auf, entkräften und widerlegen Sie diese und versuchen Sie wieder das Vertrauen aufzubauen. Vergleichen Sie hierzu das Kapitel Argumentation, Kap. 5.

11.2.1 Die Bedeutung der Diskussion und Umgang mit (kritischen) Fragen

Oftmals ist es gar nicht die Präsentation selbst, die einem Kopfzerbrechen bereitet, sondern vielmehr die Sorge, während der Präsentation durch kritische Fragen oder Zwischenrufe unterbrochen zu werden und nicht die Möglichkeit zu erhalten, die eigene Argumentationsstruktur darzulegen oder in einer nach der Präsentation sich anschließenden Diskussion die Fragen nicht beantworten zu können. Man befürchtet, dass die Diskussion aus den Fugen gerät. Selbstverständlich ist es unangenehm, wenn man als Expertin oder Experte zu einem Thema referiert und dann Fragen nicht beantworten kann, von denen jeder im Publikum davon ausgeht, dass man sie beantworten können sollte. Insbesondere wenn es sich nicht nur um eine, sondern gleich mehrere Fragen handelt, denen man eine Antwort schuldig bleiben muss. Je nach Thema, können dann schnell die Gemüter erhitzen und die Emotionen hochkochen.

Doch auch diese Situationen lassen sich durch eine gute Vorbereitung meistern. Es wird häufig unterschätzt, welche Bedeutung eine gute Diskussion für eine erfolgreiche Präsentation hat. Die meisten bereiten sich sehr ausführlich auf die Präsentation selbst vor, wenden viel Zeit für die Erstellung professioneller Folien etc. auf und vernachlässigen dabei den Umgang mit Fragen und Gegenargumenten. Allerdings ist gerade die Diskussion wichtig, da hier das Publikum die Gelegenheit hat, sich mit der Thematik auseinanderzusetzen. Dass hierbei auch kritische Positionen geäußert werden, ist wertvoll, denn erst wenn diese Positionen geäußert werden, habe ich die Möglichkeit diese zu entkräften. Viel ungünstiger für den Erfolg einer Präsentation ist es, wenn Sie einen Inhalt dargelegt haben und es keine Fragen gibt und nach der Präsentation das Publikum den (virtuellen) Raum verlässt. Sie wissen dann nicht, ob Sie überzeugt haben, Sie kennen keine möglichen Gegenargumente, Sie haben keine Rückmeldung, ob Ihr Publikum Sie verstanden hat … Und wenn Sie dann im Falle einer Verkaufspräsentation keinen Auftrag erhalten haben, kennen Sie die Gründe nicht. Lag es am Preis? Hat die Lösung nicht gepasst? Waren die Lieferzeiten zu lang? Wenn es Ihnen nicht gleich mit der Präsentation gelingt, Ihr Publikum zu überzeugen, haben Sie nur mittels einer guten Diskussion noch die Chance das Ruder rumzureißen. Deshalb: Auch wenn es schwierige, kritische oder provozierende Fragen sind – freuen Sie sich auf diese Fragen! Das ist Ihre erneute Chance auf Überzeugung!

Deshalb gilt es genau so viel Augenmerk auf die Vorbereitung von Fragen und Gegenargumenten zu legen, wie auf die „eigentliche" Präsentation.

Der erste Schritt dabei ist, bei der Recherche der Argumente auch alle möglichen Gegenargumente zu notieren. Was sind die Nachteile? Was spricht gegen das Projekt? Welche Risiken und Schwächen gibt es? Selbstverständlich gilt es dann für jedes Gegenargument eine entsprechende Antwort und Reaktion zu überlegen. Auch hierfür kann man Folien oder andere Materialen vorbereiten. Diese brauchen zwar nicht während der Präsentation gezeigt zu werden, können jedoch bei Bedarf herangezogen werden. Allein dies macht schon einen enormen Eindruck. Stellen Sie sich die Situation vor: Eine Frage wird gestellt und Sie können antworten: „Hierfür habe ich eine Folie vorbereitet." Dann kommt die zweite Frage und diese können Sie ohne Folie beantworten und bei der dritten Frage können Sie wieder sagen: „Auch hierfür habe ich eine Folie erstellt." Damit vermitteln Sie dem Publikum die Botschaft: Egal was ihr Fragen werdet, ich bin auf alles vorbereitet. Die Folien mit den Antworten auf kritische Fragen zeigen Sie dem Publikum allerdings erst als Reaktion auf die Frage. Denn nur so haben Sie den Ich-bin-auf-alles-vorbereitet-Effekt. Außerdem würde Ihre Präsentation sehr lange, wenn Sie auf alle möglichen Gegenargumente eingingen und Sie nähmen dem Publikum die Möglichkeit selbst Fragen zu stellen und damit in Interaktion mit Ihnen zu treten. Und im schlechtesten Fall, weckten Sie noch schlafende Hunde und wiesen Ihr Publikum auf alle möglichen Schwächen hin. Die Antwort-Folien sortieren Sie dementsprechend nach dem Schluss Ihrer Präsentation ein; so werden Sie während des Hauptteils Ihrer Präsentation davon nicht abgelenkt. In der Referentenansicht Ihres Programms können Sie bei Bedarf ohnehin direkt zur benötigten Folie springen, ohne dass das Publikum die anderen Folien (mit den Antworten auf die anderen Gegenargumente) sehen kann. Dies funktioniert dann am besten, wenn Sie keine Gesamtfolienzahl auf den Folien verzeichnet haben, denn sonst weiß das Publikum, dass es noch weitere Folien gibt (und will diese vielleicht alle sehen). Sehen Sie sich hierzu gerne auch unser Kapitel zur Foliengestaltung an, Abschn. 7.1.1.

11.2 Umgang mit kritischen Fragen, persönlichen Angriffen, Zwischenrufe, Störungen… 149

Übrigens lassen sich viele Fragen vorhersehen. Die Favoriten sind Fragen zu:

- Kosten. Was kostet das? Wann amortisiert es sich? Wie setzen sich die Kosten zusammen? Warum fehlt in der Berechnung …? Wie wird die Finanzierung gesichert? Was kann man einsparen? Gibt es Fördermittel? Welche Sicherheiten gibt es bzw. werden benötigt? Wer kommt für Schäden auf? Geht es nicht günstiger?
- Funktionalität/Qualität. Erfüllt es unsere Anforderungen? Gibt es andere/einfachere Verfahren? Wie funktioniert es? Was fehlt? Wie lange hält es? Brauchen wir diese Funktionen? Wie wird die Qualität gewährleistet und überprüft? Wie wollen Sie es lösen?
- Zeit/Termine. Wie schnell geht es? Wann ist es fertig? Wie lange hält es? Welche Lieferzeiten? Was, wenn Termine nicht eingehalten werden?
- Personal. Wie viel Personal benötigen wir? Woher nehmen wir die Leute? Welche Kompetenzen hat das Team? Reichen diese Kompetenzen? Welche Erfahrungen haben sie? Haben sie noch andere Projekte und sind überlastet? Wer vertritt bei Krankheit, Fluktuation? Geht es nicht auch mit weniger Kapazitäten?
- Umwelt. Verträgt es sich mit der Umwelt? Welche Auswirkungen hat es? Wie entsorgen wir es?
- Sicherheit. Gibt es Referenzen? Sind die Referenzen mit unserer Situation vergleichbar? Wer hat so etwas schon einmal gemacht? Ist es sicher? Welche Gefahren, Risiken, Schwächen gibt es? Lässt es sich versichern? Lässt sich der Erfolg garantieren?

Die Fragen sind je nach Lage auch in kritischer und emotionaler Weise formulierbar, z. B. statt: „Was kostet es?" kann auch ein: „Das ist doch viel zu teuer!" kommen oder statt: „Wann amortisiert es sich?" ein: „Ich kann mir nicht vorstellen, dass es sich amortisiert!" Dies ändert jedoch nichts an Ihren Antworten. Allein durch die Kenntnis dieser Fragen (und Antworten) können Sie mit einem völlig anderen Gefühl in den Vortrag einsteigen und viele kritischen Momente umschiffen.

Selbstverständlich bleiben Sie bei der Diskussion ruhig und gelassen. Wenn eine Frage formuliert wird, lassen Sie die Personen bitte aussprechen. Dies ist nicht nur höflich, sondern verschafft Ihnen Zeit in Ruhe über eine Antwort nachdenken zu können. Nehmen Sie jede Frage ernst und reagieren nicht mit dem Unterton: „Mein Gott, kann der dumme Fragen stellen" oder „das weiß doch jeder!" Denn eine gute Diskussion ist wichtig für einen guten Vortrag. Manchmal kann es auch zu der Situation kommen, dass niemand eine Frage stellt. Wenn die Präsentation das Thema erschöpfend erörtert hat und vom Auditorium breite Zustimmung signalisiert wird, ist dies bedenkenlos. Haben Sie jedoch das Gefühl, dass der Vortrag nicht ausreichend überzeugend war, dann können Sie die Diskussion in Gang bringen indem Sie:

- Selbst eine Frage stellen. „Was mich in der Vorbereitung der Präsentation sehr beschäftigte, war die Frage … Wie sehen Sie das?"
- Eine Abstimmung, z. B. per Handzeichen, vornehmen.

- Fragen, die während der Präsentation gestellt wurden und nicht sofort beantwortet, sondern im Fragenspeicher aufgenommen wurden, heranziehen.
- Fragen durch gezieltes Weglassen provozieren. Wenn Sie mehrmals im Vortrag beiläufig erwähnen: „Die Lösung wird aber teuer" ohne auf den Preis einzugehen, dann können Sie sehr sicher sein, dass die Frage: „Wie teuer?" gestellt werden wird.
- Mit Humor das Eis brechen: „Wenn niemand die erste Frage stellen will, gibt es jemanden, der schon die zweite Frage stellen will?"
- Falls sich niemand traut eine Frage zu stellen, anonym Fragen auf Moderationskärtchen aufschreiben lassen.
- Eine Person im Publikum beauftragen, eine Frage zu stellen.

Wenn es keinen Moderator gibt, übernehmen Sie die Rolle und achten darauf, dass möglichst alle zu Wort kommen, die Reihenfolge eingehalten wird und keiner ein „Co-Referat" hält. Hier können Sie mit einem einfachen: „Gerne beantworte ich Ihre Frage. Was interessiert Sie bei dem Thema konkret?" intervenieren. Gleiches gilt, wenn die Fragen abschweifen. Hier können Sie entscheiden, ob Sie die Diskussion wieder zurück zum Thema führen wollen oder nicht. Falls ja, dann z. B. mit einer Formulierung wie: „Frau XY, vielen Dank für Ihren Beitrag. Das ist eine wichtige Frage, die wir auch einmal klären sollten. Heute widmen wir uns … Ihre Frage nehme ich gerne für die nächste Besprechung mit auf. Vielen Dank für den Impuls."

11.2.2 Was tun bei Zwischenrufen, Angriffen und Provokationen?

Leider gibt es immer wieder Situationen, bei denen die Emotionen hochkochen und man sich stärkerer Kritik ausgesetzt sieht. In unserer Tätigkeit als Rhetorik- und Kommunikationsberater hatten wir schon mehrfach Kunden oder Seminarteilnehmer, die unter Polizeischutz den Saal verlassen mussten. Beispielsweise wenn ein Ingenieurbüro engagierten Bürgerinnen und Bürgern die Planung einer neuen Umgehungsstraße entlang ihres noch bislang idyllischen und ruhigen Wohngebiets vorstellt oder die Sanierung der Kanalisation und der Straße – selbstverständlich mit Kostenbeteiligung – Anwohnern präsentiert wird. Ganz zu schweigen von politischen Veranstaltungen. Doch auch bei nicht-öffentlichen Präsentationen kann es sehr heiß zur Sache gehen. Beispielsweise wenn einem Kunden in einem Schadensfall präsentiert wird, dass seine Reklamation abzulehnen ist, da er die Materialien oder Maschinen in einer nicht zweckgemäßen Weise verwendet hat. Hier kann der Schaden schnell sechsstellige Summen betragen.

Was die Sache durchaus verschärft, ist das Gefühl der Ungerechtigkeit, da man häufig für Dinge angegriffen wird, die man selbst gar nicht zu verantworten hat. So wie bei dem Ingenieur, der seine Planung der Öffentlichkeit vorstellt. Er führt lediglich aus und ist weder der Initiator noch der Auftraggeber. Dennoch steht er im Fokus der Kritik. Und wie schon in der Antike, wird der Überbringer schlechter Nachrichten dafür verantwortlich gemacht.

11.2 Umgang mit kritischen Fragen, persönlichen Angriffen, Zwischenrufe, Störungen... 151

Was löst nun diese Emotionalität aus? Zunächst einmal gilt es zu verstehen, was erwachsene, rational denken könnende Menschen dazu motiviert, andere bei einer Präsentation zu stören, zu beleidigen oder zu attackieren. Hierzu hilft ein Blick in die „Steinzeit". Bei Gefahr für Leib und Leben schüttet der Körper Stresshormone wie Adrenalin und Noradrenalin aus. Diese sorgen dafür, dass der Mensch durch Mobilisierung sämtlicher Kräfte für Kampf und Flucht fit gemacht wird, und damit letztlich das Überleben gesichert wird. Eine Wirkung davon ist, dass bei großer Gefahr und damit bei großer Ausschüttung an Stresshormonen ein Blackout auftritt. Für den Umgang mit Blackouts schauen Sie in Abschn. 12.3. Dies war für das Überleben in der Urzeit ein Vorteil, denn nun sollte nicht lange nachgedacht werden, was die beste Überlebensstrategie sein könnte, sondern blitzschnell gehandelt werden. Egal, was man in der Gefahrensituation macht; es ist meist besser, als stehenzubleiben und nachzudenken; denn dann hätte einen der Säbelzahntiger auf jeden Fall gefressen.

Nun gibt es zwar in der Gegenwart keine Säbelzahntiger mehr, aber die Stressreaktion ist geblieben. Auslöser für die Ausschüttung von Stresshormonen können echte oder vermeintlich als echt wahrgenommene „Gefahren" sein. Beispielsweise die Beteiligung an den Kosten für die Straßensanierung. Menschen sind zudem in der Lage, sich hineinzusteigern und sehen schon ihre gesamte Existenz gefährdet. Und wenn die Gefahr so groß ist, wird mit entsprechendem Stress reagiert. Hieraus resultieren dann Provokationen, Beleidigungen und Angriffe. Und eines ist auch klar: Wer Sie beleidigt, hat sich nicht für die Flucht entschieden.

Viele Reaktionen, die z. T. aus dem Bauch heraus geschehen und emotional nachvollziehbar sind, erweisen sich als ungeeignet. Was Sie bei Angriffen nicht tun sollten:

- Gegenangriffe unternehmen. Wenn Sie beleidigt werden, gibt es wahrscheinlich auch bei Ihnen einen Ausstoß von Stresshormonen und schnell will man sich verteidigen und zum Gegenangriff übergehen. Allerdings schaukeln sich die Aggressionen dann sehr schnell hoch, weil die Reaktion auf einen Gegenangriff sehr wahrscheinlich eine erneute Attacke sein wird; meist allerdings nun stärker. Formulierungen wie: „Sie haben doch keine Ahnung!" sind nicht geeignet eine Lösung zu finden oder zu überzeugen.
- Angriffe und Beleidigungen persönlich nehmen. Dies ist leichter gesagt als getan. Wenn Sie die Beleidigungen persönlich nehmen, werden Sie ebenfalls mit Stress reagieren und eine Lösung oder Antwort auf der Sachebene zu finden, wird erschwert. Vielleicht fällt es Ihnen leichter die Angriffe nicht persönlich zu nehmen, wenn Sie sich vorstellen, dass der andere sich nun in der „Steinzeit" befindet, mit einem Fell bekleidet ist und eine Keule mit puterrotem Kopf schwingt und gar nichts anderes kann, als nur Beleidigungen auszusprechen.
- Verantwortung leugnen. „Sätze wie: Damit habe ich nichts zu tun" oder „Daran bin ich nicht schuld" wirken wie eine Provokation und verstärken den Angriff, denn aus der Sicht des Publikums wollen Sie sich Ihrer Verantwortung entziehen.
- Versprechen nicht einhalten. „Sie sind gleich dran und können Ihre Frage stellen." Wenn Sie dies versprechen, dann halten Sie es auch ein. Ansonsten führt dies zur Empörung und damit schnell zu einer weiteren Eskalation der Situation.

- Herunterspielen. Wenn Sie die Botschaft vermitteln, dass das Anliegen oder gar die Person, die die Frage oder die Provokation ausspricht, nicht so wichtig ist, wird dies ebenfalls als eine Provokation wahrgenommen. Formulierungen wie „Jetzt beruhigen Sie sich doch erstmal" oder „Ist doch nicht so schlimm" zeigen kein Verständnis und können eskalieren.
- Inkompetent reagieren. Schnell ist man mit Sätzen wie „Woher soll ich das wissen?!" oder „Was soll ich da jetzt machen?" bei der Hand, insbesondere, wenn man für Dinge attackiert wird, für die man nichts kann. Doch auch hier gilt, dass Ihr Ziel sein sollte, das Publikum zu überzeugen. Und dies gelingt mit Argumenten besser als mit Inkompetenz.
- Anzweifeln. Ungeeignet sind auch Formulierungen wie „Das kann ich mir nicht vorstellen" oder „Frau XY sagte mir kürzlich etwas anderes." Damit nehmen Sie die Frage nicht ernst. Zeigen Sie besser Verständnis.
- Gleichgültigkeit. Was Provokateure völlig auf die Palme bringen kann, ist, wenn Sie sich offensichtlich von ihren Attacken gänzlich unbeeindruckt zeigen. Stellen Sie sich einen Ehekrach vor. Einer der beiden Partner ist völlig erregt und die berühmten Teller fliegen durch das Wohnzimmer. Der andere hingegen bleibt absolut entspannt und ruhig auf dem Sofa sitzen. Allein dies provoziert schon, denn offensichtlich kümmert ihn das Thema nicht. Verzichten Sie also auf Formulierungen wie „Ja, und?" oder „Ist mir egal."
- Recht geben. Wenn Sie dem Angreifer sofort recht geben oder sich gar noch dafür entschuldigen und Ihre eigene Position aufgeben, dann hat dies auch Auswirkungen auf das restliche Publikum, denn dieses werden Sie dann auch schwerlich überzeugen. Also streichen Sie Formulierungen wie: „Sie haben recht."
- Macht ausspielen. Wenn Sie in einer stärkeren Position sind (z. B. Professor gegenüber Studentinnen und Studenten; Geschäftsführung gegenüber Mitarbeiterinnen und Mitarbeitern) und aufgrund dieser Position den Angriff abblitzen lassen, dann ist zwar der Angriff abgewehrt, aber nicht überzeugend gelöst. Bitte bedenken Sie, dass es nicht nur allein um den Angreifer geht, sondern auch um die Überzeugung des restlichen Publikums. Und hier ist es souveräner, wenn Sie nicht die Hierarchiekarte spielen. Ungeeignet ist also auch: „Wissen Sie überhaupt, mit wem Sie hier sprechen?!" oder „Ober sticht unter!"

Wie man sieht, gibt es viele Fallstricke und manches, was einem aus einem ersten Impuls heraus als eine gute Antwort erscheint, ist bei näherer Betrachtung strategisch nicht klug. Was verspricht bessere Erfolgsaussichten?

11.2.3 Reaktionsmöglichkeiten bei Angriffen

Wenn die Provokateurin bzw. der Provokateur sich – wie oben beschrieben – in der „Steinzeit" befindet und die Angriffe emotional werden, dann hat sich eine zweistufige Reaktions- und Deeskalationsstrategie bewährt.

1. Phase I: Zeit gewinnen und deeskalieren
2. Phase II: Zurück auf die Sachebene und eine souveräne Antwort geben oder Lösung finden.

Betrachten wir die Phasen im Detail. Die meisten Angriffe arbeiten nach dem gleichen Prinzip. Sie sind auf der Beziehungsebene, destruktiv, wollen verletzen, verallgemeinern, arbeiten mit Du-/Sie-Botschaften, haben wenig Substanz. Häufig sind sie auch sehr einfach gestrickt, da Menschen, die verletzen wollen, sich nicht am Morgen überlegen, was sage ich heute Kreatives, um einen anderen zu beleidigen? Hier einige Beispiele, die nach diesem Muster verfahren:

- Sie lügen!
- Du als Anfänger kannst da nicht mitreden!
- So eine dumme Frage ist mir ja noch nie untergekommen!
- Mit Ihnen kann man ja überhaupt nicht reden!
- Sie blicken rein gar nichts!
- Das ist doch Ihre schuld; das haben Sie verbockt!
- Trottel!
- Du hast nichts drauf, außer Zahnbelag!
- Brot kann schimmeln, was kannst du eigentlich?!
- Du bist zu blöd, ein Loch in den Schnee zu pissen!

Zugegebenermaßen sind einige dieser Beleidigungen sehr derb, sind jedoch alles Beispiele, die Teilnehmerinnen und Teilnehmer unserer Seminare im beruflichen Kontext vorgeworfen bekamen und anführten. Da diese Angriffe meist nach dem gleichen Muster agieren, kann man mit der „gegenteiligen" Strategie deeskalieren und den Angriff ins Leere laufen lassen. Die Prinzipien der Provokation und Deeskalation finden Sie in Tab. 11.2 veranschaulicht.

Tab. 11.2 Prinzipien der Provokation und Deeskalation

Prinzip der Provokation	Prinzip der Deeskalation
Verallgemeinerung	Konkretisierung
Du-/Sie-Botschaft	Ich-Botschaft
Beziehungsebene	Auf die Sachebene leitend
Verletzend, destruktiv	Konstruktiv, lösungsorientiert
Beleidigung	Verständnis
Ausruf, Behauptung	Fragetechnik zur Konkretisierung
Dreht sichim Kreis	Meta-Kommunikation (Kommunikation über die Kommunikation)
Vermengt Provokation und Frage bzw. Sachgehalt	Trennung und Sortierung durch Wiederholung (nur Sachgehalt)
Verallgemeinerung	Konkretisierung
[Übersicht Prinzipien der Provokation und Deeskalation]	

Hier einige Beispiele zur Deeskalation:

- Wie sieht Ihrer Meinung nach eine Lösung aus? (Fragetechnik, Lösungsorientierung)
- Was können wir tun, damit das Projekt erfolgreich wird? (Fragetechnik, Lösungsorientierung)
- Mir ist das nicht aufgefallen. Bitte schildere mir eine konkrete Situation. (Ich-Botschaft, Fragetechnik zur Konkretisierung)
- Was können wir Ihrer Meinung nach dagegen unternehmen? (Fragetechnik, Lösungsorientierung)
- Das verletzt mich. (Ich-Botschaft)
- Ich würde das Thema gerne mit einem Experten/mit der Gruppe besprechen. (Ich-Botschaft, Sachebene)
- Ich merke, dass Sie das verärgert hat. (Ich-Botschaft, Verständnis)
- Wie kommen Sie zu dieser Einschätzung? (Fragetechnik, Konkretisierung)
- Ich würde das gerne verstehen. Wie meinen Sie das? (Ich-Botschaft, Fragetechnik)
- Ich verstehe Ihre Reaktion. (Verständnis)
- Wenn ich Sie richtig verstehe, sind Sie mit der bisherigen Vorgehensweise nicht einverstanden. (Verständnis)
- Ich sehe das anders. (Ich-Botschaft)
- Ich habe andere Informationen. (Ich-Botschaft)
- Ich bitte, dass wir das Gespräch sachlich führen. (Ich-Botschaft, Meta-Kommunikation)

Diese Formulierungen lösen selbstverständlich nicht den Konflikt und sind noch keine Antworten auf kritische Fragen. Sie verhindern jedoch, dass es zu einer weiteren Eskalation kommt und sie verschaffen Zeit, um eine souveräne Antwort zu finden. Dies gibt auch dem Angreifer oder der Angreiferin die Gelegenheit etwas von seiner Aufregung abzubauen.

Da die Angriffe jedoch sehr häufig nach dem gleichen Muster aufgebaut sind, passen die Reaktionen sehr häufig auf die meisten Angriffe. Auf den Angriff: „Sie lügen!" kann man antworten: „Das verletzt mich" oder „Ich würde das gerne verstehen. Wie meinen Sie das?" oder „Ich sehe das anders" oder „Ich bitte, dass wir das Gespräch sachlich führen" oder „Mir ist das nicht aufgefallen. Bitte schildern Sie mir ein konkretes Beispiel" etc. Dies lässt sich auch beliebig für andere Angriffe wiederholen. Zum Beispiel: „Du als Anfänger kannst da nicht mitreden" kann mit der Reaktion: „Ich bitte, dass wir das Gespräch sachlich führen" oder „Ich sehe das anders" oder „Wenn ich Sie richtig verstehe, sind Sie mit der bisherigen Vorgehensweise nicht einverstanden" oder „Ich würde das gerne verstehen. Wie meinen Sie das?" oder „Das verletzt mich" oder „Wie sieht denn Ihrer Meinung nach jetzt eine Lösung dafür aus?" gekontert werden. Selbstverständlich passen nicht immer alle Formulierungen, z. B. wenn der Angriff heißt: „Sie lügen!" wäre die Reaktion: „Ich merke, dass Sie das verärgert hat" unpassend. Allerdings haben Sie eine sehr hohe Chance, wie in den Beispielen oben gezeigt, dass wenigsten eine der anderen Formulierung auf den Angriff passt. Wenn Sie reagieren und sagen: „Bitte nennen Sie mir ein konkretes Beispiel", haben Sie mehrere Vorteile: 1. Sie verschaffen sich Zeit, 2. Der Ball liegt nun wieder beim Angreifer. Dieser hat nun zwei Möglichkeiten: entweder er wiederholt seinen Angriff, wobei sehr schnell klar wird, dass der Angriff keine Substanz hat, denn er beantwortet ja nicht Ihre Frage, oder er gibt ein konkretes Beispiel an. Damit haben Sie aber den Angreifer von der Beziehungs- auf die Sachebene gebracht und Sie können nun sachlich darlegen, weshalb es keine Lüge ist bzw. Ihre Sicht der Dinge darstellen. Sie werden bei den Angriffen beobachten, dass spätestens bei Wiederholung von drei bis fünf Attacken sich diese mit den deeskalierenden Reaktionen „totlaufen" oder auf die Sachebene kommen.

Gleiches gilt auch für Zwischenrufe. Aus einer anonymen Masse heraus trauen sich viele persönliche Angriffe reinzubrüllen. Auch hier können Sie mit Ich-Botschaften („Ich bitte, dass wir das Thema sachlich erörtern und fair miteinander umgehen" oder „Ich bitte die Zwischenrufe zu unterlassen und eine konkrete Frage nach der Präsentation zu stellen") sehr effektiv reagieren. Alternativ geht es auch den Angriff aufzugreifen und in einer Wiederholung für sich selbst passend umzuformulieren. Zum Beispiel, könnte auf den Zwischenruf: „Ihre Planung ist doch viel zu teuer und Sie verprassen nur unser Geld!" sehr gut umformuliert werden: „Gut, dass Sie das Thema Geld ansprechen. Bei unserer Planung haben wir besonders darauf geachtet, dass wir Kosten sparen. Deshalb haben wir die Lösung xy vorgeschlagen. Dies spart uns besonders langfristig enorm viel Geld." Greifen Sie den Zwischenruf auf und gehen Sie auf die Sachebene. Sie können ebenfalls einen der obigen Sätze nehmen, z. B. „Ich sehe das anders" oder „Wenn ich Sie richtig verstehe, sind Sie mit der bisherigen Vorgehensweise nicht einverstanden." Die Reaktionsmöglichkeiten sind vielfältig. Lernen Sie nun aber nicht diese Reaktionssätze auswendig, sondern vielmehr die dahinterliegenden Techniken; denn letztlich sollen es Ihre Formulierungen in Ihrer Sprechweise oder Dialekt sein und zu Ihnen passen.

Wenn trotz mehrfacher Versuche der Deeskalation die Beleidigungen und Provokationen nicht enden wollen, dann empfiehlt es sich, die Diskussion zu vertagen. Formulierungen wie: „Ich würde gerne mit Ihnen eine Lösung finden; ich bitte darum, dass wir das Gespräch sachlich führen; falls es uns jedoch nicht gelingt, werde ich das Gespräch beenden", können in einem ersten Schritt als Ankündigung erfolgen und falls die Angriffe weiterhin auftreten, dann nach einer nochmaligen Ankündigung zum Abbruch des Gesprächs überleiten: „Gerne hätte ich eine Lösung mit Ihnen gefunden; ich sehe jetzt jedoch nicht, wie uns das gelingen soll, deshalb werde ich die Diskussion jetzt abbrechen. Gerne können wir uns zu einem anderen Zeitpunkt zu diesem Thema erneut austauschen." Dies ist jedoch das letzte Mittel und wird im beruflichen Kontext sehr selten auftreten.

▶ **Zwei Schritte für den Umgang mit Angriffen** Haben Sie es mit (persönlichen) Angriffen, Provokationen oder Beleidigung zu tun, gehen Sie in zwei Schritten vor:

- Phase I: Zeit gewinnen und deeskalieren
- Phase II: Zurück auf die Sachebene und eine souveräne Antwort geben oder Lösung finden.

Zu guter Letzt: Machen Sie sich bewusst, dass Sie gar nicht auf jede Provokation oder jeden Zwischenruf eingehen müssen. Wenn offensichtlich der Angriff „an den Haaren herbeigezogen" ist, Dinge behauptet werden, die klar falsch sind und die Mehrzahl im Publikum ohnehin auf Ihrer Seite ist, dann können Sie die Provokation und den Angriff ignorieren. Je nach Situation können Sie dies durch „überhören", indem Sie sich beispielsweise dem nächsten Frager zuwenden, oder durch eine Bitte um Ruhe und Sachlichkeit lösen. Auch das bewusste Ignorieren von Provokationen wird vom restlichen Publikum als souverän wahrgenommen.

Was tun bei Fragen, die man nicht beantworten kann, darf oder will? 12

Glücklicherweise geht es nicht immer so heiß her und man wird nicht immer angegriffen oder provoziert. Dennoch kann es weitere unangenehme Situationen bei einer Diskussion geben. Was tut man, wenn man eine Frage nicht beantworten kann (z. B. weil man die Informationen nicht besitzt), darf (z. B. weil man Informationen von der Geschäftsleitung hat, die noch nicht für die Öffentlichkeit bestimmt sind) oder will (z. B. weil die Frage sehr persönlich ist)? Wenn man jetzt keine Antwort geben kann und dadurch eine lange Pause entsteht, dann bekommen alle mit, dass man mit der Frage überfordert ist und eine peinliche Situation entsteht. Viele reden sich nun um Kopf und Kragen, weil sie sofort eine Antwort geben wollen, damit diese Pause nicht entsteht. Dieser Reflex stammt aus unserer Schulzeit; über Jahre hinweg wurden wir so konditioniert, dass wir auf eine Frage der Lehrerin oder des Lehrers möglichst schnell eine gute Antwort geben sollten, denn das war gut für die mündliche Note. Machen Sie sich bewusst: Sie sind jetzt nicht in einer Schulsituation!

Ähnlich wie im vorigen Abschnitt zu den Angriffen und Provokationen gilt hier ebenfalls, sich Zeit zu verschaffen, um dann möglichst im zweiten Schritt eine souveräne Antwort zu haben.

Mögliche Reaktion, um Zeit zu gewinnen sind:

- Gegenfrage: Diese verschafft Ihnen Zeit und vielleicht fällt Ihnen die Antwort ein. Mit Gegenfragen wie: „Woher nehmen Sie die Informationen?", „Wie kommen Sie zu den genannten Zahlen?", „Was schlagen Sie als Lösung vor?" erhalten Sie zudem neue Ansatzpunkte, die Ihnen bei der Antwort helfen können.
- Frage an alle weitergeben: Ziehen den Publikumsjoker. Mit Fragen wie: „Was meint das restliche Team dazu?", „Wie sehen das die anderen?" oder „Hat jemand im Publikum eine Idee für eine Lösung?" erhalten Sie neue Impulse und die Chance auf eine Antwort. Dies sollten Sie allerdings nur tun, wenn Sie davon ausgehen, dass das Publikum auf Ihrer Seite steht. Sonst ist dies der Startschuss für viele schwierige Fragen.

- Frage an Experten weitergeben: „Soweit ich weiß, hat Frau Meier sich ausführlich mit dem Thema beschäftigt. Frau Meier, was meinen Sie dazu?" Dies bringt gleich zwei Vorteile: zum einen erhalten Sie vermutlich eine kompetente Antwort. Und zum anderen: Sollte die Expertin keine Antwort haben, wie kann man dann von Ihnen eine Antwort erwarten?
- Zurückstellen: Nicht jede Frage muss sofort beantwortet werden – außer sie dient dem Verständnis des Sachverhalts. „Auf diesen Punkt werde ich im nächsten Kapitel eingehen", zeugt ebenfalls von Kompetenz und Souveränität.
- Themenspeicher: Kündigen Sie gleich zu Beginn an, dass Sie alle Fragen, die ausführlicher beantwortet werden oder nicht direkt zum Thema gehören, in einem Themen- oder Fragenspeicher gesammelt werden. Nehmen Sie hierzu beispielsweise ein gesondertes Flipchart und sagen: „Das ist eine gute Frage. Damit wir sie nicht vergessen, notiere ich sie auf dem Blatt." Der Vorteil eines Flipcharts oder einer Pinnwand ist, dass dies offen geschieht und man die Sicherheit hat, dass die Frage nicht untergeht. Notfalls können Sie dies auch auf einem Notizblatt schreiben.
- Lob: Wie bereits ausgeführt, sind gute Fragen für eine Präsentation wertvoll. Sprechen Sie deshalb Lob und Dank aus: „Vielen Dank für Ihre Frage. Das ist ein sehr wichtiger Punkt, Fr. Müller." Damit drücken Sie Wertschätzung aus, nehmen Wind aus den Segeln und verschaffen sich Zeit.
- Blockabfertigung: Lassen Sie alle ihre Fragen aufschreiben, z. B. auf Moderationskarten. Dann nehmen Sie z. B. 5 Karten und beantworten diese. Der Vorteil ist, dass Sie nun Fragen gewichten können, d. h. die Fragen, die Ihnen mehr liegen, können ausführlicher und die anderen kürzer beantwortet werden. Zudem haben Sie wieder Zeit gewonnen, um eine souveräne Antwort zu finden und Nachfragen durch das Publikum werden ebenfalls unterbunden.
- Wiederholung der Frage: „Habe ich Sie richtig verstanden. Sie meinen also, dass …" Dies bringt Ihnen nicht nur Zeit; zudem haben Sie die Möglichkeit die Frage so umzuformulieren, dass Sie Ihnen besser liegt. Im Extremfall können sogar Teile weggelassen werden, z. B. auf die kritische Frage: „Sie sind doch ein Saftladen! Schaffen Sie dieses Mal die Lieferung pünktlich?!" können Sie antworten: „Habe ich Sie richtig verstanden, Sie machen Sie Gedanken um die pünktliche Lieferung?" In den wenigsten Fällen wird jetzt der Frager oder die Fragerin noch hintendrein rufen: „Den Saftladen haben Sie vergessen!"
- Um Wiederholung bitten: „Ich habe es akustisch nicht verstanden. Bitte wiederholen Sie Ihre Frage." Damit Sie nicht inkompetent wirken, ist das Wort: „akustisch" wichtig.
- Dirigieren: Wenn mehrere Fragen bzw. Wortmeldungen gleichzeitig kommen, können Sie sagen: „Danke für Ihre Frage; ich bin gleich wieder bei Ihnen; hier sehe ich noch eine andere Frage, vielleicht können wir sie zusammen beantworten …"
- Prinzip Hoffnung: Diese Technik vertröstet, z. B. mit folgenden Formulierungen: „Vielen Dank für Ihre Frage. Die Antwort würde diesen Rahmen sprengen. Ich stelle Ihnen deshalb alle Informationen zusammen und sende Sie Ihnen per Mail zu." Oder: „Das Thema nehme ich mit und wir besprechen es bei unserer nächsten Konferenz."

- Öffnen: Auf die Frage wird nicht eingegangen, stattdessen wird versucht, die Zustimmung zu erlangen: „Sie haben jetzt einige kritische Punkte erwähnt. Angenommen wir könnten diese lösen, würden Sie dann das Projekt unterstützen?" oder: „Ich hätte Sie gerne mit im Boot. Was müsste passieren, damit Sie zustimmen?"
- Ablehnung: Die Frage wird nicht beantwortet und zurückgewiesen. „Diese Thema gehört an anderer Stelle diskutiert" oder „Dies ist nicht der Rahmen, um diese Frage zu klären" oder „Lassen Sie uns zurück zum Thema kommen" sind Beispiele für diese Technik.
- Aktivität signalisieren: Sie können auch einfach sagen: „Ich werde darüber nachdenken" oder „Das notiere ich mir" und dann zur nächsten Frage überleiten.
- Ja-aber-Technik: Sie stimmen zu, um dann zum Gegenargument überzugehen. Verwenden Sie möglichst nicht das Wort „aber", denn das zeigt sofort den Widerspruch, besser sind: „bitte" oder „und". Beispielsweise könnten Sie formulieren: „Dies ist ein gutes Argument, *bitte* bedenken Sie ..." oder „Sehr gute Fragen. *Und* wenn wir jetzt noch folgendes beachten, nämlich ..."
- Politiker-Technik: Sie hören sich die Frage an und sprechen dann zu einem Thema, über das Sie etwas sagen können.

Wie Sie sehen, gibt es eine Fülle von Reaktionsmöglichkeiten und die obige Auflistung erhebt keinesfalls den Anspruch auf Vollständigkeit. Die volle Wirkung entfalten Sie, wenn Sie die Reaktionen in Ihrer eigenen Sprache formulieren. Es wirkt unglaubwürdig, wenn Sie den ganzen Vortrag auf Schwäbisch gehalten haben und dann auf einmal eine hochdeutsche Reaktion erfolgt. Suchen Sie also Formulierungen, die zu Ihnen passen. Ferner gilt es die Techniken abzuwechseln. Wenn Sie auf jede Frage antworten: „Das nehme ich mit", ist dies spätestens bei dritten Mal abgedroschen. Auch hier gilt: die Mischung macht's!

Bei Fragen, die man nicht beantworten darf, ist es ungeschickt dies zu verbalisieren. Sagen Sie also nicht: „Das darf ich nicht sagen" oder „Dazu kann ich keine Auskunft geben". Stumm bleiben und ignorieren ist in diesem Fall auch keine Lösung. Viel besser ist es, an die Stelle zu verweisen, die es sagen darf: „Bitte wenden Sie sich mit dieser Frage an unsere Pressestelle", oder „Vielen Dank für Ihre Frage. Dazu kann Ihnen am besten Herr Müller etwas sagen."

Bei Fragen, die Sie nicht beantworten wollen, hat sich eine sogenannte Ich-Botschaft bewährt. Ich-Botschaften sprechen aus der persönlichen Wahrnehmung und Sie machen sich damit unangreifbarer. So können Sie beispielsweise sagen: „Diese Frage ist *mir* zu persönlich. *Ich* möchte Sie darum nicht beantworten." Durch die Worte „mir" und „ich" entsteht die Ich-Botschaft und auf diese Äußerung kann keiner sagen: „Nein. Das ist Ihnen jetzt *nicht* zu persönlich."

▶ Bei Fragen, die Sie nicht beantworten können, wollen oder dürfen, gibt es viele Reaktionsmöglichkeiten. Die Kunst besteht darin, möglichst viele der Techniken abwechselnd einzusetzen. Verwenden Sie dabei Ihre eigene Sprache, damit es sich nicht floskelhaft auswendig gelernt anhört.

12.1 Wenn die Technik streikt

Je mehr Technik bei einer Präsentation eingesetzt wird, desto höher ist das Risiko, dass etwas nicht funktioniert und/oder, dass Sie überfordert sind, da mehrere technische Geräte parallel bedient und beachtet werden wollen. Bei einer Videokonferenz beispielsweise habe ich zu kontrollieren, was im Chat geschrieben wird, Bildschirmteilungen einzurichten und wieder aufzuheben, Personen aus dem Wartebereich in die Besprechung eintreten zu lassen, meinen Pegel im Mikrofon im Blick zu behalten, damit es nicht übersteuert oder zu leise ist, die Mimik und Reaktionen meiner Teilnehmerinnen und Teilnehmer zu beobachten und und und – und nebenbei soll ich noch den roten Faden meiner Präsentation behalten und angemessen formulieren. Kein leichtes Spiel. Wenn dann etwas nicht wie geplant funktioniert, ist der Stress groß.

Gleiches gilt auch für Präsenz-Vorträge; auch hier liegt es meistens an technischen Störungen, die eine Präsentation zum Scheitern bringen – allzu bekannt ist das Problem, dass ein Mikrofon nicht richtig funktioniert oder Notebook und Beamer bzw. Monitor sich nicht korrekt verbinden. Umso wichtiger ist es, sich mit der Frage zu beschäftigen, was im Falle einer technischen Störung zu tun ist.

Das Wichtigste ist: bewahren Sie Ruhe! Durch hektisches und planloses Handeln wird die Störung nicht beseitigt! Selbstverständlich ist es uns bewusst, dass allein schon eine gelingende Präsentation für viel Stress sorgen kann – ungleich größer ist der Stress, wenn etwas nicht funktioniert. Dennoch: Gehen Sie gezielt und systematisch bei der Fehlerbehebung vor und lassen sich nicht aus der Ruhe bringen.

Bei der Behebung der Störung stellen Sie sich folgende Fragen:

- Ist die Störung schnell zu beheben?
  Falls ja, geben Sie dem Publikum eine entsprechende Information, z. B. „Ich fahre den PC ein weiteres Mal hoch, es geht gleich weiter …"
- Können Sie die Störung allein oder mithilfe des Publikums beheben?
  Falls ja, lösen Sie das Problem oder bitten Sie das Publikum um Unterstützung.
- Sind Sie auf die Technik für den Vortrag angewiesen?
  Falls nein, überlegen Sie, wie Sie sie ersetzen können oder verzichten gänzlich darauf.

Falls Sie es jedoch nicht schnell beheben und auch nicht ersetzen können, bleibt Ihnen nur die Unterbrechung des Vortrages. Dies ist meist die beste Lösung. So können Sie nämlich – ohne den Stress unter der Beobachtung des Publikums zu stehen – in Ruhe eine Lösung umsetzen. Grundsätzlich haben Sie dabei folgende Möglichkeiten:

- Geben Sie (sich und) dem Publikum eine Pause. Dies wird auch in den meisten Fällen sehr positiv angenommen.
- Je nach Präsentationsthema besteht auch die Möglichkeit ein anderes Thema des Vortrages vorzuziehen, für welches Sie das Medium nicht benötigen. So kann es im Vortrag weitergehen und Sie können sich parallel über eine Lösung des Problems Gedanken machen.

12.1 Wenn die Technik streikt

- Je nach Vortragssituation, wenn es sich z. B. um eine Schulung handelt, können Sie auch dem Publikum eine Aufgabe geben. Dies kann eine Gruppenarbeit, ein Brainstorming, eine Einzelaufgabe oder Ähnliches sein. Bei virtuellen Veranstaltungen kann dies sehr elegant über Gruppenarbeitsräume (Breakout-Session) gelöst werden.
- Wenn all diese Möglichkeiten nicht funktionieren und sich auch die Technik nicht wieder in Gang bringen lässt, bleibt nur noch das Vertagen der Präsentation. Besser ein Ende mit Schrecken als ein Schrecken ohne Ende. Oftmals wird versucht, einen Abbruch zu vermeiden; doch meistens ist dies nicht die bessere Variante. Deshalb treten Sie selbstbewusst auf, erläutern kurz die Situation – ohne lange Entschuldigungen oder Rechtfertigungen – und schlagen einen neuen Termin für die Fortsetzung der Präsentation vor.

Selbstverständlich gilt es, im Vorfeld das Risiko einer Störung zu minimieren.

- Testen Sie im Vorfeld die gesamte Technik. So können schon viele Probleme umschifft werden.
- Seien Sie dazu rechtzeitig im Veranstaltungsraum bzw. in der Videokonferenz, damit bei auftretenden Störungen noch ausreichend Zeit für deren Behebung bleibt. Eine Stunde vorher dazu zu sein, ist nicht zu viel bemessen.
- Setzen Sie auf vertraute Technik. Wenn Sie mit Technik arbeiten, die Sie regelmäßig einsetzen, können Sie abschätzen, ob und wie etwas funktioniert. Bei wichtigen Präsentationen würde ich niemals unerprobte Technik benutzen.
- Haben Sie einen Plan B. So können beispielsweise wichtige Folien als Ausdruck mitgenommen werden, die notfalls durch das Publikum gereicht werden können. So sind Sie von der Technik unabhängiger.
- Bereiten Sie Ersatztechnik vor. So können Sie beispielsweise Ihre Präsentation auf einem USB-Speicher mitbringen und in der im Raum vorhandenen Anlage einsetzen. Falls diese jedoch nicht funktioniert, sind Sie auf Nummer sicher, wenn zusätzlich Ihr eigenes Notebook mitnehmen. Gleiches gilt für Kabel, Stecker, Beamer, Mikrofone.
- Übrigens gilt dies auch für Ersatzkleidung. Schnell ist kurz vor der Präsentation ein Missgeschick passiert. Was ziehen Sie dann an?
- Falls vor Ihnen andere Referentinnen oder Referenten vortrugen, fragen Sie diese, ob alles geklappt hat – oder je nach Präsentation, nehmen Sie an deren Vorträgen teil, um zu sehen, ob alles funktioniert.
- Informieren Sie sich im Vorfeld über technische Unterstützung (Name, Nummer, Erreichbarkeit), damit bei Bedarf schnell Hilfe angefordert werden kann.

Wenn die Technik wieder funktioniert, ist die Präsentation noch lange nicht gerettet, denn oft liegt die eigentliche Hürde im Inneren: Lampenfieber, Blackout und die Angst, zu scheitern. Doch auch hier lassen wir Sie nicht alleine und bekommen ein Sicherheitsseil!

12.2 Lampenfieber und Stress

Einer nicht repräsentativen Umfrage nach, haben rund 80 % der Bevölkerung Redehemmungen und Lampenfieber sobald sie einen Beitrag mit offiziellem Charakter halten oder vor Publikum reden sollen. „Eine Rede halten" war die häufigste Antwort bei einer ebenfalls nicht repräsentativen Umfrage in einer Fußgängerzone auf die Frage: „Wovor fürchten Sie sich am meisten?" Auf dem zweiten Platz der Nennungen kam der Tod. Man könnte also daraus schließen, dass manche Leute lieber sterben, als eine Rede zu halten. Auch wenn diese Umfragen nicht repräsentativ waren, so sind sie dennoch ein Spiegelbild dessen, wie sich viele Personen bei Reden und Präsentationen fühlen. Redestress und Lampenfieber können Blockaden auslösen und bis zum Total-Black-Out führen. Dann hilft nur noch der Redeabbruch. Soweit braucht es jedoch nicht zu kommen. Um mit Lampenfieber besser umgehen zu können, ist es nützlich zu verstehen, woher es kommt.

Lampenfieber ist nichts anderes als eine körperliche Reaktion aus der Urzeit des Menschen. Sobald es Gefahr für Leib und Leben gab, schüttete der Körper Stresshormone (Adrenalin, Noradrenalin, Dopamin) aus, um möglichst blitzschnell reagieren zu können. Das oberste Ziel lautete: Überleben um jeden Preis! Die Freisetzung der Stresshormone sorgt dafür, dass der Körper hellwach wird, schmerzunempfindlicher und für Kampf oder Flucht vorbereitet wird und Reserven für eine maximale Leistungsfähigkeit mobilisiert werden. Viele Reaktionen, die bei Lampenfieber auftauchen, erscheinen uns zunächst lästig oder nicht nachvollziehbar, beispielsweise feuchte Hände und ein trockener Mund beim Sprechen. Doch sind dies Mosaiksteinchen im Überlebensprogramm unserer Vorfahren, die sich in der Wildnis zurechtzufinden hatten. Daher erklären sich auch die vermeintlich seltsamen Reaktionen des Körpers: weiche Knie haben wir, weil dadurch die Knie gelockert werden und damit schnelleres Flüchten ermöglicht wird. Das flaue Gefühl im Magen rührt daher, dass die Verdauung eingestellt und das Blut umverteilt wird – vom Magen in die Muskelzellen. Der Drang bei Aufregung zum Toilettengang dient dem „Ballastabwurf" und lässt einen schneller auf den Baum klettern, um sich in Sicherheit zu bringen. Die Erhöhung der Pulsfrequenz und der Atmung dienen der besseren Sauerstoffversorgung und damit der Energiebereitstellung. Die leicht schwitzigen Hände ermöglichen eine bessere Haftung, die beim Kampf die Keule besser halten oder einen besser den Baum hinauf klettern lassen. Der Mund wird trocken, um Energie bei der Speichelproduktion zu sparen – diese wird für Kampf und Flucht benötigt. Viele bekommen den berühmten Tunnelblick, d. h. man hat nur noch „Augen" für den Gegner oder den Fluchtweg. Bei Präsentationen kann dies dazu führen, dass das Publikum nicht mehr wahrgenommen wird. All diese und noch viele weitere Reaktionen sind zwar in einer ursprünglichen Umwelt sinnvoll und überlebenswichtig, allerdings in unserer modernen Welt und speziell bei einer Präsentation meist sehr störend und lästig. Was kann man nun tun, um damit gut umzugehen?

12.2 Lampenfieber und Stress

Die besten Tipps gegen Lampenfieber:

1. Machen Sie sich zunächst bewusst, dass Lampenfieber eine völlig normale (und gesunde) Reaktion Ihres Körpers ist. Es braucht Sie nicht zu beunruhigen.
2. Lampenfieber ist ein Überlebensprogramm des Körpers, d. h. es aktiviert bei Ihnen auch zusätzliche Energien und lässt Sie damit leistungsfähiger werden. Es kann Sie also auch unterstützen.
3. Lampenfieber können Sie reduzieren, indem Sie sich gut vorbereiten und Routinen entwickeln. Haben Sie beispielsweise Ihren Präsentationseinstieg zigfach trainiert und können ihn auswendig, können Sie bei der Präsentation auch unter großem Stress diesen einfach „abspulen" und kommen so besser in den Redefluss.
4. Viele Personen meinen, durch Entschuldigungen oder Rechtfertigungen zu Beginn der Präsentation beim Publikum punkten zu können und einen Bonus zu erhalten. Das Gegenteil ist der Fall! Dadurch wird der Fokus des Publikums auf die Schwächen der Präsentation gerichtet und stressbedingte Fehler fallen so erst recht auf. Weisen Sie also nicht auf „das ist heute meine erste Rede" oder „ich bin so furchtbar aufgeregt" hin. Würden Sie einem Arzt vertrauen, der ihnen unmittelbar vor der OP sagt: „Das ist heute meine erste Operation und ich habe das noch nie gemacht, weshalb ich auch so sehr nervös bin und zittrige Hände habe"? Oder würden Sie eher denken: „Mist, wie komme ich hier wieder weg?"
5. Kontrollieren Sie die Atmung. Der Körper will kämpfen, flüchten etc. und stellt deshalb die Atmung auf schnell und flach um. Das bedeutet, dass im 2er-Takt ein- und ausgeatmet wird. Wenn ihr Körper entspannt ist, atmet er im 3er-Takt (ein, aus, Pause). Sie können dies beispielsweise kurz vor dem Einschlafen beobachten.

    Unter Stress hat sich bewährt, gezielt den 3er – oder einen 4er-Takt – herbeizuführen, in dem Sie die sogenannte Quadrat-Atmung praktizieren. Dazu atmen Sie ein, atmen, während Sie gedanklich bis 4 zählen, halten und zählen wieder bis 4, atmen anschließend aus bis 4 und machen dann erneut eine Pause während Sie wiederum dabei bis 4 zählen. Am besten atmen Sie dabei durch die Nase ein und durch den Mund wieder aus. Dadurch wird die Atmung verlangsamt und das Stressniveau gesenkt. Mir wurde von Personen, die in Katastrophengebieten im Einsatz waren, berichtet, dass ihnen dies sehr gut geholfen hat, wenn sie selbst in Stress gerieten (Abb. 12.1).
6. Nicht nur durch die Atmung im Quadrat können Sie entspannen. Nutzen Sie weitere Möglichkeiten. Schlafen Sie ausreichend am Tag vor der Präsentation, hören Sie ihre Lieblingsmusik, kommen Sie rechtzeitig zum Veranstaltungsort, damit Sie alles in Ruhe vorbereiten können und nicht zusätzlich gestresst werden, weil Sie den Raum nicht finden oder mehr Ampeln als gewöhnlich rot sind und sich die Anfahrt verlängert.
7. Auch Sport ist sehr gut geeignet, Stress abzubauen. Jeder, der schon mal längere Zeit gejoggt ist, kennt das Gefühl, dass jeder Stress wie weggeflogen ist. Grundsätzlich können insbesondere Ausdauersportarten dazu dienen, Stress abzubauen. Wenn Sie also eine wichtige Präsentation haben, gehen Sie vor der Arbeit laufen.

Abb. 12.1 Quadratatmung

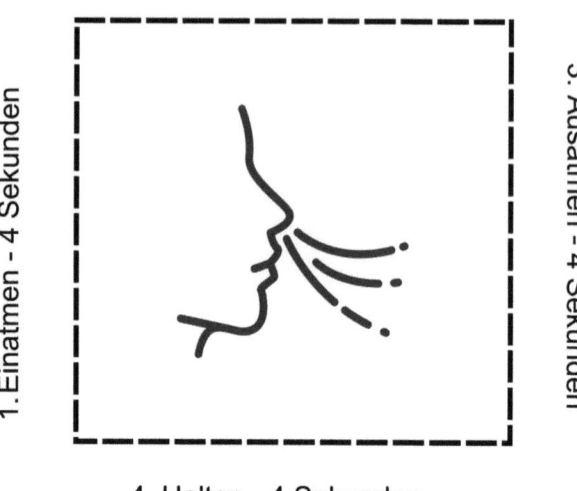

8. Viele sind aufgeregt, allein aufgrund der Ansicht, dass andere ihre Aufregung wahrnehmen könnten, was ihnen peinlich wäre. Nur hat die Natur es so eingerichtet, dass die meisten körperlichen Reaktionen bei Lampenfieber nicht für andere erkennbar sind. Niemand erkennt beispielsweise weiche Kniee, einen erhöhten Puls oder Blutdruck, feuchte Hände etc. Körperliche Reaktionen, die sichtbar sein könnten, sind errötete Haut, schnelle, laute Atmung oder zitternde Hände. Die errötete Haut lässt sich jedoch kaschieren, z. B. durch Make up, Beleuchtung, Entfernung zum Publikum. Die laute Atmung durch die Quadrat-Atmung und die zitternden Hände durch eine gezielte Gestik. Mal abgesehen davon, dass dies bei einer größeren Distanz zum Publikum sowieso nicht auffällt. Darum gilt: Sie wirken viel sicherer, als Sie sich fühlen.
9. Schon die alten Rhetorik-Meister der Römer wussten: Reden lernt man nur durch Reden! Sie haben zwei Möglichkeiten: Entweder Sie suchen Situationen, in denen Sie präsentieren können, oder Sie versuchen diese Situationen zu vermeiden. Zur wahren Meisterschaft führt jedoch nur der erste Weg. Mit jeder Präsentation gewinnen Sie weitere Sicherheit und entwickeln ein Gespür dafür, was bei Ihren Zuhörerinnen und Zuhörern ankommt und was nicht. Und Sie erhalten Routine, wie es sich anfühlt im Rampenlicht zu stehen und wie mit der Technik umzugehen ist.
10. Besonders hilfreich ist es in diesem Zusammenhang auch, Ihre Präsentation mehrfach laut durchzusprechen. So prägen sich Ihnen gekonnte Formulierungen, Übergänge und die Struktur der Präsentation ein und Sie sind sicherer beim Vortragen. Insbesondere die ersten Minuten Ihrer Präsentation sollten Sie üben; denn erfahrungsgemäß verlaufen diese am holprigsten.

11. Menschen können nicht gleichzeitig mehrere Emotionen haben; entweder sie freuen sich oder sie haben Angst. Beides zusammen geht schlecht. Entscheiden Sie sich darum, sich auf Ihre Präsentationen zu freuen. Vergegenwärtigen Sie sich, dass Sie auf diesen Zeitpunkt hingearbeitet haben, dass Sie gut vorbereitet sind und wie Sie mit der Präsentation etwas bewirken können. Viele tun jedoch das Gegenteil: sie malen sich aus, was alles schief geht, wie kritische Fragen kommen, die Technik versagt oder Ähnliches. Genau dies führt jedoch zur Angst und damit zu Stressreaktionen. Versuchen Sie darum sich auf die positiven Dinge zu konzentrieren und freuen Sie sich auf Ihren Auftritt!
12. Oftmals werden wir von unseren Teilnehmerinnen und Teilnehmern angesprochen, Sie hätten Angst vor der Rede. Doch streng genommen geht es nicht ums Reden. Vielmehr handelt es sich um die Sorge, sich zu blamieren, zu versagen, sich lächerlich zu machen. Eine Rede, die allein zu Hause gehalten wird, ruft kein Lampenfieber hervor. Lampenfieber bekommt man, wenn man vor Publikum steht. Und dann kommen oftmals die Gedanken, wie zuvor beschrieben. Deshalb gilt auch hier, achten Sie auf das, was Sie denken und sich ausmalen.
13. Weit verbreitet ist auch die Ansicht, dass es bei Präsentationen um Perfektion gehe. Dabei wird viel Zeit in die Gestaltung von Folien investiert und sich über jeden Versprecher geärgert. Natürlich ist es besser schöne als schlampige Folien zu haben und auch sich nicht zu versprechen. Doch worum geht es bei einer Präsentation? Geht es um Ästhetik oder um die Überzeugung des Publikums? Die Überzeugung hängt allerdings vielmehr von Ihrer Persönlichkeit ab, davon, ob Ihr Publikum Ihnen vertraut und Ihnen „abkauft", dass Sie selbst überzeugt, kompetent, ehrlich, sympathisch etc. sind. Davon hängt der Überzeugungsprozess viel mehr ab, als von der Gestaltung der Folien.
14. Oftmals erhalten wir auch die Rückmeldung, dass die eigentliche Präsentation nicht so sehr Stress auslöse, da man sich darauf vorbereiten könne. Vielmehr komme der Stress durch (kritische) Fragen und Diskussionen auf. Fragen und Diskussionen sind jedoch für eine gute Präsentation wichtig. Sie zeigen, welche Bedenken oder Unklarheiten noch vorhanden sind. Letztlich zeigen sie auch ein gewisses Interesse des Publikums. Stellen Sie sich vor, Sie würden eine Präsentation beenden, alle stünden sofort auf, verließen den Raum und niemand hätte mehr eine Frage. Wie würde sich dies anfühlen? Was würden Sie denken? Machen Sie sich darum bewusst, wie wichtig auch kritische Fragen für eine erfolgreiche Präsentation sind.
15. Der effektivste Weg zum stressfreien Reden ist allerdings sich regelmäßig in die Situation zu begeben. In der Psychologie ist dies auch als Expositionstherapie bekannt. Das bedeutet, Sie beginnen mit kurzen Beiträgen im Freundes- und Familienkreis und reden dort so oft, bis es Ihnen keinen Stress mehr bereitet. Wenn dies ohne Lampenfieber gelingt, werden die Beiträge länger, die Themen wichtiger und das Auditorium größer, z. B. auf der Mitgliederversammlung Ihres Sportvereines. Dort reden Sie so häufig, bis es Ihnen ohne Stress gelingt. Dann erfolgt die nächste Steigerung usw. Haben Sie einmal ein paar Tausend Präsentationen gehalten, dann ist es für Sie zur völligen Routine geworden.

16. Insbesondere, wenn Sie sich bewusst machen, dass für unsere Vorfahren aus grauer Vorzeit das „Flucht-Kampf-Schema" überlebensnotwendig und eine effektive Strategie, um mit Gefahren umzugehen, war und es damals eine konkrete Bedrohung als Auslöser gab (der Säbelzahntiger will jetzt diesen Menschen fressen) – es allerdings heute bei einer Präsentation gar nicht mehr diese konkrete Gefahrenlage gibt, sondern der einzige Auslöser Ihre Gedanken sind. Dann wird Ihnen bewusst, dass Sie selbst den Schlüssel in der Hand halten, das Lampenfieber zu reduzieren. Ihre Gedanken sind der Auslöser! Wenn Sie sich vorstellen, was alles schief gehen kann, wird Ihr Körper reagieren, so wie er es seit Jahrmillionen von Jahren immer getan hat, nämlich mit der Ausschüttung von Stresshormonen. Wenn Sie sich hingegen vorstellen, wie Sie erfolgreich die Präsentation beenden, das Publikum Ihnen zujubelt und anerkennend auf die Schulter klopft, werden Sie keine Stresshormone ausschütten. Malen Sie sich darum nicht aus, was alles nicht funktionieren könnte, sondern wie Sie Ihr Ziel mit der Präsentation erreichen!

All diese Tipps helfen Ihnen, Lampenfieber und Redestress zu verringern. Vermutlich wird immer eine gewisse Restanspannung bleiben. Dies ist bei den meisten Menschen so. Ja es gibt sogar Schauspieler, die täglich auf der Bühne stehen und immer noch Lampenfieber verspüren. Es ist darum nicht das Ziel, das Lampenfieber völlig zu beseitigen, sondern vielmehr, es auf ein Maß zu bringen, das es Sie nicht stört oder beeinträchtigt.

12.3 Blackout

12.3.1 Grundlagen des Blackouts

Trotz aller Vorbereitung kann es passieren, dass Sie einen Blackout haben. Die Worte wollen Ihnen nicht mehr einfallen, die Struktur gerät in Vergessenheit, der Stress steigert sich auf ein Höchstmaß und das Publikum schaut Sie erwartungsvoll an. Selbst bekannte Persönlichkeiten und Redeprofis sind nicht davor gefeit. Um zu verstehen, wie man am besten darauf reagiert, ist es hilfreich, zunächst sich den Ursprung dieser Reaktionen bewusst zu machen. Wie wir bereits beim Thema Lampenfieber ausgeführt haben, sind die Reaktionen auf das „Flucht-Kampf-Schema" zurückzuführen. Dies gilt auch für den Blackout. Warum? Bei besonders großer Gefahr war es für unsere Vorfahren aus der Urzeit wichtig, sofort zu reagieren – und eben nicht zu denken. Wenn der Säbelzahntiger einen zu fressen, drohte und verfolgte, dann hatten die Menschen eine höhere Überlebenschance, die sofort reagierten, auch wenn die Reaktion nicht immer die sinnvollste war. Aber alles war sinnvoller, als stehenzubleiben und darüber nachzudenken, was als nächstes zu tun sei. Wer jetzt überlegte und begann die Vor- und Nachteile abzuwägen, ob es besser sei sich auf den Baum zu retten, hinter dem Busch zu verstecken, mit Keule oder Pfeil und Bogen sich zu verteidigen oder Hilfe schreiend zur Höhle zu flüchten, der wurde mit sehr hoher Wahrscheinlichkeit gefressen. Der erste Gedanke zählte. Aus diesem Grund trägt eine erhöhte Ausschüttung von Stresshormonen dazu bei, Teile unseres Gehirns zu blockieren. Biologisch gesprochen werden dabei hauptsächlich die Rezeptoren im Hippocampus blockiert. Gleichzeitig wird das Blut in die Muskelpartien transportiert, da diese für die Kampf-und-Flucht-Reaktion besonders relevant sind – was natürlich dazu führt, dass weniger Blut im Gehirn ist, was ebenfalls nicht vorteilhaft für Denkprozesse ist. Nichts anderes passiert also bei einem Blackout. Auch hier gilt, was für die damalige Umwelt eine hervorragende Überlebensstrategie war, ist für die heutige Zeit in einer Präsentationssituation nicht adäquat. Dies bedeutet aber auch: bei einem Blackout bleiben Ihnen nur wenige Möglichkeiten.

▶ **Wichtig** Grundsätzlich beruhen sämtliche Strategien auf der Gewinnung von Zeit, um die kritische Phase zu überbrücken. Denn häufig löst sich eine Blockade innerhalb von wenigen Sekunden von selbst. Beachten Sie daher drei wichtige Regeln, wenn Sie Inhalte Ihrer Präsentation vergessen oder einen Blackout haben.

1. **Achten Sie auf Ihren Atem.**
   Nehmen Sie sich einen Moment Zeit und bringen Sie Ihre Atmung wieder bis in den Bauch. Häufig ist der Atem in Anspannungssituationen kurz und flach. Das befeuert die Aufregung wiederum. Bringen Sie also Ihre Aufmerksamkeit kurz zu Ihrem Atem und machen Sie sich bewusst: Das ist Ihr Anker.
2. **Pause machen und Zeit gewinnen.**
   Auf der Bühne und vor Publikum kommt einem die Zeit deutlich länger vor, als als Zuhörer oder Zuhörerin. In der Zeit, in der Sie also gestresst überlegen, wo Sie eben stehen geblieben sind, hat Ihr Publikum Ihr zögern kaum bemerkt. Das bedeutet für Sie: Nehmen Sie sich die Zeit und machen Sie eine Pause. Das ist nicht nur für Sie erholsam, sondern auch für Ihr Publikum.
3. **Ihr Publikum weiß nicht, was Sie (nicht) wissen. Behelligen Sie es nicht unnötig!**
   Geben Sie nicht frühzeitig preis, dass Sie etwas vergessen haben oder gerade einen Blackout haben. Auch das „gemeinsame Überlegen" im Sinne von: „Jetzt wollt' ich noch was Wichtiges dazu sagen, mir fällt es aber nicht mehr ein! Was war es denn bloß?" hilft weder Ihnen noch Ihrem Publikum, denn Sie entblößen Ihr Nichtwissen unnötig und Ihr Publikum kann Ihnen vermutlich nicht helfen, sich zu erinnern. Gemäß dem Johari-Fenster in Abschn. 1.2 handelt es sich bei einem Blackout um ein Geheimnis.

12.3.2 Verhaltensstrategien bei Blackout

Wenn Sie die drei Regeln für den Blackout beachten, dann haben Sie schon die Hälfte richtig gemacht! Welche Methoden gibt es also für den Blackout? Welche Zeitgewinnungsstrategien gibt es? Nachfolgend werden sieben Verhaltensstrategien bei Blackout vorgestellt. Diese bauen sukzessive aufeinander auf, d. h. je länger der Blackout, desto weiter können Sie in den Tipps vorangehen. Grundsätzlich gilt: Nehmen Sie Ihren Blackout nicht als „Fehler" wahr, das verstärkt den Druck unnötig und geben Sie sich auch die Zeit, wieder zu Ihren Punkten zurückzufinden.

12.3.2.1 Die Pause
Zunächst einmal gilt es sich bewusst zu machen, dass die meisten Blackouts innerhalb weniger Sekunden vorübergehen. Selten habe ich gesehen, dass bei einer Präsentation der Blackout länger als 10 s dauerte. Wobei natürlich vor Publikum zu stehen und zehn Sekunden lang nicht zu wissen, was man sagen soll, eine gefühlt sehr lange Zeit ist.

Nichtsdestominder ist das Einfachste, nicht in Panik zu verfallen, Ruhe zu bewahren und eine Pause zu machen. Sie können gerne einen Blick ins Publikum werfen, in Ruhe durchatmen oder einen Schluck Wasser trinken. Pausen geben dem Auditorium Zeit über das Gesagte nachzudenken und Sie können wieder ihren roten Faden finden. Damit lassen sich gut einige Sekunden überbrücken.

12.3.2.2 Die Wiederholung
Sollte die Pause nicht ausreichend Zeit bringen und Sie den Faden noch nicht wiedergefunden haben, wiederholen Sie die letzte Aussage. Oftmals gelingt es einem zwar nicht mehr über die nächsten Formulierungen nachzudenken, jedoch über das eben Gesagte. Dies verleiht auch dem Gesagtem mehr Gewicht – und verschafft ihnen wiederum einige Zeit.

12.3.2.3 Die Zusammenfassung
Ähnlich wie die Wiederholung funktioniert die Zusammenfassung. Hierbei stellen Sie die letzten vorgetragenen Kapitel oder Argumente überblicksartig nochmals dar. Dies ist aus zwei Gründen hilfreich. Zum einen verschafft es Ihnen wiederum viel Zeit, um den Blackout zu überbrücken. Andererseits ist ein Effekt zu beobachten: Wenn Menschen etwas vergessen haben und an den „Ursprungsort" des vergessenen Gedankens zurückkehren, dann fällt es ihnen wahrscheinlicher wieder ein. Wollen Sie beispielsweise einen Termin in der Werkstatt für einen Räderwechsel vereinbaren und gehen von ihrer Garage in Ihr Haus, um von dort bei der Werkstatt anzurufen, kommen im Haus im Wohnzimmer an und denken: „Was wollte ich hier eigentlich?" – dann haben Sie eine höhere Wahrscheinlichkeit, dass es Ihnen wieder einfällt, wenn Sie zurück in die Garage gehen und dort Ihr Auto stehen sehen. Nichts anderes passiert bei der Präsentation. Gehen Sie die letzten Punkte der Präsentation in einer Zusammenfassung durch, dann haben Sie eine gute Chance, den roten Faden wieder zu finden. Ihr Publikum wird davon nichts merken, dann es nimmt die Zusammenfassung als willkommenen Service wahr.

12.3.2.4 Die Fragetechnik
Eine weitere Möglichkeit ist es, Fragen zu stellen. Die einfachste davon: „Welche Fragen haben Sie zu dem bisher Gesagtem?" Auch können Sie einzelne Punkte der Präsentation zur Diskussion gestellt werden. Neben dem Zeitgewinn trägt dies zur Interaktion bei und macht den Vortrag lebendiger. Nebenbei wir der Blackout kaschiert und Sie wirken völlig souverän!

12.3.2.5 Randbemerkungen

Viele Menschen werfen bei einem Blackout zu schnell die Flinte ins Korn, da sie meinen, jeder würde ihren Orientierungsverlust sofort bemerken. Doch ist es vielmehr so, dass nur Sie wissen, dass Sie momentan nicht wissen, wie es weitergeht! Wenn Sie dies dem Publikum kundtun, dann wissen es selbstverständlich alle. Wenn Sie allerdings die Ruhe bewahren und stattdessen beginnen, von irgendeinem anderen Thema zu sprechen, dann wird Ihr Blackout nicht bemerkt. Vielleicht fragt sich der eine oder andere im Publikum, was dies mit dem Thema zu tun hat; doch wird dies die Ausnahme bleiben, wenn es Ihnen gelingt, den Bogen wieder zu Ihrem Thema zu schlagen. Eine gute Übung, um dies zu trainieren, ist es in einem Buch irgendeine Seite aufzuschlagen und dort das erste Substantiv zu nehmen und dazu eine Minute frei zu reden. Wenn Ihnen dies gut gelingt, dann können Sie auch in einer Präsentation eine Minute frei zu einem beliebigen Thema sprechen und damit gleichzeitig eine Minute Blackout überbrücken. Und selten geht ein Blackout eine Minute.

Statt einer Randbemerkung können Sie auch Folien, Anschauungsmaterial oder einen Film vorbereiten. Diese Dinge können Sie bei Bedarf einsetzen und ebenfalls viel Zeit überbrücken.

12.3.2.6 Humor

Im Vorfeld können Sie sich humorvolle Formulierungen für den Eintritt eines Blackouts überlegen. Auch hierfür gibt es schöne Beispiele im Internet, wie Prominente in kritischen Situationen mit einer witzigen Bemerkung das Eis brechen und die Situationen entspannen. Dies kann eine witzige Bemerkung, die sich aus der Situation heraus ergibt oder eine im Vorfeld gut überlegte humorvolle Formulierung sein, die zu Ihnen und der Situation passt. Der Vorteil dabei ist, dass es neben dem Zeitgewinn, Ihnen auch dabei hilft, Stress abzubauen.

12.3.2.7 Extrem langer starker Blackout

Sollten Sie, nachdem Sie eine Pause, Wiederholung, Zusammenfassung, Fragen und Randbemerkungen gemacht haben, immer noch nicht wissen, wie es weiter geht, dann können Sie getrost Ihr Publikum fragen: „Wo sind wir denn stehengeblieben? Wie sind wir auf diesen Punkt gekommen?" Wenn Ihr Publikum aufgepasst hat, dann gibt es Ihnen das entsprechende Stichwort und Sie können wieder weiter präsentieren. Sollte das Publikum es auch nicht wissen, dann schließen Sie einfach mit den Worten: „Gut, wir haben damit alle wichtigen Punkte besprochen und mein Fazit lautet …", die Präsentation ab. Auch an dieser Stelle brauchen Sie noch nicht zuzugeben, dass Sie einen Blackout haben. Erst wenn Ihnen dies auch nicht mehr gelingt, dann bleibt Ihnen nichts anderes mehr übrig, als den „Hänger" zuzugeben und die Präsentation abzubrechen. Was dabei noch helfen kann, ist das Redeziel und die Schlussworte im Vorfeld auf ein Manuskriptkärtchen zu schreiben und vorzulesen. So wird zumindest die Quintessenz und die Kernbotschaft Ihrer Präsentation dem Publikum vermittelt.

Machen Sie sich bewusst, dass ein Blackout sich zwar sehr unangenehm anfühlt und man den Eindruck hat, sich fürchterlich zu blamieren; dies jedoch aus Sicht des Auditoriums völlig anders wirkt. Wie bereits beschrieben, wissen nur Sie, was Sie eigentlich sagen wollten und wenn das eine oder andere nicht exakt so gelingt, wie es geplant war, weiß dies aus dem Publikum niemand! Das bedeutet, es wirkt wesentlich souveräner und professioneller als es sich „anfühlt". Sollte dennoch ein Blackout offensichtlich sein, wird auch aus dem Publikum nur in den seltensten Fällen eine negative Reaktion kommen. Im beruflichen Kontext habe ich es noch nie erlebt, dass in dieser Situation Menschen negative Reaktionen erhalten; im Gegenteil haben sich die Zuhörerinnen und Zuhörer solidarisiert, waren hilfsbereit oder zeigten Verständnis. (Einzige Ausnahme ist, wenn Präsentation im politischen Kontext erfolgen. Hier wird schnell der Blackout als Schwäche ausgelegt und auch die Hilfsbereitschaft hält sich sehr in Grenzen, wenn es um den politischen Gegner geht.)

Insofern ist es der beste Weg, den Blackout zu akzeptieren und sich nicht davor zu „fürchten", denn dies erhöht nur den Stress und damit das Risiko einen Blackout zu bekommen.

Ein Hinweis noch zum Schluss: Es gibt Menschen, die meinen, ihren Stress und damit auch das Risiko eines Blackouts durch die Einnahme von Alkohol, Drogen, Tabletten oder anderen Substanzen zu verringern. Davor raten wir ausdrücklich ab! Dies aus zwei Gründen: Einerseits führen derartige Substanzen grundsätzlich zu einer Reduzierung Ihrer kognitiven Fähigkeiten (mal ganz von den gesundheitlichen Risiken abgesehen). Beispiele davon gibt es ausreichend im Internet, wie alkoholisierte Personen versuchen eine Rede zu halten. Mag sein, dass diese Menschen entspannter sind und keinen Redestress haben, jedoch ernst werden sie nicht genommen und geben sich der Lächerlichkeit preis.

Andererseits führen derartige Substanzen zu einer Abhängigkeit beim Reden. Wir meinen damit nicht die Abhängigkeit im Allgemeinen, sondern im Besonderen der Redesituation. Wenn ich mich vor einer Präsentation z. B. immer mit einem Schluck Schnaps „beruhige", wird dies zu einem Verhaltensmuster. Was passiert jedoch, wenn ich spontan etwas vortragen soll und nun kein Schnaps vorhanden ist? Allein die Tatsache zu wissen, dass ich nicht meinem gewohnten Muster folgen kann, wird zu zusätzlichem Stress führen. Deshalb ist es entscheidend, sich auf die Strategien zu konzentrieren, die wirklich beruhigen und immer und überall, auch ohne Hilfsmittel, funktionieren. Eine Möglichkeit sind Rituale, die immer in der gleichen Weise vor einer Präsentation durchgeführt werden.

Ein Ritual gegen das Lampenfieber

Kurz bevor Marie auf die Bühne geht, zieht sie sich noch einmal für einen Moment zurück. Sie hat für sich ein Ritual gefunden, das sie beruhigt. Sie geht also in einen ruhigen Flur oder zur Not auch einfach ins Treppenhaus. Dort stellt sie sich aufrecht hin, schließt die Augen und atmet drei Mal tief durch: vier Sekunden ein, sechs Sekunden aus. Bei jeder Ausatmung stellt sie sich vor, wie die Anspannung aus ihrem Körper fließt, wie die Anspannung aus ihrem Körper fließt.

Dann lockert sie bewusst die Schultern, streicht mit den Händen kurz über ihre Kleidung und zupft den Saum ihres Blazers gerade. Diese kleine Geste bedeutet für sie: Ich bin bereit.

Zum Schluss sagt sie sich im Stillen ihren Leitsatz:
„Ich weiß, was ich sagen will. Ich darf hier stehen. Ich lade mein Publikum ein und nicht mehr, nicht weniger."

Dann öffnet sie die Augen, lächelt sich innerlich zu. Und dann geht es los. ◀

12.3 Blackout

▶ **Wirkung von Ritualen**

1. Bewusste Atmung reguliert das Nervensystem
2. Aktive Körperhaltung schafft äußere Stabilität
3. Berührungs- und Kleidungsrituale verankert eigene Präsenz, holen einen ins „Jetzt" zurück
4. Leitsatze oder Glaubenssätze bieten mentale Orientierung und Selbstermächtigung

In Kürze: Das Fazit

Wer auf einen Gipfel steigen will, braucht mehr als nur gute Schuhe. Technische Präsentationen sind anspruchsvolle Touren, die Fachkompetenz, mentale Vorbereitung und kommunikative Trittsicherheit zugleich verlangen. Die Kapitel dieses Buchs führten Sie durch die wichtigsten Camps auf Ihrem Weg zur Bergspitze: vom sicheren Stand im Basislager über die rhetorische Routenplanung bis hin zur zielgerichteten Besteigung im Online-Kontext.

Doch wie bei jeder erfolgreichen Bergtour gilt auch hier: Der Weg ist nicht nur eine Abfolge von Techniken, er ist eine Haltung. Gute technische Präsentationen entstehen nicht allein durch perfekte Folien oder geschliffene Argumente. Sie entstehen, wenn Inhalt, Struktur, Sprache und Persönlichkeit in Einklang kommen. Sie sind nun in der Lage, auch auf Ihre persönliche Situation souverän zu reagieren, seien es die Fallstricke der Argumentation, die großen Höhen der Foliengestaltung oder gar das rutschige Lampenfieber auf Ihrem Weg.

Das Ziel: Verstehen ermöglichen Ob Sie komplexe Daten aufbereiten, ein neues Produkt vorstellen oder eine technische Idee verteidigen – Ihr Ziel ist nicht Selbstpräsentation, sondern Verständlichkeit. Denken Sie dabei immer an Ihr Publikum: Wer hört zu? Was brauchen diese Menschen, um Ihnen folgen zu können? Technische Präsentationen sind dann gelungen, wenn sie Fachliches entwirren, Brücken bauen und Aha-Erlebnisse ermöglichen. Das können Sie nun.

Die Mittel: Klarheit, Struktur, Spannung Wie erreicht man dieses Ziel? Indem man verständlich spricht – nicht vereinfacht, sondern durchdacht. Indem man argumentiert – nicht belehrt. Und indem man Spannung aufbaut – nicht auf Effekthascherei, sondern auf dramaturgischem Gespür. Ihr Werkzeugkoffer ist jetzt gut gefüllt: Mit Strukturmodellen, Argumentationsstrategien, Stilmitteln und Tipps für Stimme, Körpersprache und Online-Präsenz.

Der Kontext: Offline wie Online In Zeiten hybrider Zusammenarbeit ist es entscheidend, dass Sie auch im virtuellen Raum überzeugend auftreten. Online-Präsentationen fordern nicht weniger, sondern anderes: mehr Moderation, mehr Struktur, mehr visuelle Führung. Kap. 10 hat gezeigt, wie Sie auch hier professionell und präsent bleiben.

Der Mensch: Haltung, Selbstvertrauen, Reflexion Am Ende zählt nicht nur, was Sie sagen – sondern auch, wie Sie es meinen. Präsentieren ist immer auch Selbstausdruck Ihrer eigenen Person. Darum gehört zu jeder guten Vorbereitung auch die mentale Ebene: Wie gehe ich mit Nervosität um? Was gibt mir Sicherheit? Wie gewinne ich innere Klarheit, bevor ich andere überzeugen will? Die besten Bergsteigerinnen und Bergsteiger sind nicht nur technisch versiert; erfahrene Bergsteigerinnen und Bergsteiger kennen sich vor allem selbst. Sie kennen Ihre Stärken und Talente und auch Ihre Schwächen und wo Sie sich passendes Equipment zur Hilfe nehmen – wie dieses Buch.

Sie haben nun alles an Bord, was Sie für Ihre rhetorische Bergtour benötigen. Doch keine Sorge: Niemand muss alles auf einmal perfekt umsetzen. Präsentation ist ein Prozess, kein Prüfstein. Jeder Aufstieg macht Sie sicherer, jeder Vortrag ein bisschen erfahrener. Bleiben Sie dran, bleiben Sie neugierig – und steigen Sie weiter.

Denn der Gipfel der beruflichen Präsentation ist kein einzelner Moment. Es ist der Weg, den Sie gehen – Schritt für Schritt, Wort für Wort.

Wir wünschen Ihnen dabei viel Erfolg und – ebenso wichtig – dass Sie die Liebe zum Präsentieren finden!

If you have any concerns about our products, you can contact us on
ProductSafety@springernature.com

In case Publisher is established outside the EU, the EU authorized representative is:
**Springer Nature Customer Service Center GmbH
Europaplatz 3, 69115 Heidelberg, Germany**

Printed by Libri Plureos GmbH
in Hamburg, Germany